II
Aspekte

Einleitung

Religion war in Mittelalter und Früher Neuzeit eine gesellschaftliche Ordnungskraft ersten Ranges: Der Alltag der Menschen hatte einen religiösen Rhythmus. Tages-, Monats- und Jahresabläufe waren auf religiöse Inhalte hin getaktet. Die hohen kirchlichen Festtage – Ostern, Pfingsten und Weihnachten, die Heiligen- und Marienfeiertage wie auch die kirchliche Jahresliturgie – gaben dem Alltag eine feste zeitliche Struktur. Nichts war ohne Religion denkbar.

Ein Ereignis wie die Reformation, das die Religion nicht nur streifte, sondern zum Inhalt hatte, musste daher die Welt erschüttern. Obwohl die gelehrte Form der Auseinandersetzung über Reformation, die theologischen Debatten in ihrer unmittelbaren Reichweite und Wirkung begrenzt waren, konnte die Reformation nicht auf einen theologischen Gelehrtenstreit ohne Bedeutung für weitere Bevölkerungskreise reduziert werden.

Die Reformation war ein komplexer historischer Prozess, an dem viele Akteure beteiligt waren. Es geht daher nicht in erster Linie um Luthers neue Theologie, sondern es geht um die Konsequenzen, die Luthers Lehre und deren theologische Diskussion für die deutsche und europäische Politik hatten.

An neueren Darstellungen zum Thema Reformation mangelt es nicht. Dennoch fehlt eine Darstellung des Ereigniszusammenhangs, dessen Kenntnis Voraussetzung dafür ist, Forschungskontroversen verstehen und einordnen zu können. Diese Darstellung ist daher detailreich dort, wo dies zum Verständnis des Gesamtzusammenhangs Reformation unverzichtbar erschien. An anderen Stellen, wie zum Beispiel bei der Darstellung des Bauernkrieges, wurde hingegen auf Details weitgehend verzichtet, weil auch ohne diese Details der Zusammenhang von

Reformation und Bauernkrieg verständlich gemacht werden konnte.

Die erkennbare Orientierung der Darstellung der Ereignisse entlang der Chronologie der Reichstage bedeutet dennoch keine Dominanz der politischen Geschichte, vielmehr folgt diese Ordnung der Prämisse, dass die Reichstage die politischen Diskussionsforen der Reformation waren und dort die Reformation in ihren politischen Auswirkungen verhandelt wurde.

Die Reformation ist ein europäischer Ereigniszusammenhang. Zeitgleich kam es in verschiedenen europäischen Ländern zu ganz ähnlich gelagerten Ereignissen, die zum Teil unabhängig, zum Teil in kommunikativer Verbindung, zum geringeren Teil auch in direkter Abhängigkeit von den Vorgängen im Reich stattfanden. Gänzlich falsch ist das Bild, Luther habe einen Stein ins Wasser geworfen und die Reformation habe sich dann in konzentrischen Kreisen über Europa verbreitet. Nur wenige Schriften Luthers hatten europäische Wirkung: Seine kirchenkritischen und politischen Schriften zählten nicht dazu. Vielmehr waren es seine theologischen Schriften *Von der Freiheit eines Christenmenschen*, sein *Betbüchlein* und seine *Erklärung zum Katechismus*, die in Übersetzungen auch in anderen europäischen Ländern bemerkenswerte Auflagen erreichten.

Die Reformation ist nur zu verstehen als Fortsetzung der kirchlichen und weltlichen Politik des 15. Jahrhunderts. Zu einer Epoche der deutschen Geschichte wurde die Reformation, weil sie zusammenfiel und aufs Engste verwoben war mit den politischen und verfassungsrechtlichen Vorgängen, die den frühneuzeitlichen Beginn des staatlichen Gebildes Reich markieren, das für die deutsche und europäische Geschichte der Frühen Neuzeit ein wichtiger Bezugspunkt wurde.

Daher beginnt diese Darstellung mit dem Jahr 1495. Dies geschieht nicht beiläufig, sondern wichtige Etappen der Reformation werden immer wieder auf die Landfriedensordnung von 1495 bezogen. Das Jahr 1517 ist jedenfalls ein problematisches Datum, um den Beginn der Reformation zu markieren, da es in zweierlei Hinsicht in eine falsche Richtung weist. Zum einen wird die Reformation damit unweigerlich zur Tat Martin Luthers, und ihre Bezüge zum Spätmittelalter werden verdunkelt; zum anderen unterstreicht das Jahr 1517 die theologischen Aspekte des Reformationsvorgangs, erschwert aber den Blick für die politischen Zusammenhänge. Der Blick auf das Jahr 1495 erleichtert hingegen das Verständnis für diese Zusammenhänge und verdeutlicht die politisch-rechtlichen Aspekte des Ereigniszusammenhangs Reformation.

Ein Buch, das den Begriff »Reformation« im Titel trägt, tut gut daran, seinen Gegenstand zu definieren. Zunächst muss zwischen dem theologischen und dem politisch-rechtlichen Verständnis von Reformation unterschieden werden. Die zentralen Elemente des theologischen Verständnisses von Reformation sind die Rechtfertigungslehre und die alleinige Autorität der Heiligen Schrift: *sola fide, sola scriptura.* Die Heilsgewissheit kann allein aus dem Glauben bezogen werden, gute Werke helfen dazu nicht. Die Sakramente, die in der alten Kirche eine Form der Heilsvergewisserung sind, werden von sieben (Taufe, Abendmahl, Buße, Firmung, Ehe, Priesterweihe, Letzte Ölung) auf anfänglich drei (Taufe, Abendmahl und Buße), später zwei (Taufe und Abendmahl) reduziert. Da die Heilige Schrift generell allen Menschen zugänglich ist, bedarf es des Klerus als Vermittler der Glaubensinhalte nicht mehr; vielmehr gibt es ein allgemeines Priestertum aller Gläubigen.

In der Umsetzung der Reformation führten diese theologischen Neuerungen zu Veränderungen, die auch im dörflichen Alltag erfahrbar waren: Die heilige Messe wurde abgeschafft. Zum Zentrum des in deutscher Sprache gehaltenen Gottesdienstes wurde die Predigt. Beim Abendmahl wurde neben dem Brot auch der Kelch gereicht. Die kirchlichen Feiertage wurden durch die Streichung der meisten Marien- und Heiligentage drastisch reduziert. In vielen Kirchen änderte sich die Innenausstattung: Die Zahl der Bilder und Altäre wurde minimiert, Messgeräte und Monstranzen wurden beseitigt. Die theologischen Änderungen, die die Reformation brachte, veränderten demnach die religiöse Praxis, über die Änderungen der religiösen Praxis wurden Elemente der neuen Theologie den Gläubigen zugänglich. In diesen Veränderungen des Alltags der Gläubigen zeitigte die Reformation auch nach ihrem theologischen Gehalt Wirkungen, die Gegenstand der historischen Analyse sein müssen.

Unter Reformation im politisch-rechtlichen Sinne müssen gefasst werden: die Suspendierung der bischöflichen Jurisdiktion und des kanonischen Rechts, die Säkularisierung der Kirchengüter und damit zusammenhängend die Übernahme der kirchlichen Herrschaft durch die weltliche Obrigkeit. Die Suspendierung der bischöflichen Jurisdiktion bedeutete eine Parallelisierung des Ausdehnungsbereichs von kirchlicher und weltlicher Herrschaft. Vor der Reformation konnte eine Herrschaftseinheit zu verschiedenen Bistümern wie auch Erzbistümern gehören. Verschiedene Bischöfe waren dann für die geistlichen Belange der Angehörigen einer Herrschaftseinheit zuständig, für die Seelsorge ebenso wie für die geistliche Gerichtsbarkeit. Das Herzogtum Württemberg z.B. gehörte in kirchlicher Hinsicht vor der Reformation zu fünf verschiedenen Bistümern: Konstanz, Speyer, Worms, Würzburg und Augsburg. Mit der Reformation wurden die Gemeinden aus den Diözesanverbänden gelöst und auch in kirchlicher Hinsicht der weltlichen Obrigkeit unterstellt. Dies geschah in den Anfängen der Reformation über die Theorie des »Notepiskopats«, in der Luther eine nur vorübergehende Übernahme der bischöflichen Funktionen durch die Herrscher für notwendig erachtete bis zur damals noch für möglich gehaltenen kirchlichen Einigung.

Mit der Suspencierung der bischöflichen Jurisdiktion einher ging die Säkularisierung der Kirchengüter. Das in den jeweiligen Herrschaftsgebieten liegende kirchliche Gut wurde eingezogen und den weltlichen Einkünften zugeschlagen, in aller Regel mit der Zweckbindung, es nur für die sogenannten *pia corpora* auszugeben, was bedeutete: für die Besoldung der Pfarrer und Schulmeister und für die Armen- und Krankenfürsorge. Die protestantischen Obrigkeiten bekamen mit der Reformation demnach nicht nur die neue Zuständigkeit für diese Bereiche, sondern auch die Finanzierungsmöglichkeiten. Damit etablierten sich neue staatliche Betätigungsfelder.

Vor fast 40 Jahren hat Bernd Moeller vor einer fortschreitenden Theologisierung der Reformationsgeschichtsschreibung in Deutschland gewarnt und den Verlust an Historizität beklagt. Die geschichtliche Qualität der Reformation als vielschichtiges Geflecht geschichtlicher Beziehungen schien ihm aus dem Blick geraten zu sein und das Bewusstsein dafür, dass die reformatorische Theologie nur wirkungsmächtig werden konnte, weil sie fest in diese Beziehungen hinein verflochten war. Es wäre kühn zu behaupten, dass sich daran nach vierzig Jahren nahezu nichts geändert hat. Zu intensiv wurde geforscht in diesen Jahren. Sozial- und verfassungsgeschichtliche Studien haben unser Wissen über die reformatorischen Vorgänge erweitert, und erst jüngst brachte die Beleuchtung der medialen Dimension der Ereignisse beträchtlichen Erkenntnisfortschritt. Dennoch scheint mir eine konsequente Säkularisierung der Reformationsgeschichtsschreibung noch nicht gelungen zu sein.

In subtiler Form zeugt davon der ungebrochen hohe Stellenwert, den Luther in Darstellungen der Reformationsepoche hat: Von ganz wenigen Ausnahmen abgesehen haben Handbücher zur Geschichte des 16. Jahrhunderts

Kapitel mit Überschriften wie »Luthers Weg in die Reformation«. Weitreichende Schlussfolgerungen wie die, mit Luther beginne das moderne Denken und es führe ein direkter Weg in den modernen Individualismus und Subjektivismus, erscheinen diskussionswürdig. Mit demselben Recht könnte man Luther aber auch als wenig feinfühligen, ungehobelten Menschen bezeichnen, der kein Pardon mit seinen Gegnern kannte, schrecklich und vernichtend in seinem Zorn war, nicht auf den Dialog setzte, sich als ein Werkzeug Gottes betrachtete und daher seine Meinung für gottgegeben und richtig hielt. Wenig ist in seinen Schriften zu spüren von Demut, Nächstenliebe und Verständnis für die gegnerische Position. Es waren nicht seine Gegner, sondern Kritiker aus dem eigenen Lager, die ihm schon zu Lebzeiten vorwarfen, sich selbst an die Stelle des Papstes gesetzt zu haben. Ob Luther daher zu Recht als Wegbereiter des positiv verstandenen Begriffs von modernem Subjektivismus und Individualismus gelten kann, stelle ich zur Diskussion.

I
Darstellung

1
Voraussetzungen und Bezugsfelder

Bezugsfeld Reich

Die Reformation war nicht allein ein Ereignis der deutschen Geschichte. Es gibt aber eine spezifisch deutsche Reformationsgeschichte, die sehr eng verwoben ist mit der Geschichte des Reichs. Das Reich, das Alte Reich, das Heilige Römische Reich deutscher Nation – wie die drei am häufigsten verwendeten Bezeichnungen lauten – war ein im Laufe des Mittelalters zusammengewachsener Raum, in dem das Reichsoberhaupt, der Kaiser und/oder König bestimmte Hoheitsrechte innehatte. Zu Beginn der Neuzeit konnten diese Hoheitsrechte nur noch im Einvernehmen mit den Reichsinstitutionen bzw. deren Mitgliedern ausgeübt werden; die Grenzen des Reichs konnten nun auch als Grenzen der Reichweite der Reichsinstitutionen interpretiert werden.

Die Bezeichnung »Heiliges Römisches Reich deutscher Nation« tauchte erstmalig in der Wahlkapitulation Karls V. 1519 auf. Die Bezeichnung »heilig« im Titel wurde zeitgenössisch auf verschiedene Weise begründet. Neben dem Verweis auf die Abfolge der Reiche in der Heiligen Schrift (Dan. 2,31–45) wurde dabei als Begründung mit hoher Plausibilität immer auch angeführt, dass die Bezeichnung »heilig« vor allem aus den Auseinandersetzungen zwischen Kaiser und Papst im Mittelalter herrühre und deutlich machen solle, dass dem Kaiser das Reich von Gott und nicht etwa von den Päpsten anvertraut sei. Das Attribut »römisch« verwies auf die Kontinuität des Kaisertums zum römischen Imperium, der Zusatz »deutscher Nation« brachte die Begrenzung des Reichsgebiets ins Spiel. Wenn auch Afrika, Asien und weite Teile Europas dem Reich verloren gegangen waren und damit die Kontinuität zum römischen Imperium deutlich gebrochen war, so konnte doch auf das Jus Romanum, das römische Recht, als Kontinuitätsfaktor Bezug genommen werden. Die Bezeichnung des Reichs nahm somit auf historisch überholte Sachverhalte Bezug; aus der ehemals funktionalen Bezeichnung wurde ein Ehrentitel zur traditionalistischen Legitimation.

Die Reichsgrenze verlief im Norden zwischen Holstein, das zum Reich, und Schleswig, das nicht dazugehörte. Im Nordosten stellte Pommern die Grenze dar, das Deutschordensland, ab 1525 Herzogtum Preußen, gehörte nicht zum Reich; das Königreich Böhmen mit Mähren und Schlesien bildete im Osten die Grenze gegenüber Polen bzw. Ungarn. Im Südosten berührte das Reich mit dem Herzogtum Krain die Adria. Im Süden erstreckte es sich bis auf das westliche Oberitalien von der Toskana über Mailand und Genua bis zum Herzogtum Savoyen. Im Westen ging es von der Schweizer Eidgenossenschaft über die Freigrafschaft Burgund und das Herzogtum Lothringen bis zu den burgundischen Niederlanden im östlichen Flandern. Nahezu alle der hier genannten Grenzländer waren in der Neuzeit dauernd oder auf Zeit umkämpfte Konfliktzonen. Aber nur die Eidgenossenschaft und die nördlichen Niederlande lösten sich in der Frühen Neuzeit (Eidgenossenschaft faktisch um 1500, Niederlande um 1550) auf Dauer vom Reich und wurden souveräne Staaten (Schweiz und nördliche Niederlande 1648), die westlichen Grenzländer gelangten seit der zweiten Hälfte des 17. Jahrhunderts bis zum Ende des Alten Reichs in nicht linearer Entwicklung an Frankreich.

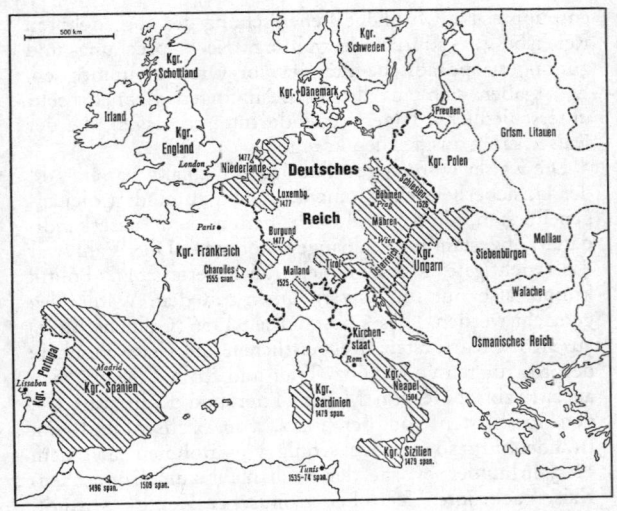

Das Reich Karls V.

Aus: Zeiten und Menschen. Ausg. K. Bd. 2: Politik, Gesellschaft, Wirtschaft
von 800 bis 1776. Bearb. von Ursula Siems und Kurt Kluxen. Paderborn:
Schöningh/Schroedel, 1979. S. 171. – Mit Genehmigung des Verlags
Ferdinand Schöningh, Paderborn.

Die Heiratspolitik der Habsburger hatte dieses Reich
zur Zeit der Reformation wiederum zu einem Weltreich
gemacht, was dem Kaiser einerseits eine hohe Reputation
brachte, anderseits zu enormen Schwierigkeiten führte.
Dass Karl V. während der entscheidenden Phasen der Reformation so selten im Reich anwesend war, war eine
Konsequenz dieser »glücklichen« habsburgischen Heiratspolitik, die sich für die Entwicklung des reformatorischen
Geschehens aus der Sicht des Kaisers als sehr nachteilig

entpuppte. Die wirkliche Beherrschung des ausgedehnten Reichsbesitzes durch Verwaltung, Rechtsprechung und zumindest sporadische Präsenz vor Ort war unmöglich. Es ergaben sich aus diesen Besitzungen vielmehr sehr unterschiedliche, widerstreitende Interessenlagen, die der Kaiser kaum ausgleichen konnte.

Die Kaiser wurden gewählt. Jeder Wahlakt war ein Akt der Unsicherheit, ein Moment, in dem zumindest diejenigen Fürsten, die das Wahlrecht hatten, dem Kaiserkandidaten Zugeständnisse abringen konnten. Die Wahl war das wichtigste Moment der Reichsverfassung. Politik konnte also nur im Einvernehmen mit dem Wahlkolleg gemacht werden. Dieses bestand seit 1356 (Goldene Bulle) aus sieben Kurfürsten, drei geistlichen und vier weltlichen: den Kurfürsten von Mainz, Trier und Köln – die zugleich auch Erzbischöfe von Mainz, Trier und Köln waren –, den Kurfürsten von der Pfalz, von Sachsen und von Brandenburg sowie dem König von Böhmen. Seit dem 11. Jahrhundert wurde der noch nicht zum (römischen) Kaiser gekrönte Herrscher »römischer König« genannt. Die Krönung war ein festgelegtes Zeremoniell, das zur vollen Anerkennung und Ausübung der Herrschaft dazugehörte. Karl V. war der letzte Herrscher, der in Italien vom Papst zum Kaiser gekrönt wurde – und auch der letzte Herrscher, der sich in der Nachfolge des Universalherrschers Karls des Großen sah. Die Kaiserkrone verlieh ihrem Träger eine höhere Würde und universale Vorrangstellung gegenüber anderen europäischen Königen und Fürsten. Mit ihr verband sich das Anrecht auf die Herrschaft in den ober- und mittelitalienischen Gebieten, die mit ihren Städten zu den wirtschaftlich höchstentwickelten Regionen Europas gehörten. Die Kaiserkrönung durch den Papst in Italien betonte in besonderer Weise die Herrschaft über Oberitalien als Grundlage der kaiserlichen Gewalt. Neben dem herrschaftsbegründenden zeremoniellen Aspekt hatte sie damit eine handfeste politische

Dimension. Mit der Kaiserkrönung anerkannte der Papst gleichsam die kaiserlichen Ansprüche auf die Herrschaft in Italien auch gegenüber potenziellen Konkurrenten.

Obwohl unter Karl V. letztmals die universale Kaiseridee Bestandteil des Regierungsprogramms war, manifestierte sich das Reich zu Beginn der Frühen Neuzeit nicht nur in der Person des Kaisers, sondern zumindest zu gleichen Teilen in seinen Institutionen. Die wichtigste Institution des Reichs war der Reichstag. Die Spezialforschung zur Reichstagsgeschichte arbeitet inzwischen mit einem sehr weiten Begriff von Reichstag. Alle Zusammenkünfte von Reichsständen, deren Beratungen sich auf Reichsangelegenheiten bezogen und die vom Kaiser berufen oder wenigstens in seiner Anwesenheit bzw. der eines autorisierten Vertreters gehalten wurden, werden als Reichstage angesehen.

Die Institution der Reichstags verfestigte sich erst mit dem Ende des 14. Jahrhunderts. Im 15. Jahrhundert gewannen die Reichstage fortschreitende neue Kompetenzen durch die gewachsene Eigenständigkeit der Territorien und Dynastien sowie auch durch die politischen Erfordernisse der Hussiten-, Türken- und Ungarnkriege. Mit dem Kompetenzzuwachs einher gingen die Interessendivergenz zwischen den Reichsständen, eine Vermehrung der Geschäfte und eine Verkomplizierung im Verfahren und damit auch Verzögerungen bei der Entscheidungsfindung.

Die Zusammensetzung der Reichstage hatte sich erst in der zweiten Hälfte des 15. Jahrhunderts verfestigt. Der Reichstag gliederte sich danach in drei Kurien: das Kurfürstenkolleg, den Fürstenrat und das Städtekollegium. Das Kurfürstenkolleg war als Wahlkolleg die politisch bedeutendste Kurie des Reichstags. Politische Meinungsbildung im Reich und Festlegung auf bestimmte Verhaltens- und Handlungsstrategien des Reichstages konnten nicht am exklusiven Kreis der Kurfürsten vorbei geschehen, wenn auch häufiger einzelne Kurfürsten als das Kolleg in

seiner Gesamtheit politische Initiativen ergriffen. So wie
es geistliche und weltliche Kurfürsten gab, saßen auch im
Fürstenrat geistliche und weltliche Fürsten. Dies war für
eine Ständevertretung ungewöhnlich: In anderen europäischen Ländern wie auch in den Territorien des Reichs saßen in der Regel der Klerus und der Adel jeweils in einer
gesonderten Kurie. Der Reichstag war eine Vertretung der
Herrschaft, nicht der Beherrschten: Nur wer Herrschaft
ausübte, konnte Mitglied des Reichstages sein. Daher saßen im Städtekolleg nur Vertreter derjenigen Städte, die
außer dem Kaiser keine Herrschaft über sich hatten und
deren Stadtregierungen (Magistrate) ihm direkt, nicht aber
einer Landesherrschaft unterstellt waren und in diesem
Rahmen über ihre Untertanen autonom herrschen konnten. Dazu gehörten 1521 genau 86 Städte, von denen die
meisten im Südwesten, auffallend wenige im Norden des
Reichsgebietes lagen. Diese ungleiche Verteilung der
Reichsstädte erklärt wichtige Unterschiede in der Verbreitung und Einführung der Reformation in den verschiedenen Regionen des Reichs.

Das Reich war in erster Linie ein Reich der Fürsten.
Der Fürstenstand wurde zum Träger der staatlichen Kon-
solidierung in Deutschland: Staatliche Verdichtungs- und
Bürokratisierungsprozesse spielten sich auf der Ebene der
Fürstentümer ab. Die Fürsten handelten zwar die gesamte
Frühe Neuzeit hindurch im Rahmen des Reichsverbandes,
nicht aber in einem wie auch immer zu charakterisieren-
den Reichsinteresse. Handlungsleitend waren regionale
Interessen, die mit Hilfe des Reichssystems verfolgt wur-
den.

Die frühesten Ausformungen staatlicher Herrschaft und
Bürokratie trifft man zwar in den städtischen Gemeinwe-
sen; im 15. Jahrhundert aber gelang es dem Fürstenstaat
weitgehend, das Autonomiebestreben der Kommunen zu
bremsen. Die fürstliche Autorität drang als landesstaatli-
che Herrschaft in die städtischen und auch ländlichen Be-

reiche vor und versuchte, selbständige kommunale Formen wie genossenschaftliche Gemeindeautonomie so weit wie möglich in den Fürstenstaat zu integrieren. Abgesehen von wenigen Ausnahmen im Südwesten des Reichs, in Tirol und an der Nordseeküste verloren die Kommunen dabei ihre politischen Mitspracherechte an die entstehenden Territorialstaaten. Dieses sehr abstrakte Erklärungsmodell wird durch die vielgestaltige Praxis allenthalben bestätigt: Die Abwehrversuche der Städte und ländlichen Kommunen gegen diese Ausdehnung fürstlicher Herrschaft bestimmten im Wesentlichen die großen Konflikte der ersten Hälfte des 16. Jahrhunderts (Bauernkrieg), und sie begegnen auch als Muster in den Auseinandersetzungen der Reformation um die Annahme des neuen bzw. das Festhalten am alten Bekenntnis, wobei die Religions- bzw. Konfessionsfrage als Mittel der Abgrenzung eingesetzt wurde. Diese Konstellationen fanden ihren Ausdruck auch darin, dass die Mitglieder des Kurfürstenkollegs und die meisten Mitglieder des Fürstenrats Virilstimmen (d.h. jeder hatte eine Stimme) besaßen, das Städtekolleg aber insgesamt nur über eine Stimme verfügte (Kuriatstimme).

Der Prozess der Ausdehnung des Fürstenstaates auf Kosten kleinerer Herrschaftseinheiten setzte sich nicht in allen Regionen des Reichs gleichermaßen durch. Es blieben Regionen, in denen die herrschaftliche Verdichtung nicht gelang (Oberschwaben, Franken, Rheinland). Die Repräsentanten dieser Regionen, kleinere Stände wie Reichsgrafen, Reichsritter und Reichsprälaten sowie Freie Städte und Reichsstädte fanden aber im Reichsverband ihren Platz, der ihnen auch das Überleben bis zum Ende des Reichs garantierte. Anders ausgedrückt: Wer einmal in dem verfestigten Reichstag zu Beginn des 16. Jahrhunderts Sitz und Stimme gefunden und damit seine Reichsfreiheit dokumentiert hatte, war gegen Vereinnahmungstendenzen durch benachbarte Fürstenstaaten zwar keineswegs völlig, aber doch gut geschützt, zumal solche Versuche die mit Beginn des

16. Jahrhunderts eingerichteten Institutionen der Reichsgerichtsbarkeit und der Reichsexekution auf den Plan riefen. Vor allem die Reichsstädte befähigte nicht selten nur der kaiserliche Schutz, sich den Unterwerfungsambitionen der Landesstaaten zu entziehen und ihre Reichsfreiheit zu wahren, was auch erklärt, dass Städte wie Bopfingen, Buchau, Weil der Stadt oder Zell am Harmersbach als reichsfreie Städte überlebten, ohne auch nur einen Anflug von wirtschaftlicher Bedeutung zu haben. Daraus wird auch verständlich, warum die kaiserlichen Erbländer nicht auf den Reichstagen erschienen: Die Kaiser versuchten sie fernzuhalten, in das eigene Haus wollten sie sich nicht hineinregieren lassen.

Der erste Reichstag, bei dem uns die Gliederung der Stände in drei Kurien und das Gegenüber von Kaiser und Ständen begegnet, ist der Reichstag von Nürnberg von 1487. Er gilt als Markstein für die Verfestigung der Institution Reichstag. Ein Selbstversammlungsrecht besaß der Reichstag nicht. Reichstage wurden vom Kaiser mit einer Proposition ausgeschrieben, die diejenigen Punkte aufführte, die er auf dem Reichstag behandelt wissen wollte. Da es keine permanente Steuer der Reichsstände gab, musste der Kaiser zumindest immer dann einen Reichstag ausschreiben, wenn er Steuern benötigte. Zur Zeit der Reformation erklären die andauernden Kriege gegen Frankreich und die Türken den hohen Finanzbedarf und damit die dichte Abfolge der Reichstage. Die Stände legten auf die kaiserliche Proposition hin in aller Regel die von ihnen gewünschten Verhandlungsgegenstände meist in Form sogenannter Gravamina vor.

Die Reichstage fanden bis zur zweiten Hälfte des 17. Jahrhunderts immer an wechselnden Orten statt, bevorzugte Tagungsorte waren süddeutsche Reichsstädte. Im Norden und Osten des Reichs fanden nie Reichstage statt, der nördlichste Tagungsort war Köln, der östlichste Nürnberg.

Die drei Kurien tagten und berieten zunächst getrennt und fassten für ihre Kurie einen Beschluss (Reichsschluss). Beendet wurde der Reichstag mit einem Reichsabschied, in den alle beschlossenen Gegenstände aufgenommen wurden. Das Zustandekommen eines Reichsabschiedes erforderte gleichlautende Beschlüsse der drei Kurien und die Zustimmung des Kaisers. Es konnte also keine Kurie von den beiden anderen überstimmt werden: Das Aushandeln von Einstimmigkeit prägte die Arbeitsweise des Reichstages. Die Reichsabschiede waren der zentrale Bestandteil der Reichsgesetzgebung. Sie waren immer Kompromisse: Im Ausgleich der divergierenden Interessen zwischen Kaiser und Ständen wie auch zwischen den Ständen untereinander wurde die politische Aufgabe und Leistung des Reichstages gesehen.

1486 wurde der Habsburger Maximilian zum römischen König gewählt und zwei Monate später in Aachen gekrönt, aber erst 1508 konnte er sich zum »Erwählten römischen Kaiser« ausrufen lassen. Hätte Maximilian damals bereits gewusst oder auch nur geahnt, dass die Kaiserwürde mit einer kurzen Unterbrechung von drei Jahren bis zum Ende des Reiches im Jahre 1806 bei den Habsburgern bleiben sollte, hätte er einige Sorgen weniger gehabt. Er konnte damals sein Kaisertum nicht als gefestigt ansehen, obwohl sich im Laufe des Mittelalters der Kreis der Adelsgeschlechter, die ernsthaft um den Kaisertitel konkurrieren konnten, immer mehr verkleinert hatte, bis mit den Luxemburgern, den Wittelsbachern und den Habsburgern schließlich drei Konkurrenten übrig blieben. Da die Luxemburger 1437 im Mannesstamme ausstarben, blieb nurmehr die wittelsbachisch-habsburgische Konkurrenz. Keineswegs ergab sich daraus bei allen Kaiserwahlen eine wirkliche Option, aber diese Konkurrenz bestimmte dennoch das wittelsbachisch-habsburgische Verhältnis. Die Wittelsbacher sahen sich stets auf Augenhöhe mit dem Kaiser, obwohl der bayerische Herzog bis 1623 nicht einmal dem Wahlkolleg angehörte.

Maximilians Vater, Kaiser Friedrich III., war seit langer Zeit der erste habsburgische Herrscher, der alle habsburgischen Besitzungen in einer Hand vereinigte und so zumindest eine energische Hausmachtpolitik betreiben konnte. Das Reich aber war ein schwieriges Gebilde: im Mittelalter noch sehr instabil, in der Hauptsache regiert vom Hof des jeweiligen Kaisers unter Hinzuziehung ausgewählter einflussreicher Fürsten. Aber die europäische Entwicklung, der Druck von außen, hatte deutlich gemacht, dass das Reich so nicht mehr zu regieren war. Es benötigte eine festere Infrastruktur. Ein entscheidender Schritt auf dieses Ziel hin war der erste Reichstag des neuen Kaisers, der Reichstag zu Worms von 1495. Er brachte schriftlich fixierte Ergebnisse, die für die Reichsgeschichte der Frühen Neuzeit wie auch für den Ablauf des Reformationsgeschehens die Weichen stellten: Der Ewige Landfriede setzte formalrechtlich der Fehde, die seit dem 12. Jahrhundert als Form rechtlicher Selbsthilfe zugelassen war, ein Ende und machte damit einen großen Schritt hin auf das staatliche Gewaltmonopol. Damit einher ging die Kriminalisierung der Störung des Landfriedens, die für die Reformation eine entscheidende Rolle spielt, denn in der Reformation musste sich die Ordnung des Ewigen Landfriedens erstmals in einem größeren Konflikt bewähren.

Eingeleitet wurde 1495 die die Frühe Neuzeit prägende Verrechtlichung von Konflikten. Alle Reichsstreitigkeiten mussten seitdem vor Gericht ausgetragen werden, zunächst vor den Gerichten der Kommunen und der Territorialherren. Eingerichtet wurde nun überdies ein oberstes Reichsgericht, das (Reichs-)Kammergericht. Es war die Anlaufstelle für alle Landfriedensangelegenheiten und diente darüber hinaus als Appellationsinstanz, wenn Rechtsstreitigkeiten nicht vor den untergeordneten Gerichten beigelegt werden konnten. Das Reichskammergericht bekam einen festen Sitz fernab vom Kaiserhof (zunächst in Frankfurt am Main, 1527 in Speyer, ab 1690 dann in Wetzlar) und eine genau festgelegte Anzahl von ständischen Beisitzern. Damit geriet die Wahrung von Frieden und Recht, eigentlich Attribut des mittelalterlichen Königtums, in den Kompetenzbereich einer ständisch dominierten Behörde. Aus dem traditionellen Hofrat des Königs machte dieser bald ein konkurrierendes oberstes Gericht, den (Reichs-)Hofrat, der in Wien, also in der Nähe des Kaiserhofes, saß, bis 1806 neben dem Kammergericht bestand und in bestimmten Konfliktsituationen vom Kaiser oder auch von den Ständen angerufen wurde, um das Kammergericht zu umgehen.

Ein Problem blieb bis 1555 die Exekution der Urteile des Kammergerichts, vor allem dann, wenn es um Strafen wegen Störung des Landfriedens ging. 1495 wurde die Exekution der Kammergerichtsurteile dem Reichstag übertragen, der jährlich tagen sollte. Diese Konstruktion bewährte sich nicht. Bis es 1555 zu einer funktionierenden Reichsexekutionsordnung kam, übernahm die Exekutionsfunktion zunächst der Schwäbische Bund, ein Zusammenschluss von Städten und hohen und niederen Adeligen, der 1488 unter Habsburger Führung zunächst zum Schutz der habsburgischen Hausmacht in Südwestdeutschland gegründet worden war und sich danach ständig nach Mitgliederzahl und Zuständigkeiten erweiterte. Nach der Auflösung des Schwäbischen Bundes 1534 wurde die Exekution der Reichskammergerichtsurteile von einzelnen Reichsfürsten wahrgenommen.

1495 bewilligten die Stände außerdem eine Reichssteuer auf vier Jahre, den sogenannten Gemeinen Pfennig. Es handelte sich um eine moderne Kopfsteuer für jeden Reichsangehörigen über 16 Jahren und eine Vermögenssteuer für die Wohlhabenden. Funktioniert hat das System des Gemeinen Pfennigs nicht. Von 1521 an ist das Steuerwesen des Reichs auf Matrikularbeiträge umgestellt worden, das heißt auf pauschale Zahlungen der Territorien

und Städte, die das Geld nach interner Umlage aufbringen
konnten. Dies entsprach der Eigenständigkeit von Territorien und Städten, so dass es von Dauer war. Es bedeutete aber auch, dass der Finanzbedarf des Kaisers nur befrie-
digt werden konnte, wenn er ihn anmeldete, einen Reichstag ausschrieb und die Territorialfürsten und Städte einer
Steuer zustimmten. Erhöhter Finanzbedarf in Kriegszei-
ten fügte demnach der außenpolitischen Bedrohung innenpolitisch eine stärkere Abhängigkeit von den Ständen
hinzu. Ohne diese für die erste Hälfte des 16. Jahrhunderts typische Konstellation ist die Reformationsgeschichte nicht zu verstehen.

Der Wormser Reichstag von 1495 brachte aber vor allem zweierlei: das faktische Akzeptieren des funktionierenden Reichstags durch den König und die Gewöhnung
der politischen Elite an ein monatelanges, politisch orga-
nisiertes Beisammensein und Zusammenwirken (Peter
Moraw). Turniere und Vergnügungen erleichterten den
informellen Austausch.

Diese Kontakte auf den Reichstagen, die dort laufen-
den, längst nicht alle aktenkundig gewordenen Kommuni-
kationen, die wechselseitige Information über die Entwicklungen in den jeweiligen Territorien und Städten sind
für den Ablauf der Reformation zentral. Die Reichstage
nach 1495 dienten der Verfestigung der Reichstagsinstitu-
tion ebenso wie der Erprobung der in Worms beschlossenen Reformmaßnahmen. Es zeigte sich deutlich, dass die
Umsetzung von Beschlüssen in der Praxis ein schwerwie-
gendes Problem darstellte. Der Kaiser allein konnte dafür
nicht garantieren, es wurde klar, dass ein zusätzliches Exekutivorgan notwendig war. 1500–02 kam es zum sogenannten ersten Reichsregiment, das unter Leitung des
Mainzer Kurfürsten erstmalig ein ständisch dominiertes
Exekutivorgan etablierte. War diesem Experiment auch
nur eine kurze Dauer beschieden, so bestand weiterhin die
Notwendigkeit, die exekutive Schwäche des Reichs zu be-

heben. 1521 wurde ein zweites Reichsregiment errichtet, das sich aber ebenfalls nicht langfristig behaupten konnte. Mit der Wahl des Kaisernachfolgers noch zu Lebzeiten des Herrschers wurde dann 1530 eine andere Form der Vertretung des Kaisers gefunden, die die Stände ausschaltete. Eine wirkliche Alternative zum Reichsregiment war das aber nicht. Die Umsetzung von Beschlüssen geriet mehr und mehr in den Kompetenzbereich der einzelnen Territorien und Städte.

Die Reichstagsversammlungen waren zusammen mit den Sitzungen des Reichsregiments, den Briefwechseln der Theologen und Politiker sowie der Flugschriftenliteratur die Diskussionsforen der Reformation. Um 1500 hatte man sich an das Zusammenwirken von König und Reichstag bei der Bewältigung schwieriger Aufgaben gewöhnt, so dass immer mehr Reichsangelegenheiten auf den Reichstagen verhandelt wurden.

Neben den Reichstagen gab es noch die Versammlungen der seit 1500 sechs, seit 1512 zehn Reichskreise. Sie stellten eine regionale Einteilung des Reiches dar: In jedem Kreis waren verschiedene Reichsstände nach ausschließlich regionalen Gesichtspunkten zusammengeschlossen. Die einzelnen Reichskreise nahmen eine ganz unterschiedliche Entwicklung: Manche, wie z.B. der Schwäbische Kreis, wurden zu wichtigen politischen Assoziationen, andere Kreise blieben äußerst blasse Gebilde. Die Kreise hatten zunächst vor allem Aufgaben in der militärischen Organisation des Reichs und waren damit auch zuständig für die Exekution von Strafen gegen Landfriedensstörer. Ein wichtiger Impuls für die Kreisverfassung war die Gewissheit, dass die Friedenswahrung nur dann erfolgreich sein konnte, wenn deren Exekution auch Gebiete erfasste, die außerhalb des Wirkungsraums einer starken Territorialherrschaft lagen. Die Exekutionsbefugnisse wurden ab 1555 bis zum Ende des Alten Reichs zur wichtigsten Aufgabe der Kreise. Hinzu kamen im Laufe der Zeit vermehrt

polizeiliche und fürsorgerische Funktionen der Kreise sowie die Kontrolle des Münzwesens. Für die Reformationszeit stellten die regionalen Zusammenschlüsse von Reichsständen ein weiteres Kommunikationsforum dar, in dem
Interessen ausgetauscht und Vorgehensweisen abgestimmt
werden konnten.

Glückliches Österreich – der Weg zur Großmacht Habsburg

Innerhalb eines halben Jahrhunderts wurden die habsburgischen Besitzungen zu einem Länderkomplex, in dem
»die Sonne nicht unterging«. Grund dafür war die kluge,
planvolle Heiratspolitik, die aber nur zu diesem Erfolg
führte, weil mehrere gänzlich unerwartete Zufälle Optio-
nen zu Realitäten machten.

1. Burgund/Niederlande: Maximilian heiratete 1477
Maria, die Tochter Herzog Karls des Kühnen von Bur-
gund, der noch im selben Jahr in der Schlacht von Senlis
zu Tode kam. Um das burgundische Erbe setzten sich
Frankreich und Habsburg auseinander mit dem Ergebnis,
dass aus dem burgundischen Besitz die Niederlande (Ge-
biet der heutigen Benelux-Länder) und die Freigrafschaft
Burgund im Südwesten an Habsburg, die Bourgogne, die
Picardie und die Stadt Boulogne an Frankreich kamen.
Mit dem burgundischen Besitz wurde Habsburg zur
wichtigsten Territorialmacht im Nordwesten des Reichs.
Für die Reformation von einiger Bedeutung war die starke
Bindung, die Karl V. an diesen Länderkomplex zeit seiner
Regierung hatte, mit den daraus resultierenden Ambitio-
nen, ihn zu arrondieren (Herzogtum Geldern s. S. 198)
und für ihn eine gewisse Selbständigkeit gegenüber dem
Reich zu erlangen (Burgundischer Vertrag s. S. 199).

2. Spanien: Spanien bestand damals aus den Königrei-
chen Kastilien und Aragon. Ferdinand II. von Aragon

(1479–1516) und Isabella von Kastilien (1474–1504) bereiteten durch ihre Heirat 1469 der Einigung des spanischen Königreichs den Boden, die 1479 durch Ferdinands Thronfolge realisiert wurde. Von den drei Kindern starben die beiden ältesten unerwartet früh (1497 und 1499); die einzig überlebende Tochter Johanna endete in geistiger Umnachtung. Sie war verheiratet worden mit Philipp dem Schönen (1478–1506), Sohn Maximilians I. und Marias von Burgund. Aus dieser Ehe gingen hervor: Karl, der spätere Kaiser Karl V. (1519–1556), Ferdinand, der spätere Kaiser Ferdinand I. (1556–1564), und Maria, die spätere Statthalterin der Niederlande (1531–1555). Mit dem Tod Ferdinands von Aragon im Jahre 1516 wurde Karl König von Spanien und Neapel.

3. Böhmen und Ungarn: Maria wurde 1515 mit König Ludwig II. von Böhmen und Ungarn verheiratet, ihr Bruder Ferdinand mit dessen Schwester Anna. Mit der Heirat verbunden war die Zusicherung der habsburgischen Thronfolge, falls Ludwig ohne männlichen Nachfolger bliebe. Genau dies traf 1526 ein: Ludwig fiel 1526 in der Schlacht von Mohàcs, einen männlichen Nachfolger gab es nicht. Das Erbe fiel, wie in der Heiratsvereinbarung von 1515 festgelegt, Ferdinand zu. Damit begann die stets konfliktgeladene, bis 1919 dauernde staatliche Verbindung der Länder Österreich, Böhmen und Ungarn. Ferdinand musste einige Energie darauf verwenden, dass er die Nachfolge in Böhmen auch wirklich antreten konnte, noch länger dauerte es in Ungarn, da sowohl in Böhmen als auch in Ungarn die Stände auf ihrem althergebrachten Wahlrecht bestanden. Mit dem böhmischen Länderkomplex, zu dem auch die Ober- und Niederlausitz gehörte, wurde Habsburg 1526 zum unmittelbaren Nachbarn der Territorien, die sich bereits für die Reformation ausgesprochen hatten.

4. Mit dem spanischen Erbe verbunden waren die überseeischen Besitzungen in Mittel- und Süd-, später auch Nordamerika sowie die Philippinen.

Das habsburgische Reich erstreckte sich damit über drei Kontinente und umfasste einen großen Teil des heutigen Europa. Allein die Ausdehnung dieses Besitzes macht verständlich, dass es so etwas wie eine natürliche Opposition gegen das Haus Habsburg gab oder – anders gewendet – dass es während der gesamten Reformationszeit keine verlässlich auf der habsburgischen Seite stehenden und im habsburgischen Interesse handelnden Verbündeten gab. Bündnisse hielten immer nur kurze Zeit und konnten mit abenteuerlicher Geschwindigkeit auch ins genaue Gegenteil verkehrt werden. Dies ist eine wichtige Grundkonstellation für die Reformationsgeschichte.

1556 wurde der habsburgische Besitz zwischen der deutschen und der spanischen Linie aufgeteilt. Der Sohn Karls V. trat als Philipp II. die Regierung in Spanien und damit auch die Herrschaft über die überseeischen Besitzungen, Unteritalien (Königreich Neapel und Sizilien) sowie die Niederlande an; sein Bruder Ferdinand blieb Herrscher über die sich von den Lausitzen und Schlesien im Norden bis Kärnten/Krain im Süden erstreckenden deutschen Besitzungen (vergessen werden dürfen dabei nicht die recht versprengt im Südwesten des Reichs gelegenen sogenannten »Vorlande«) sowie die Königreiche Böhmen, das zum Reich gehörte, und Ungarn, das nicht zum Reich gehörte. Außerdem wurde Ferdinand Kaiser. Das Kaisertum blieb von 1556 bis zum Ende des Reichs, lediglich unterbrochen durch die dreijährige Regierungszeit eines Wittelsbachers (Karl VII., 1742–1745), bei den deutschen Habsburgern.

Der bekannte Spruch, dass Österreich das, was anderen nur durch Krieg gelang, allein durch seine Heiraten erreicht habe (»Bella gerant alii, tu, felix Austria, nube!«) und daher glücklich zu preisen sei, ist eine schönfärberische Übertreibung: Für die habsburgische Geschichte war das Weltreich eher eine Hypothek denn eine glückliche Fügung.

Mit der Ausdehnung nach Osten wurde Habsburg zum direkten Gegner der Türken. Türkenabwehr war damit in Hinsicht auf die Abwehr des Islams eine Reichsangelegenheit, in Hinsicht auf die territoriale Bedrohung lag sie aber auch im Interesse habsburgischer Hausmachtpolitik. Diese Verbindung machte die Sicherstellung der Finanzierung der Türkenkriege durch die Mitglieder des Reichs zu einem schwierigen und langwierigen Unternehmen. Die Rücksichtnahme auf die Stände wegen der Notwendigkeit der Türkenhilfe ist eine weitere wichtige Grundkonstellation der Reformationsgeschichte. Nach dem Fall des muslimischen Königreichs Granada 1492 auf der Iberischen Halbinsel kam die islamische Bedrohung des Reichs gleichsam von Osten wieder zurück. Ferdinand war seit dem Erwerb der böhmischen Königskrone 1526 die gesamte Reformationszeit mit der Abwehr der Türken beschäftigt.

Hinzu kamen die Auseinandersetzungen um Italien: Karl V. war hier in permanente Kriege, unterbrochen nur durch kurzfristige Waffenstillstände, mit Frankreich verstrickt. Erst längerfristige Waffenstillstände mit beiden Gegnern (1547 mit den Osmanen, 1544 mit Frankreich) erlaubten ihm, selbst in die Reformation einzugreifen. Sein Bruder wandte sich in Briefen verzweifelt an ihn, Präsenz im Reich zu zeigen und sich der Religionsfrage anzunehmen. Die Auseinandersetzung um die Prioritäten in der Außenpolitik führte immer wieder zu Verstimmungen zwischen den Brüdern. Karl sah den Sieg über Frankreich im Kampf um Oberitalien als eine wichtige Grundlage seines Kaisertums und erwartete von Ferdinand die Unterordnung seiner Interessen unter dieses Ziel; Ferdinand bewertete die Bedrohung durch die Türken als existentielle Bedrohung für das Reich und verlangte von seinem Bruder die Zurückstellung des Engagements in Oberitalien für die Bündelung der finanziellen und militärischen Kräfte zur Türkenabwehr.

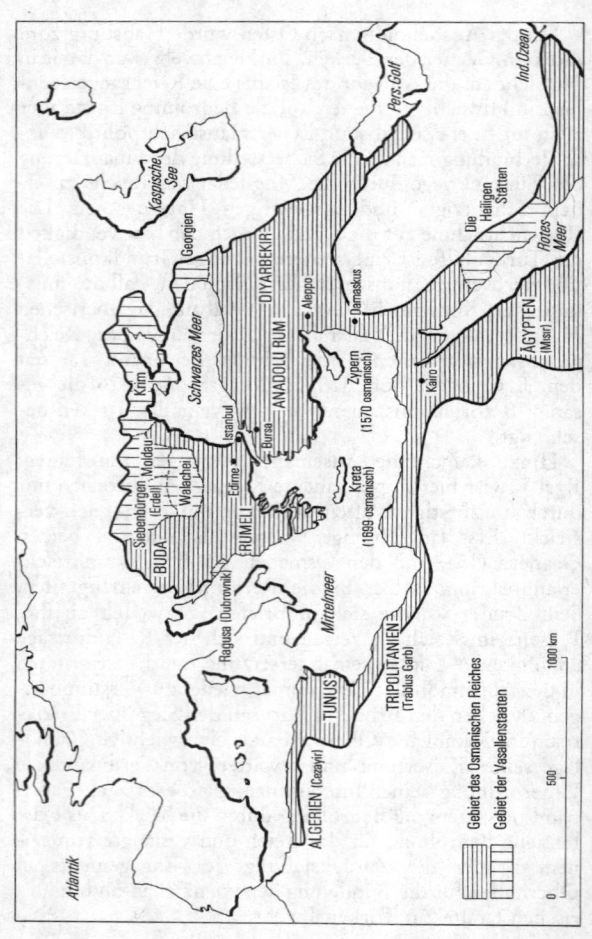

Kaspische See

Georgien

Schwarzes Meer

Krim

DIYARBEKIR

Ind. Ozean

ANADOLU RUM

Aleppo

Pers. Golf

Istanbul

Bursa

Damaskus

Die Heiligen Stätten

Moldau

Edirne

Zypern (1570 osmanisch)

Rotes Meer

Siebenbürgen (Erdel)

Walachei

RUMELI

Kairo

ÄGYPTEN (Misri)

BUDA

Kreta (1669 osmanisch)

Ragusa (Dubrovnik)

Mittelmeer

Atlantik

TUNUS

TRIPOLITANIEN (Trabus Garbi)

ALGERIEN (Cezayir)

▨ Gebiet des Osmanischen Reiches

▥ Gebiet der Vasallenstaaten

0   500   1000 km

Bezugsfeld Kirche

Die Spitze der Hierarchie der westlichen christlichen Kirche war das Papsttum in Rom. Das Papsttum wurde als Instanz aufgefasst, die die Kirche regiert, alle übrigen Glieder der Hierarchie leitet und kontrolliert, Vorschriften erlässt und ihre Beziehungen zu Erzbischöfen, Bischöfen, Äbten, Kaiser, Königen und Fürsten planvoll gestaltet. Seit dem ersten nachchristlichen Jahrhundert genoss die römische Gemeinde hohes Ansehen, das sich ab dem 3. Jahrhundert zum überregionalen Leitungsanspruch ihres Vorstehers wandelte. Eine institutionelle Verfestigung des Papsttums – vor allem dann durch die päpstliche Behörde, die Kurie – ist aber sehr viel später anzusetzen. Das Papsttum war eine »supranationale« Institution. Es war die hierarchische Spitze für alle Länder der westlichen christlichen Kirche. Daraus ergab sich seine Einbindung in die heterogenen Interessenkonstellationen in den unterschiedlichen Ländern. Die Päpste konnten keine universale päpstliche Politik machen, sondern hatten sich an den Notwendigkeiten und Forderungen der jeweiligen Länder auszurichten. So erreichte Frankreich eine weitgehende Unabhängigkeit von Rom in Bezug auf Stellenbesetzungen und Abgaben (›Pragmatische Sanktion von Bourges‹ 1438, Erneuerung 1516), graduell abgestuft auch England (bereits im 14. Jahrhundert); Tendenzen dazu gab es auch in Spanien, während das Reich wie auch Italien in enger Abhängigkeit von Rom blieben und eine nationale Abschließung ihres Kirchenwesens nicht erreichen konnten. Dies war der Ansatzpunkt für die sogenannten »Gravami-

---

Das Osmanische Reich und seine Vasallenstaaten zur Zeit Süleymans des Prächtigen
Kartenzeichnung: Theodor Schwarz, Urbach

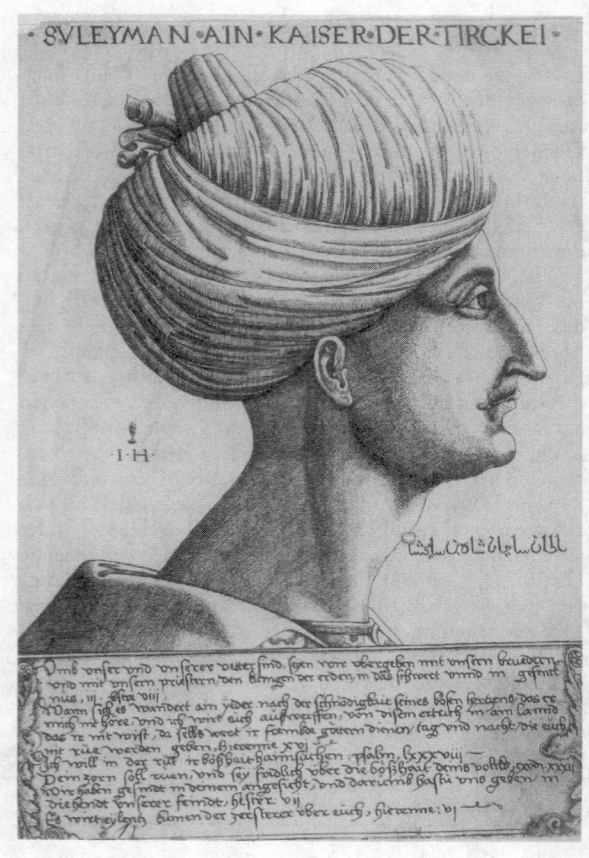

Bildnis des Sultans Süleyman I.
Radierung von Hieronymus Hopfer, 1530/40

FRANCISCVS

Bildnis des Königs Franz I. von Frankreich.
Kupferstich von Daniel Hopfer, um 1520

na der deutschen Nation«, die seit der Mitte des 15. Jahrhunderts vorgebracht und in unterschiedlichen Zusammenhängen diskutiert wurden. Im Kern ging es hier um die Majorisierung und Ausbeutung der deutschen Kirche durch Rom.

Im 15. Jahrhundert musste sich das Papsttum gegen den Kaiser und gegen die Konzilien behaupten. Das Kaisertum bezog Legitimation und Macht aus seiner Schutzherrschaft über die Kirche, der Kaiser galt als *advocatus ecclesiae*. Die Suche nach der genauen Positionsbestimmung zwischen Kaiser und Papst durchzieht bekanntermaßen die mittelalterliche Geschichte wie ein roter Faden. Zu einer endgültigen Regelung kam es nicht, vielmehr wurden situationsabhängige, den jeweiligen politischen Kräfteverhältnissen geschuldete Regelungen gefunden, die bei veränderten Konstellationen angepasst wurden.

Konzilien waren Versammlungen von Bischöfen und anderen kirchlichen Amtsträgern zur Erörterung und Entscheidung theologischer und kirchenorganisatorischer Fragen. Wie sich aber die Konzilien genau zusammensetzten und welche Stellung sie dem Papst gegenüber einnahmen, war nie klar geregelt worden. Die Reformkonzilien des 15. Jahrhunderts hatten z. B. einen großen Kreis weltlicher Teilnehmer. Beim Konstanzer Konzil (1414–18) waren nur 10 Prozent der Teilnehmer Bischöfe, der Rest Universitätsmitglieder und weltliche Gesandte, beim Basler Konzil (1431–49) lag der Anteil der Bischöfe noch niedriger. Es zeigt sich schon daran die politische Inanspruchnahme des Religiösen. Im Beschlussverfahren berieten die Teilnehmer der supranationalen Konzilsversammlungen zunächst getrennt nach Konzilsnationen (natio Germanica, natio Gallicana, natio Italica, natio Anglicana, natio Hispanica).

Der Konziliarismus des 15. Jahrhunderts setzte der monokratischen Autorität des Papstes ein korporatives Kirchenverständnis entgegen, das die Unterordnung der

Konzilien unter die Autorität des Papstes abstritt. Dieses Kirchenmodell wies Analogien zur gleichzeitig entstehenden Regelung des Verhältnisses von Kaiser und Reich auf, in der die Stände als korporative Elemente ihren konstitutiven Platz letztlich mit Erfolg zu behaupten versuchten. Es war aber gerade nicht so, dass Konzilien und Territorialfürsten gemeinsam für korporative Konzepte von Kirche bzw. Reich auf den Plan traten und Papst und Kaiser demgegenüber hierarchisch-autokratische Modelle vertraten. Die Koalitionen stellten sich vielmehr gleichsam über Kreuz her: Die Päpste stärkten die Territorialfürsten in ihrer Position gegenüber dem Kaiser, indem sie ihnen zahlreiche Privilegien verliehen; daraus resultierten u. a. die vielen territorialen Universitätsgründungen des 15. Jahrhunderts. Die Kaiser stärkten die konziliare Bewegung gegen das Papsttum, wobei sie ihrerseits die Konzilien als Machtinstrumente gegenüber dem Papst zu instrumentalisieren versuchten.

Nach der Auffassung des sogenannten Konziliarismus war das Konzil die höchste Instanz in der Kirche, der auch der Papst unterworfen war. Der gemäßigte Konziliarismus sah dabei das Konzil nur in Ausnahmefällen über dem Papst stehend, der extreme Konziliarismus wollte den Primat des Papstes zugunsten des Konzils als Repräsentation der Gesamtkirche aufweichen. Aus dem Konziliarismus des 15. Jahrhunderts resultierte der »horror concilii« der Päpste, der sich als schwere Belastung für die Reformationsgeschichte herausstellen sollte. Nach der Krise der Schismen befand sich das Papsttum am Ende des 15. Jahrhunderts in einer prekären Konsolidierungsphase, in der Konzilien ebenso wie »nationalkirchliche« Alleingänge sofort Abwehr hervorriefen.

Der Papst war zugleich weltlicher Herrscher des Kirchenstaats. Diese Verbindung von geistlicher und weltlicher Herrschaft war der Kristallisationspunkt jedweder Kritik am Papsttum. Durch diese Verbindung war der

Papst häufig Interessenkonflikten ausgesetzt. Verstärkt
wurde diese politische Abhängigkeit dadurch, dass der
Papst vom Kardinalskollegium in Rom gewählt wurde.
Gewählt werden konnte nur, wer die Mehrzahl der Kardinäle hinter sich brachte. Das erklärt, wieso die Kardinäle
die einflussreichste Personengruppe an der römischen Kurie waren und die Ernennung zum Kardinal die höchste
Auszeichnung, die der Papst verleihen konnte. Mit einer
Ausnahme (Hadrian VI.) wurden in der Neuzeit ausschließlich Italiener zu Päpsten gewählt (der erste Nichtitaliener seit Hadrian VI. wurde erst mit Johannes Paul II.
1978 gewählt).

Als Legitimation der weltlichen Macht des Papsttums
diente die Konstantinische Schenkung. Demnach hatte
Kaiser Konstantin (314–337) Papst Silvester die Stadt Rom
und das Imperium über den Westen des Reichs verliehen,
außerdem den Primat über alle anderen Bischofsstühle
einschließlich der östlichen Patriarchate. Bei der Konstantinischen Schenkung handelt es sich um eine im 8. oder 9.
Jahrhundert entstandene Fälschung, deren Gültigkeit und
Echtheit immer wieder bestritten wurden. Dennoch diente sie den Päpsten in der Folgezeit zur Durchsetzung ihrer
weltlichen Machtansprüche. Die Konstantinische Schenkung hatte auch Eingang ins Kirchenrecht gefunden: Sie
war Bestandteil des *Decretum Gratiani*, d. h. des ersten
Teils des um 1140 kodifizierten *Corpus Juris Canonici*.
Mitte des 15. Jahrhunderts wurde diese Urkunde sowohl
von Nikolaus von Kues als auch von Lorenzo Valla zwei-
felsfrei als Fälschung enttarnt. Damit war das juristisch-
historische Fundament der weltlichen Macht des Papsttums erschüttert, umso leichter konnte sie in der Reformation zum Zentrum der Kritik am Papsttum werden.

Die Päpste schickten von Rom aus Gesandte (Nuntien,
Legaten) in die Länder der christlichen Kirchen, die mit
beschränktem Auftrag bestimmte Angelegenheiten in ihrem Sinne wahrnahmen. Für die Reformationszeit waren

dies Gesandte, die an den Reichstagen teilnahmen oder die sich längere Zeit im Reich aufhielten, um die kirchlichen Verhältnisse zu beobachten und deren Entwicklung nach Rom zu melden. Erst in der zweiten Hälfte des 16. Jahrhunderts wurden solche Nuntiaturen auf Dauer eingerichtet; der Wiener Kongress stellte 1815 schließlich die päpstlichen Nuntien den Botschaftern weltlicher Staaten gleich.

Seit der Spätantike breitete sich die Kirche durch die Gründung neuer Bistümer aus. An der Spitze dieser sehr ungleichmäßig verteilten und in der Größe stark variierenden Bistümer stand jeweils ein Bischof. Mehrere Bistümer bildeten einen Metropolitanverband oder ein Erzbistum, an deren Spitze ein Erzbischof stand. Bischöfe und Erzbischöfe waren zunächst geistliche Herrscher, d.h. sie hatten geistliche Jurisdiktionsrechte inne, verwalteten das kirchliche Vermögen ihres Bistums und hatten die Seelsorge in ihrer Diözese zu gewährleisten. Aber die deutschen Bischöfe und Erzbischöfe waren gleichzeitig auch weltliche Herrscher. Sie gehörten damit zum Reichsfürstenstand. Diese weltliche Macht des Klerus gab es in keinem anderen europäischen Land. Zwar gab es dort durchaus politische Einflussnahmen des Klerus durch die Einbindung von Klerikern in die Politik, indem diese hohe Ämter im Staat übernahmen (z.B. in England Thomas Wolsey und in Frankreich Richelieu und Mazarin). Aber das Zusammengehen von weltlichen Herrschaftsrechten und bischöflichen Befugnissen ermöglichte nur die Verfassung des Reichs. Erste Tendenzen dazu zeigten sich bereits im 10. Jahrhundert; mit dem 1122 zwischen Kaiser Heinrich V. und Papst Calixt II. geschlossenen Wormser Konkordat erhielten die Bischofterritorien des Reichs ihre erste, bis 1806 gültige rechtliche Grundlage. Diese Linie wurde unter Kaiser Friedrich I. fortgeführt, Friedrich II. schließlich sanktionierte die landesherrlichen Befugnisse der deutschen Kirchenfürsten und baute sie weiter aus (*Confoederatio cum principibus ecclesiasticis*, 1220).

Immerhin war zur Zeit der Reformation etwa ein Sechstel des Reichs geistliches Herrschaftsgebiet. Die Bündelung von weltlichen und geistlichen Herrschaftsrechten macht es notwendig, streng zwischen der Diözese und dem Hochstift zu unterscheiden, d. h. dem Gebiet, in dem der Bischof/Erzbischof nur geistliche Herrschaftsrechte (Diözese), und dem, in dem er geistliche und weltliche Herrschaftsrechte (Hochstift) hatte. Die weltlichen Herrschaftsrechte in den nicht hochstiftischen Teilen der Diözese konnte ein weltlicher Herrscher allein innehaben oder aber sie konnten, wie meistens, auf mehrere Herrscher verteilt sein.

Die Überlappung der Diözesangrenzen mit den weltlichen Herrschaftsgrenzen führte zu andauernden Auseinandersetzungen über die Grenzen des geistlichen und weltlichen Herrschaftsbereichs. Wechselseitige Übergriffe waren an der Tagesordnung. Die sächsischen Besitzungen beider Linien (Kurfürstentum und Herzogtum Sachsen) z. B. lagen im geistlichen Jurisdiktionsbereich der Bischöfe von Meißen, Merseburg, Naumburg, Regensburg, Bamberg, Halberstadt, Magdeburg, Mainz und Prag und damit auch in den Kirchenprovinzen Magdeburg, Mainz, Prag und Salzburg. War das allein schon verwirrend genug, so kam erschwerend hinzu, dass niemand so genau wusste, was vor geistliche und was vor weltliche Gerichte gehörte. Es gab daher von Seiten der weltlichen Obrigkeiten eine Tendenz, die geistliche Gewalt weitgehend auszuschalten, d. h. sie den eigenen politischen Interessen dienstbar zu machen. Dazu boten sich grundsätzlich zwei Möglichkeiten: die Besetzung der Bischofssitze mit Angehörigen der eigenen Dynastie oder aber die sukzessive Integration des Bistums in das Territorium. Die letzte Möglichkeit kam vor allem dann in Betracht, wenn die Diözesangrenzen eines Bistums vollständig oder zumindest weitestgehend deckungsgleich mit den Grenzen eines bestimmten Territoriums waren. Diese Konstellation fand sich vor allem im

Nordosten des Reichs, wo die Bistümer Havelberg, Lebus und Brandenburg bzw. Naumburg, Merseburg und Meißen ständigen Versuchen der Kurfürstentümer Brandenburg bzw. Sachsen, sie sich einzuverleiben, ausgesetzt waren.

Viele fürstliche Familien pflegten die Besetzung der Bistümer fest in ihre territorialstaatlichen Pläne zu integrieren. Sie ließen ihre jüngeren Söhne – der älteste trat in der dynastischen Erbfolge ja die Nachfolge im eigenen Territorium an – zu Bischöfen oder Erzbischöfen wählen, um so ihren politischen Einfluss über ihr eigenes Territorium hinaus auszudehnen. Durch diese vor allem im Spätmittelalter energisch betriebene Bistumspolitik nahmen Bistumsakkumulationen drastisch zu, d.h. häufig begnügten sich die hochadeligen Familien nicht mit einem Bischofssitz für ihre nachgeborenen Söhne, sondern ließen sie gleich in zwei oder auch mehreren Bistümern zu Bischöfen wählen. In den entscheidenden Jahren der Reformation war so z.B. Georg, der Bruder des Pfälzer Kurfürsten Ludwig, Bischof von Speyer; 1529 scheiterte der Kurfürst dann mit dem Versuch, seinen Bruder Heinrich, der bereits Bischof von Worms war, zum Nachfolger Georgs wählen zu lassen. Diese enge Verbindung der Pfälzer Kurfürsten zu »ihren« Bistümern erklärt zum Teil die neutrale Haltung, die die Pfälzer Kurfürsten in der Religionsfrage einnahmen.

Aus dieser Bistumspolitik resultierte wiederum, dass die Bischöfe sehr häufig keine höheren Weihen, somit also im Grunde gar nicht die Befugnis zu einem geistlichen Amt hatten. Deswegen wurden Aufgaben, für die eine Weihe erforderlich war, von Stellvertretern wahrgenommen. So wurden die Weihbischöfe, Generalvikare und Koadjutoren zu Stellvertretern der Bischöfe, damit diese sich in Politik und fürstlicher Hofhaltung engagieren und ihre politischen Interessen wahrnehmen konnten. Die Bistumspolitik der großen Herrscherhäuser im Reich hatte somit indirekt zur Krise der spätmittelalterlichen Kirche beigetragen.

Erzbischöfe und Bischöfe wurden spätestens seit dem 13. Jahrhundert von den Domkapiteln gewählt. Diese hatten sich seit dem Frühmittelalter aus den Klerikergemeinschaften der Bischofskirchen entwickelt. Bei der Wahl gaben die Domkapitel bereitwillig Angehörigen des hohen Adels ihre Stimme, versprachen sie doch durch Reichtum und politische Verbindungen das Bistum fördern zu können. Der Papst beanspruchte das Bestätigungs- und Weiherecht. Weltliche Herrscher hatten mitunter das Nominationsrecht für die Bischöfe, so z. B. in Frankreich. In den Domkapiteln saßen in der überwiegenden Mehrzahl Adelige, in der Regel die nachgeborenen Söhne wichtiger Adelsfamilien, die über den Sitz im Domkapitel eine Versorgung und zugleich auch eine zumindest beschränkte politische Einflussmöglichkeit bekamen.

Streng geschieden von dieser Adelskirche war das sogenannte Niederkirchenwesen. Die Pfarrer in den Gemeinden wurden von den Bischöfen ernannt und geweiht, nominiert wurden sie nicht selten von weltlichen Herrschern, Magistraten der Städte oder auch Adeligen. Dieses sogenannte Patronatsrecht ist für die Verbreitung der Reformation zentral, da in Gebieten, in denen die Patronatsrechte überwiegend in weltlicher Hand lagen (wie z. B. im Herzogtum Württemberg), schnell und reibungslos protestantische Pfarrer eingesetzt werden konnten, während Patronatsrechte in der Hand von Bischöfen oder Äbten dies in aller Regel verhindern konnten. Die Bedeutung des Patronatsrechtes für die Ausbreitung und Verankerung der Reformation ist bis heute nur unzureichend erforscht. Pfarrerwahlen durch die Gemeinden waren auch im Mittelalter nur vereinzelt vorgekommen.

Alle kirchlichen Stellen waren ausgestattet mit Gut, d.h. mit immobilem Besitz, dem zu seiner Bewirtschaftung erforderlichen Inventar, den an diesem Gut hängenden

Rechten und den aus seiner Bewirtschaftung fließenden Einnahmen. Die Nutznießung dieser sogenannten Pfründen oder Benefizien verpflichtete zu einer bestimmten Gegenleistung, dem Offizium. Die Gegenleistung bestand meist in der Ausübung des pastoralen Amtes, das mit der Pfründe dotiert war. Der Pfarrklerus hatte in aller Regel keine geregelte Ausbildung durchlaufen, nicht selten wurde das Priesteramt als eine Art Handwerk erlernt. Den Geistlichen oblag es, Messe zu halten und die Sakramente zu spenden. Im Gegensatz zu den Pfründen an der Spitze der kirchlichen Hierarchie waren die Pfarrpfründen aber auch häufig so schlecht dotiert, dass nur durch die Zusammenlegung mehrerer Pfründen – und damit auch Ämter – eine Existenzgrundlage für einen Priester garantiert werden konnte. Dies hatte aber wiederum zur Folge, dass eine seelsorgerische Versorgung auf dem Lande nicht im erforderlichen Umfang gewährleistet werden konnte. Die Rechtsstellung des Kirchengutes, d.h. konkret die Frage, wer es im Rechtssinn besaß, war eine der grundlegenden Fragen, die in der Reformation diskutiert wurden.

Aus dem Vorhergehenden wird deutlich, dass der Klerus eine sehr heterogene Gruppe war. Unter sozialen Aspekten hatten die Mitglieder dieser Gruppe kaum Gemeinsamkeiten. Angehörige des hohen Klerus und des niederen Pfarrklerus trennten Welten. Dennoch gab es eine Gemeinsamkeit des Klerikerstandes. Alle Kleriker waren dem weltlichen Recht und der weltlichen Gerichtsbarkeit nur bedingt unterworfen; sie genossen einen gesonderten Gerichtsstand. Außerdem gelang es ihnen, sich der Steuererhebung weitestgehend zu entziehen.

Im Spätmittelalter geriet die Kirche in eine Krise, die den Zeitgenossen als ernste Gefährdung erschienen ist. Eine wichtige Markierung sind in diesem Zusammenhang die Jahre 1305/09–77, in denen die Päpste nicht in Rom, sondern in Avignon residierten. Grund dafür waren Wirren im Kirchenstaat und eine große Abhängigkeit vom französischen Königtum, die sich in der Zeit des Exils verständlicherweise noch verstärkte. Dazu kam der Streit zwischen Ludwig IV. (1314–1347) und den Päpsten um die Anerkennung der Königswahl und das Große Schisma (1378–1417). Die Schismen des Mittelalters haben die Reformation insofern vorbereitet, als sie die Argumentation mit der »einen heiligen Kirche« untergraben haben. Dass diese eine Kirche mehrfach verschiedene Päpste wählte, hat den Kern zur Spaltung gelegt. Nicht zu vergessen ist dabei auch die bereits 1054 endgültig vollzogene Trennung der West- und der Ostkirche. Ab diesem Zeitpunkt war die Auffassung der einen Kirche eine Fiktion. Gerade das 14. und 15. Jahrhundert sind geprägt von intensiven Bemühungen, die Wiedervereinigung mit der Ostkirche zu erreichen. Der Fall Konstantinopels 1453 zeigte endgültig, wie schwach die geteilte christliche Kirche war und wie stark der Islam und damit – politisch gewendet – auch die Bedrohung durch die Türken einzuschätzen war.

Die Krise der Kirche im Spätmittelalter hatte demnach viele Gründe. In der Außenwirkung war es aber vor allem der päpstliche Fiskalismus, der als Ausdruck der Krise wahrgenommen wurde. Eng zusammenhängend mit der Erweiterung des Kirchenstaates, der zur Zeit seiner größten Ausdehnung fast die Hälfte des heutigen Italien umfasste, stieg der Finanzbedarf der Päpste. Der Ausbau der römischen Kurie, die sich von einem kleinen Mitarbeiterstab im Laufe der Jahrhunderte zu einem ausgebauten Behördenapparat entwickelt hatte – sie umfasste 1517 rund 2000 Personen und damit fünfmal mehr als noch 1471 –, erforderte ebenso zusätzliche Geldquellen wie die Aufwendungen für politische Unternehmungen und für Kreuzzüge. So bildete sich allmählich ein ausgeklügeltes, mit den seelsorgerischen Aufgaben der Päpste ganz und gar nicht zu vereinbarendes Geldbeschaffungssystem aus. Für die Ausstellung von Bullen, Reskripten, Gnadenerweisen und Dispensen wurden Gebühren erhoben. Für Pfründenverleihungen wurden z. T. erhebliche Geldsummen verlangt, teilweise verbunden mit Annaten, d. h. Zahlungen der Bewerber in Höhe der Pfründeneinnahmen des ersten Jahres. Das machte es für die Päpste attraktiv, Pfründen an besonders finanzstarke Bewerber zu verleihen, die nicht immer auch die geeignetsten waren. Besonders sinnfällig wurden die Auswüchse des päpstlichen Geldbeschaffungssystems bei der Ablasspraxis. Von den zeitlichen Sündenstrafen sollte man sich loskaufen, die innere Bereitschaft zur Buße trat in den Hintergrund. Wegen ihrer ständigen Finanznot ließen die Päpste die Kirche zu einem Dienstleister verkommen.

Die als Reformkonzilien angetretenen Versammlungen von Konstanz (1414–18) und Basel (1431–49) scheiterten in der Frage der Gesamtreform der Kirche. Kaiser Sigismund fehlte bei allem Verständnis für die Notwendigkeit der Reformen die Autorität, der deutschen Kirche einen Freiraum gegenüber dem römischen Zentralismus zu sichern, wie ihn die englische Nation bereits Anfang des 14. Jahrhunderts und die französische zu Beginn des 15. Jahrhunderts erreicht hatten. Im Gegensatz dazu schloss Kaiser Friedrich III. 1448 mit Papst Nikolaus V. das Wiener Konkordat, das der Aufhebung des Basler Reformwerks für die deutsche Kirche gleichkam. Es räumte dem Papst weiterhin starke Eingriffsrechte bei der Pfründenvergabe ein und stellte einen enttäuschenden Abschluss der Reformbemühungen für das Gebiet des Reichs dar. Dem Kaiser wurde vorgeworfen, das Reich völlig an Rom auszuliefern und die Reformbemühungen des Konstanzer und Basler Konzils zu konterkarieren. Es verstärkte sich die Auffassung, dass die Deutschen zum bevorzugten Objekt päpstlicher Finanzpolitik geworden seien und finanziell ausgesaugt würden. Antirömische Ressentiments nahmen zu und fanden vor allem in der dann später kritisierten Ablasspraxis immer wieder neue Nahrung.

Nun war es keineswegs so, dass andere europäische Länder durch die Kurie nicht finanziell belastet worden wären. Im Unterschied zu Frankreich etwa, dessen Klerus einflussreiche Positionen im Dunstkreis der Kurie erwarb und dies gleichsam als gerechten Ausgleich für die finanzielle Belastung betrachtete, gelang dies dem deutschen Klerus aber nur in wenigen Ausnahmefällen. Grund dafür war die Territorialisierung des Reichs. Sie führte zur starken Fragmentierung der Interessenlagen. Der Kaiser hatte gegenüber der Kurie häufig ganz andere Interessen als einzelne Territorialfürsten. Oft förderten diese die Kurienferne ihrer Länder, um eine weitgehende Unabhängigkeit der Kirche ihres Landes von Rom zu erreichen und selbst zum »Papst in ihren Landen« – wie es ein zeitgenössisches Diktum formulierte – zu werden. Mit dieser Politik vertrug sich das Spekulieren auf einflussreiche Ämter an der Kurie nicht. Das macht aber auch klar, dass die Reform der Kirche erfolgversprechend nur über Teilreformen in Ländern und Territorien angegangen werden konnte.

Grundlage dafür war das sogenannte landesherrliche Kirchenregiment, das in der Zeit des Schismas und der Konzilien wurzelte, als die Päpste den Territorialfürsten des Reichs weitgehende Zugeständnisse gemacht hatten. Insbesondere im Bereich des Klosterwesens nahmen die Landesherren unter dem Rechtstitel der Klostervogtei das *ius reformandi et visitandi* wahr. Es wird als Kern der fürstlichen Kirchenhoheit vor der Reformation angesehen. Klöster waren nicht mehr die respektvoll behandelten Stätten der Frömmigkeit. Sie wurden in ihrem Pfründenreichtum zunehmend zu ausnutzbaren Objekten. Über die Schirmverträge zwischen Landesherren und Klöstern wurden diese im Spätmittelalter mitsamt ihren Erträgen in die fürstliche Herrschaft integriert. Das landesherrliche Kirchenregiment bedeutete damit auch im Mittelalter schon einen verstärkten Zugriff auf die Reichtümer der Kirche.

Kritik an der Kirche war immer Kritik an ihrer Verweltlichung. Bischöfe waren in erster Linie geistliche Fürsten und erst in zweiter Linie Seelsorger in der Nachfolge der Apostel. Die Konsolidierung ihres weltlichen Herrschaftsbereichs beanspruchte gerade im Spätmittelalter die größte Aufmerksamkeit. Wie das Idealbild eines Bischofs aussah, wissen wir z. B. aus Stadtchroniken: Demnach sollte der Bischof an Expansion von Macht und Einkommen nicht interessiert sein, sondern er sollte seine politischen und ökonomischen Ambitionen beschränken. Bei den Anforderungen an die geistlichen Pflichten der Bischöfe stand im Vordergrund der persönliche Vollzug der seelsorgerischen Aufgaben: des Gottesdienstes und der Sakramente. Gelehrsamkeit wurde zwar geschätzt, war aber kein Muss. Um die gute Seelsorge ging es auch bei den Anforderungen an den niederen Klerus: Er sollte vor Ort sein und er sollte sich um die Seelsorge kümmern. Die Einhaltung des Zölibats stand demgegenüber deutlich im Hintergrund. Nicht selten lebten Priester mit ihren Lebensgefährtinnen und Kindern unbehelligt in den Gemeinden.

Dieselben Töne schlug die bekannteste Reformschrift des 15. Jahrhunderts an, die *Reformation Kaiser Sigismunds* – deren breite Rezeption zwar behauptet, kaum aber bewiesen wird –: Bischöfe sollten einen guten Lebenswandel haben und sich aller weltlichen Geschäfte enthalten. Besonderer Stein des Anstoßes war der bedenkenlose Umgang mit Kirchenstrafen, die die Bischöfe im Konfliktfall gegen ihre Untertanen einsetzten und damit als weltliche Strafmittel missbrauchten. Und wie die römische Kurie versuchten auch die Bischöfe, ihre seelsorgerischen Aufgaben zu lukrativen Geschäften zu machen. Die Bischöfe gerade der bedeutenderen Bistümer waren in erster Linie weltliche und erst in zweiter Linie geistliche Herrscher. Ihre geistlichen Herrschaftsrechte übten sie zudem meist nicht selbst aus, sondern ließen sich vertreten. Die

Kirche und ihre geistlich-seelsorgerischen Aufgaben waren in den Sog politischer Interessen geraten. Diese Vermengung von Geistlichem und Weltlichem war durch einzelne Reformschritte nicht zu beheben. Sie war systemimmanent und nur durch eine Systemänderung zu beseitigen. Dafür setzte sich auch die Reformation ein – ohne Erfolg. In den katholischen Gebieten blieben die geistlichen Fürstentümer bestehen, in den evangelischen Teilen des Reichs etablierte sich eine Staatskirche, an der Spitze der kirchlichen Hierarchie standen dort die Landesherren. Kirche war fortan ein Teil der territorialen Verwaltung.

John Wyclif, Jan Hus und Nikolaus von Kues: Reformation vor der Reformation

Einiges von dem, was Luther kritisierte und formulierte und was die Reformation bewirkte, war bereits im 14. und 15. Jahrhundert gedacht und artikuliert worden.

Der englische Theologe John Wyclif (um 1330–1384) schien zunächst eine traditionelle kirchliche Karriere einzuschlagen. Nach Ausbruch des Großen Schismas griff er mit zahlreichen Schriften in die Diskussion um die dringend notwendige Reform der Kirche ein. Einige Sätze aus seinen Schriften wurden als häretisch eingestuft, so dass Wyclif seine Lehrtätigkeit an der Universität Oxford aufgeben musste. Er zog sich auf seine einträgliche Pfarrei zurück und veröffentlichte weitere Schriften, in denen er die Reliquien- und Heiligenverehrung, die Ohrenbeichte, den Ablass, die Lehre vom Fegefeuer und das Mönchtum kritisierte. Schwerer wog, dass er ein allgemeines Priestertum propagierte, die Heilige Schrift als oberste Autorität der Kirche bezeichnete und den weltlichen Besitz der Kirche anprangerte. Seine Äußerungen gewannen zusätzliche Brisanz dadurch, dass er die erste englische Bibelübersetzung verfasste (1382, um 1390 revidierte Ausgabe)

und damit die Heilige Schrift vom Anspruch her allen
Gläubigen, praktisch zumindest einem sehr viel größeren
Personenkreis unmittelbar zugänglich machte. Reue und
Buße wurden nach Wyclifs Auffassung nicht durch den
Priester vermittelt, sondern geschahen im unmittelbaren
Austausch der Gläubigen mit Gott. Er forderte die Säku-
larisierung des Kirchengutes und seine Verteilung an die
Bedürftigen. Jede Ausübung weltlicher Herrschaft von
Personen geistlichen Standes lehnte er rigoros ab. Damit
stellte Wyclif die Gesamtstruktur der kirchlichen Hierarchie in Frage. Das Konzil von Konstanz erklärte ihn zum
Ketzer, ordnete die Verbrennung seiner Schriften an und
wirkte darauf hin, dass seine sterblichen Überreste ausge-
graben und verbrannt wurden. Die Anhänger Wyclifs in
England wurden als Lollarden (wohl nach der niederländischen Form des Wortes ›[ein]lulle‹) bezeichnet. Sie zogen als Wanderprediger durchs Land, besonders zahlreich
in London, Leicester und Bristol. Die weltliche Herrschaft verfolgte sie als Ketzer. Dennoch gelang es ihnen,
die Diskussion über Wyclifs Ideen wach zu halten, so
dass die evangelische Bewegung in England im 16. Jahrhundert lückenlos an die Lollarden-Tradition anknüpfen
konnte.

Jan Hus (um 1370–1415), Theologe und späterer Rektor
der Universität Prag, forderte genauso wie Wyclif die
Rückkehr zur apostolischen Armut der Urkirche und
stellte in seinen Schriften den hierarchischen Aufbau der
Kirche in Frage. Er schrieb in tschechischer Sprache und
fand damit auch jenseits der gelehrten Kreise ein aufmerk-
sames Publikum. 1414 wurde er unter Zusicherung freien
Geleits vor das Konzil zu Konstanz gerufen, dort als Ketzer verurteilt und 1415 hingerichtet. Der Wortbruch des
Königs und das Urteil gegen Hus schürten den Hass gegen die deutsche Herrschaft über Böhmen und gegen das
Papsttum. Zwei Monate nach Hus' Hinrichtung traf auf
dem Konstanzer Konzil ein Protestschreiben von 452

Die Spendung des Abendmahles in beiderlei Gestalt durch
Martin Luther und Jan Hus. Holzschnitt, 3. Viertel 16. Jh.

böhmischen und mährischen Adeligen ein, in dem diese
die Hinrichtung scharf verurteilten und den Gehorsam gegen Kirche und Konzil aufkündigten. Durch seine Hinrichtung wurde Hus zum Märtyrer und zur Identifika-
tionsfigur einer vom böhmischen Adel getragenen »natio-

nalen« tschechischen Bewegung. In den Hussitenkriegen (1419–36), die seine Anhänger in Böhmen gegen den Kaiser führten, verbanden sich – auch dies ein Muster der späteren Reformation – die Ansichten Hus' mit sozialen Hoffnungen bei der ländlichen Bevölkerung. In den Prager Artikeln forderten die Hussiten 1420 freie Predigt, den Laienkelch, den Verzicht der Kirche auf ihr Vermögen und die Rückkehr zum Ideal der apostolischen Armut sowie eine strenge Kirchenzucht für die Kleriker. 1427 begannen die Hussiten propagandistische Manifeste an ausländische Universitäten und Städte zu versenden (Paris, Oxford, Wien, Leipzig), in denen sie zum Kampf gegen Kirche, Papsttum und weltliche Macht aufriefen. Auf dem Baseler Konzil wurde ihnen 1433 zwar lediglich der Laienkelch zugestanden; dennoch war es bemerkenswert, dass damit trotz der Verurteilung des Jan Hus auf dem Konzil zu Konstanz die in vielem von der traditionellen Lehre abweichende Gruppe der Hussiten innerhalb der Kirche geduldet wurde. Der Kelch wurde zum Symbol der hussitischen Reformbewegung, daher gab man ihnen auch den Namen Utraquisten (nach dem Abendmahl in »beiderlei« Gestalt).

Nikolaus von Kues (1401–1464) war der Sohn eines wohlhabenden Kaufmanns aus dem Kurfürstentum Trier. Nach dem Studium der Geistes- und Rechtswissenschaften machte er sich zunächst durch spektakuläre Quellenrecherchen und -interpretationen einen Namen. So enttarnte er 1433, unabhängig von und zeitgleich mit Lorenzo Valla, die Konstantinische Schenkung als Fälschung des 8. Jahrhunderts (s. S. 94).

Als Teilnehmer des Basler Konzils verfasste er 1433 die wichtige Schrift *De concordantia catholica*, die der Wiederherstellung der Einheit der Kirche gewidmet war und in der er einen gemäßigten Konziliarismus vertrat. Seiner Auffassung nach hing die Kirchenreform eng mit der Reform des Reichs zusammen. Beide seien nur gemeinsam zu denken, man könne die Kirche nur verbessern, wenn man das Reich verbessere. Eine Übertragung des Kaisertums durch den Papst bestritt Nikolaus von Kues und vertrat damit eine Gleichstellung von Kaiser und Papst. Er sprach sich zudem für eine klare Kompetenzregelung zwischen geistlicher und weltlicher Gerichtsbarkeit und für jährliche Reichsversammlungen aus.

Seine weitere Biographie zeigt interessanterweise die Konfrontation mit Problemen, die genau auf das verweisen, was uns ein Jahrhundert später im Zusammenhang mit der Reformation begegnet. Nikolaus von Kues wurde 1448 Kardinal und 1450 vom Papst zum Bischof von Brixen ernannt. Nach seiner Ernennung bereiste er zunächst als päpstlicher Gesandter das Reich, um den Jubiläumsablass zu predigen, Klöster zu visitieren und zur Hilfe gegen die Türken aufzurufen. Im Gegensatz zu späteren Ablasspredigten betonte Nikolaus von Kues die Notwendigkeit von Buße und Reue für den Ablass und er verbot, Geld anzunehmen bzw. anzubieten. Vielmehr sollte die Gegenleistung ein Almosen sein, dessen Höhe der einzelne selbst festsetzen sollte. In seinen zahlreichen Predigten versuchte er gegen die um sich greifende Hochschätzung von Äußerlichkeiten eine tiefe innerliche Religiosität zu propagieren. Als er 1452 die Leitung des Bistums Brixen antreten wollte, stieß er auf einen vom dortigen Domkapitel gewählten Konkurrenten. Ohne Zweifel war Nikolaus von Kues ein hochqualifizierter Mann und damit eine gute Besetzung; aber er war vom Papst ernannt und nicht der Kandidat des Adels, der dessen Interessen entsprochen hätte. Zunächst konnte sich Nikolaus von Kues gegen seinen Konkurrenten durchsetzen. Schwieriger war die Auseinandersetzung mit dem Landesherrn, Sigismund von Tirol, dessen territorialstaatliche Pläne das Bistum Brixen zu einem in das Territorium integrierten Landesbistum mit vom Landesherrn abhängigen Bischöfen machen wollten. Nikolaus von Kues gelang es in wenigen Jahren, das Bis-

tum zu sanieren und eine begrenzte Kirchenreform umzusetzen. Mit Diözesansynoden, Visitationen, vor allem aber
mit seiner Präsenz auch in abgelegenen Bergdörfern gelang es, bei Klerus und Bevölkerung ein Bewusstsein davon zu schaffen, was eine Reform des geistlichen Lebens
ausmachte. Das alles nützte aber wenig, denn beim Adel
stießen alle diese Maßnahmen auf heftigen Widerstand
und vom Landesherrn konnte er ebenfalls keine Unterstützung erwarten. Kirchenreform konnte nur erfolgreich
sein, wenn die weltliche Gewalt dazu die Hand bot, das
hat Nikolaus von Kues sehr deutlich erkannt, ja man hat
ihm mitunter vorgeworfen, zu sehr auf diese Unterstützung zu setzen. 1460 gab Nikolaus von Kues die Bemühungen um das Bistum Brixen endgültig auf und ging zurück nach Rom. Dort arbeitete er in einer Kommission,
die die Kirchenreform vorantreiben sollte; er verfasste
Schriften über die Reform der Kurie und über die Gene-
ralreform der Kirche. Unterstützt wurde diese Diskussion
vom damals amtierenden Papst Pius II. (1458–1464), be-
kannter unter seinem weltlichen Namen Enea Silvio Pic-
colomini.

Vorweggenommen wurden in der Kirchenreformdis-
kussion bereits auch Elemente der Theologie Luthers: Für
Nikolaus von Kues bestand in seiner Schrift *De pace fidei*
von 1453 die Rechtfertigung des Menschen darin, dass er
an Gott glaube und hoffe, dass Gottes Wort in Erfüllung
gehen werde. Spätere Reformatoren haben darauf Bezug
genommen und sich in die Tradition des Kusaners gestellt,
so z.B. der hessische Reformator Johannes Kymaeus in einer Flugschrift von 1538. Die Reformation ist nicht verständlich ohne einen Vorlauf des 15. Jahrhunderts. Die
hier kurz vorgestellten Kirchenreformer sind nicht die
einzigen Theologen, die sich zur Reform geäußert haben.
Alle Theologen beteiligten sich, mussten sich beteiligen:
Es gab keine Stimme, die behauptete, dass eine Reform
überhaupt nicht notwendig sei, sondern alles zum Besten

stehe. Vielmehr waren es immer ganz handfeste politische Interessen, die eine Reform behinderten und eine Umsetzung der Reformen in kirchliche Praxis unmöglich machten. Auch die Reformbeschlüsse der Konzilien wurden nicht umgesetzt, sondern verschleppt. Mit den Konzilsbeschlüssen waren aber die Forderungen durch eine Institution der Kirche grundsätzlich als berechtigt anerkannt worden. Klar wird auch, dass Forderungen nach der Reform der Kirche nicht auf die Kirche begrenzt bleiben konnten. So war die Forderung, die Kirche solle auf ihr Vermögen verzichten und sich zur apostolischen Armut bekennen, für das Reich eine Forderung, die sein politisches Fundament erschütterte und seine Verfassung angriff. Kirche und weltliche Macht waren so eng miteinander verzahnt, dass eine universale Kirchenreform gar nicht mehr möglich war, sondern nur eine jeweils auf die nationalen bzw. territorialen oder regionalen Besonderheiten dieser Verflechtung abgestellte Teilreform. Die Angst vor der Breitenwirkung solcher kirchenreformerischer Diskussionen hat ihre Wurzeln in den Hussitenkriegen. Aber auch ein anderes Muster deutet sich hier bereits an: die latente Gefahr der Spaltung der Kirchenreformer in zwei Gruppen. Die eine suchte den Ausgleich mit der Kirche und der weltlichen Herrschaft, die andere spitzte die Forderungen zu und suchte den Konflikt, um schließlich Erfolg zu haben.

Damit steht eine Frage im Raum: Warum wurde aus der Kirchenreformbewegung des 14. und 15. Jahrhunderts keine Reformation wie die des 16. Jahrhunderts? Bis zu Luthers Auftreten veränderten sich entscheidende Rahmenbedingungen. Um 1500 konnte das Papsttum nach der Krise des 14. und 15. Jahrhunderts wiederum als gefestigt gelten. Damit wurde es gleichzeitig wieder stärker in die Pflicht genommen, den von allen Seiten im Grundsatz anerkannten Missständen der Kirche mit wirkungsvollen Maßnahmen zu begegnen. Nicht zu unterschätzen ist in diesem Zusammenhang das 5. Laterankonzil (1512–17) als Plattform der Reformdiskussion. Es hatte zu seinem Beginn große Hoffnungen geweckt und am Ende große Enttäuschungen zurückgelassen. Mit seinem Scheitern im März 1517 konnte man im Grunde von allen Seiten in die Institution Konzil als Instanz zur Bewältigung der kirchlichen Probleme bereits vor der Reformation kaum mehr Vertrauen setzen. Dies und die 1495 begründete Landfriedensordnung des Reichs, der ständische Widerstand gegen das gefestigte und scheinbar übermächtige habsburgische Kaisertum, die neuen medialen Möglichkeiten des Buchdrucks und die schnellere Briefzustellung durch die Einrichtung der Reichspost (um 1490) waren notwendige Bedingungen für die Durchschlagskraft dessen, was wir gemeinhin Reformation nennen.

Frömmigkeit um 1500

Zum Verständnis der Reformation ist die Beantwortung der Frage nicht unerheblich, ob die Reformation auf eine bereits von der Kirchenkritik der Eliten gleichsam infizierte, schon kirchenferne Bevölkerung traf, oder ob die Bevölkerung kirchennah und frömmigkeitsorientiert war. Bedauerlicherweise können wir 500 Jahre später die Frömmigkeit nur an Äußerlichkeiten messen; wir reden damit über eine Form der Frömmigkeit, die wir heute nicht gelten lassen oder sehr kritisch hinterfragen würden. Frömmigkeit als innere Einstellung entzieht sich zu großen Teilen aber der historischen Analyse.

Unter quantitativen Gesichtspunkten war die vorreformatorische Zeit frömmigkeitsorientiert. Das ganze Arsenal traditioneller Frömmigkeitsformen und traditioneller Heilsvermittlung wurde nachgefragt und praktiziert. Mit der Marien- und Heiligenverehrung suchten die Gläubigen Schutz vor dem richtenden Gott und deren Fürbitte um Gnade. Wallfahrten wurden aus demselben Grund gut besucht, obwohl eine Wallfahrt für die Gläubigen in aller Regel ein aufwändiges und kostspieliges Unternehmen war. Wer es sich erlauben konnte, tätigte eine Stiftung, die sicherstellte, dass an bestimmten Tagen oder Altären Messen für das Seelenheil des verstorbenen Stifters gelesen wurden. Bruderschaften praktizierten eine kollektive Form der Fürbitte, die die lebenden für die verstorbenen Bruderschaftsmitglieder leisteten. Verdinglichung und Materialisierung charakterisierten zudem die spätmittelalterliche Frömmigkeit, was durch den Buchdruck verstärkt wurde.

1512 drängte Kaiser Maximilian den Trierer Erzbischof Richard von Greiffenklau, den Heiligen Rock in Trier auszustellen. 100 000 Besucher sollen in dieser Zeit nach Trier gekommen sein, darunter zweimal der Kaiser selbst, der sich von der Anbetung des Rocks Heilung seiner Krankheit versprach. Es war für die Menschen nahezu unmöglich, diese Frömmigkeitsformen in Frage zu stellen, denn allein sie schienen ein Garant für das Seelenheil zu sein. Dennoch war gleichzeitig auch Skepsis verbreitet. Noch 1511 rutschte Martin Luther in Rom kniend und das *Vaterunser* betend die Pilatustreppe hinauf, um damit seinen Großvater aus dem Fegefeuer zu erlösen. Oben angekommen überkamen ihn Zweifel, ob das überhaupt möglich sei. Solche Zweifel und Ermüdungserscheinungen überfielen auch andere. Zu Beginn des 16. Jahrhunderts machte sich ein Zug kritischer Aufmerksamkeit im Frömmigkeitsvollzug bemerkbar. Denn die unverhohlene Kommerzialisierung aller Frömmigkeitsformen führte schließlich zu einer Selbstentzauberung der Kirche in zweifacher Hinsicht: Zum einen bei den Gläubigen zu einer berechnenden Form heilsversichernder Frömmigkeit – die sich in die Frage kleiden ließe: »Wo bekomme ich für mein Geld am meisten Gnade?« – und auf der anderen Seite zu einer Selbstenthüllung des Systems mit dem Verlust kirchlicher

Glaubwürdigkeit. Mitunter brach der skeptische Anflug auch bereits ungehemmt hervor, nicht nur in satirisch-kirchenkritischen Schriften der Eliten, sondern auch in vielfältigen Formen von Verspottung und Verhöhnung des Klerus und des kirchlichen Systems bei den unteren Bevölkerungsschichten. Der nachweisbare Antiklerikalismus um 1500 stellte aber niemals die Kirche in Frage, er entsprang vielmehr der tiefen Sehnsucht nach einer besseren Kirche. Es kam eine nüchternere Betrachtung der Kirche und ihrer quasireligiösen Erscheinungen auf; im Widerstreit zwischen Tradition und enttäuschender eigener Erfahrung verfestigte sich eine neue Position, die weit entfernt von Kirchenfeindlichkeit eine gewisse Distanz zu den Formen des religiösen Lebens aufwies (Rolf Kießling). Kirchenkritik hatte vor der Reformation deswegen eine deutliche, nicht überschreitbare Grenze, weil der einzelne Gläubige auf die Kirche als Heilsvermittlerin angewiesen war. Mochten die Korruption des kirchlichen Systems und die Mängel der seelsorgerischen Fürsorge noch so deutlich hervortreten: Abschaffen ließ sich die Kirche nicht und an ihrer Reform hatte man sich vergeblich versucht.

Ein scharfer Kritiker der spätmittelalterlichen Kirche und ihrer Frömmigkeitsformen war Erasmus von Rotterdam (1466–1536). Als Augustinerchorherr und geweihter Priester setzte er sich für eine Wiederbelebung und Erneuerung christlicher Frömmigkeit ein, die sich nicht in Äußerlichkeiten erschöpfte, sondern von wahrer Religiosität getragen war. Er gab Impulse zu einer neuen Laienfrömmigkeit, die sich durch einfache Lebensführung, tätige Nächstenliebe und religiöse Verinnerlichung auszeichnete. In seinem 1511 zunächst nur in lateinischer Sprache erschienenen Werk *Lob der Torheit* nahm Erasmus fast alle negativen Erscheinungen des damaligen Kirchentums aufs Korn. Mit beißendem Spott machte er sich lustig über den eingebildeten, erdichteten Straferlass des Ablasses, die freche Zuversicht, durch Geld alle Fehltritte auslöschen zu können, die mathematisch genaue Berechnung der Tage, Jahre, Jahrhunderte des Fegefeuers, nur darauf angelegt, den Geldbeutel der Geistlichen zu füllen. Nach Erasmus war der Mensch ein selbstbewusstes, vernunftbegabtes, bildungsfähiges und eigenverantwortliches Individuum, das seine Anlagen aber erst durch die göttliche Gnade entfalten konnte. Sein Ziel war eine Reform der Kirche durch die verantwortliche Beteiligung der Eliten wie der einfachen Gläubigen.

Erasmus unterhielt einflussreiche Kontakte zu europäischen Herrschern, etwa zum englischen König, und stand mit den wichtigsten politischen wie theologischen Akteuren der Reformation in engem Briefkontakt. Vor allem aufgrund von Luthers zunehmend aggressiver Ablehnung der theologischen wie politischen Anschauungen Erasmus' fiel dieser als Koalitionspartner aus. Erasmus bemühte sich vielmehr sehr, bei allem Verständnis und bei aller Unterstützung für die Reformation, auch seine Distanz und seine grundsätzlichen Bedenken immer aufs Neue deutlich zu machen. Erasmus wollte die Reform der Kirche, aber er wollte sie systemimmanent umsetzen. Luther beabsichtigte zunächst zwar keineswegs die Zerstörung des Systems Kirche, nahm sie aber schließlich billigend in Kauf.

2
Der Ereigniszusammenhang »Reformation«

Die engere Geschichte der Reformation beginnt im Jahr 1517, der Ereigniszusammenhang Reformation beginnt spätestens 1495. Mit den Ergebnissen des Wormser Reichstages war für das Reich eine Rechtsordnung errichtet worden, innerhalb derer auch der reformatorische Ereigniszusammenhang zu sehen und zu bewerten ist. Mit dem Ewigen Landfrieden stand die Frage im Raum, ob die Sympathisanten der Reformation als Landfriedensbrecher anzusehen seien und ihr Verhalten dementsprechend sanktioniert werden müsse. Mit dem Reichskammergericht war die für die Sanktionierung zuständige Institution geschaffen worden. Die Frage des finanziellen Beitrags der Reichsstände zu den Reichsangelegenheiten ließ den Reichstag zum politischen Forum werden, auf dem die Steuern bewilligt und die damit verbundenen politischen Forderungen der Stände diskutiert wurden. 1495 war damit eine neue Form des politischen Systems Reich etabliert worden, die sich ab 1517 erstmals in einer religiös-kirchlichen Konfliktsituation bewähren musste. Vieles, was in diesem Zusammenhang diskutiert wurde, war nicht neu, sondern knüpfte an Traditionen an, die weit ins 15. Jahrhundert zurückreichten. Aber die Diskussionen fanden in einem geänderten politischen Rahmen statt und gewannen damit eine neue Qualität.

Die Regierungszeit Kaiser Maximilians I. (1486–1519) zeigte außerdem in innen- wie in außenpolitischer Hinsicht bereits die Probleme, mit denen sich auch sein Nachfolger auseinanderzusetzen hatte und die damit die engere Reformationsgeschichte begleiten. Innenpolitisch dominierten die Schwierigkeiten um die Positionsbestimmung zwischen Kaiser und Ständen die Regierungszeit Maximilians wie dann auch die seines Nachfolgers. Besonders umstritten zwischen Kaiser und Ständen war das Reichskammergericht, auf das der Kaiser mehr Einfluss zu gewinnen versuchte, gipfelnd in den Überlegungen, das Gericht an seinen Hof zu ziehen. Außerdem war die Regelung einer Vertretung für den Kaiser, eine Regimentsordnung, ein brisanter Streitpunkt. Außenpolitisch galt es, die habsburgische Großmachtbildung zu sichern und zu festigen. Die Kämpfe mit Frankreich um Oberitalien und um das burgundische Erbe sowie die Auseinandersetzungen mit dem Papst um dessen Haltung in dieser Frage standen dabei im Zentrum. Maximilian hegte zeitweise sogar den Plan, sich selbst zum Papst wählen zu lassen, um auf diese Weise das spannungsreiche Verhältnis zwischen Papsttum und Kaisertum zu lösen. Die Erfolgsaussichten dieses Planes waren gering, aber es wurde damit einmal mehr deutlich, dass das Papsttum vorrangig eine politische Größe und die geistliche Würde dieses Amtes nachrangig war. Dieser Aspekt wurde später zum zentralen Argument der reformatorischen Papstkritik. – Diese außen- und innenpolitischen Konfliktlagen müssen stets mitgedacht werden, auch dann, wenn es scheinbar nur um theologische Streitfragen geht.

Der Streit um den Ablass als Symptom für die Krise der Kirche

Entstanden war der Ablass im hohen Mittelalter als Gnadenmittel der Kirche mit dem Zweck, den Buß- und Besserungseifer der Menschen zu vergrößern. Unter der Voraussetzung »tätiger Reue« in Form einer jeweils vorgeschriebenen Bußleistung (Gebete, Fasten, Almosen für Bedürftige) konnte der Gläubige Ablass, d.h. den Nachlass zeitlicher Sündenstrafen erlangen. Die zeitlichen Sündenstrafen meinten dabei in erster Linie die Zeit des Verbleibs im Fegefeuer, die jeder Gläubige für seine begangenen Sünden abzubüßen hatte, bevor seine Seele das ewige Heil schauen durfte. Ein vollkommener Ablass bedeutete die völlige Befreiung von der Strafe des Fegefeuers; ihn durfte nur der Papst gewähren, Teilablässe auch die Bischöfe.

Grundlage der Ablasstheorie war die Vorstellung, dass das Verdienst Christi durch seinen Kreuzestod sowie die überschüssigen guten Werke der Heiligen der Kirche in Gestalt eines Schatzes anvertraut worden seien, aus dem sie schöpfen könne: der Gnadenschatz der Kirche (*thesaurus meritorum*). In der Folge debattierten die Theologen nur noch heftig darüber, wie weit die hieraus abzuleitenden Vollmachten des Papstes und der Kirche reichten. Konnte der Papst Seelen aus dem Fegefeuer retten?

Das Bedürfnis nach Ablässen war groß, so groß, dass die theoretische Begründung der Rechtmäßigkeit von Ablässen nach den Gesetzen der Kirche der Praxis in der Regel hinterherhinkte. Da sich die Ablasspraxis oftmals stark von der offiziellen Lehre der Kirche unterschied, war die theoretische Begründung des Ablasses ein schwieriges Geschäft. Die geforderte Bußleistung wurde im 15. Jahrhundert in aller Regel reduziert auf eine Geldzahlung, die für einen vorher bestimmten Zweck an die Kirche zu leisten war.

Die neue Technik des Buchdrucks schuf für das Ablasswesen völlig neue Grundlagen, die viele Gefahren bargen. Die päpstlichen Bullen, die einen Ablass verkündeten, wurden nun gedruckt und die Ablassbriefe wurden in gedruckter Form zum Kauf angeboten. Damit konnten die Gläubigen nun schwarz auf weiß die Bestätigung nach Hause tragen, welchen Strafnachlass sie für ihre Sünden erworben hatten. Gleichzeitig wurde die Ablasspraxis angreifbarer, da die gedruckte Form eine Eindeutigkeit schuf, die zuvor unbekannt gewesen war.

1476 eröffnete Papst Sixtus IV. die Möglichkeit, den Ablass auch für Verstorbene zu gewähren. Wohl in diesem Zusammenhang stellte der französische Theologe Raimundus Peraudi (1435–1505) theologische Begründungen für einen ganzen Komplex von rechtmäßigen Gnadenbewilligungen der Kirche zusammen: neben der Ausdehnung auf Verstorbene galt nun auch die Theorie der vollkommenen Befreiung von Sündenstrafen bei extremen Vergehen, d. h. also nicht mehr nur ein Erlass der zeitlichen Sündenstrafen, sowie eine Garantie auf die Zukunft; ein einmal erworbener Ablass konnte bei künftigen Vergehen erneut »abgerufen« werden. Dies eröffnete für den kirchlichen Fiskus einen sehr vielversprechenden neuen Markt, konnten doch nun durch ein kleines Geldopfer verstorbene nahe Verwandte und Bekannte von den Qualen des Fegefeuers erlöst werden. Mit diesem Schritt des Papstes und den Ergänzungen Peraudis wurde der Ablasshandel für kritische Zeitgenossen endgültig zum Inbegriff der im Fiskalismus erstarrten, ihre eigenen Grundsätze missachtenden Kirche. Demzufolge entbrannten schon vor Luther heftige Kontroversen um die Frage des Ablasses. Der Ablass zählte zu den bevorzugten Gegenständen des theologischen Diskurses und viele Theologen, die sich beteiligten, lagen ganz auf Luthers Linie.

Erschwerend kam hinzu, dass gerade im 15. und zu Beginn des 16. Jahrhunderts zahlreiche Ablasskampagnen gestartet und darin Plenarablässe für ganze Landschaften, Territorien und Diözesen ausgeschrieben wurden. Diese großen Ablasskampagnen erforderten auch eine genaue Bezifferung der Geldleistungen, die für bestimmte Sündennachlässe erwartet wurden. So wurden genaue Taxen verkündet mit einem »Sozialrabatt« (Bernd Moeller): Erzbischöfe und führende weltliche Herrscher bezahlten so z.B. für denselben Nachlass 100 Gulden, mittlere geistliche und weltliche Würdenträger 50 Gulden und für das einfache Volk waren solche Nachlässe bereits für einen halben bis einen viertel Gulden zu haben.

An dem unmittelbar mit den Ereignissen der Reformation verknüpften Ablass für den Bau der Peterskirche kann exemplarisch das Funktionieren einer Ablassverkündigung verdeutlicht werden. Am 18. April 1506 wurde unter Papst Julius II. der Grundstein für den Neubau der Peterskirche gelegt. Beim Festakt segnete der Papst die Anwesenden und verlieh ihnen einen vollkommenen Ablass. Damit dieser Ablass aber nicht nur den Anwesenden zuteil wurde, vor allem aber, um eine zusätzliche Finanzquelle für das Unsummen verschlingende Neubauvorhaben aufzutun, schrieb der Papst den Ablass anschließend offiziell aus. In der Bulle verhieß er allen, die einen gewissen angegebenen Betrag in den Opferstock der Peterskirche warfen, einen vollkommenen Ablass in der Todesstunde; denjenigen, die weniger als diesen Betrag spendeten, ließ er ein Drittel der ihnen auferlegten Bußstrafe nach.

Da es nach der päpstlichen Bulle für den Ablass notwendig war, das Geld persönlich oder durch einen Stellvertreter nach Rom zu bringen, flossen die Einnahmen aus diesem Ablass nur spärlich. Deswegen entschied sich der Papst dafür, die Sammlung auszuweiten. Nach Deutschland kam der Ablass erst unter seinem Nachfolger Leo X., der im Dezember 1514 einen Ablasskommissar für die deutschen Kirchenprovinzen ernannte. Ausgenommen wurden die Gebiete Albrechts von Mainz sowie der Markgrafen von Brandenburg: Albrecht bekam vom Papst die Erlaubnis, acht Jahre lang die Verkündigung des Ablasses selbst in die Hand zu nehmen. Warum der Papst diese Ausnahme gewährte, ist leicht erklärt. Albrecht war eine einflussreiche kirchliche und politische Person. Er war der Bruder des brandenburgischen Kurfürsten Joachim I., wurde 1513 Erzbischof von Magdeburg und Administrator des Bistums Halberstadt und schließlich 1514 Erzbischof und damit auch Kurfürst von Mainz. Diese Anhäufung von kirchlichen Ämtern widersprach den Vorschriften des Kanonischen Rechts, war aber dennoch nicht außergewöhnlich. Die Hohenzollern gewannen mit dieser Kumulation kirchlicher Positionen in der unmittelbaren Nähe ihrer Kernlande, der Markgrafschaft Brandenburg, eine Verfestigung ihrer Herrschaft vor allem in Konkurrenz zu den einflussreichen sächsischen Herrschaftsgebieten. Mit dem Erwerb des Erzbistums und Kurfürstentums Mainz hatte das Haus Brandenburg-Hohenzollern zwei Kurstimmen inne, wobei der Mainzer Kurfürst als Erzkanzler des Reichs zudem eine besonders herausgehobene Position hatte. Deswegen hatte der Kaiser zunächst seine Zustimmung zur Wahl Albrechts zum Erzbischof von Mainz verweigern wollen: Zwei Brüder mit Sitz und Stimme im Kurfürstenrat agieren zu lassen, erschien ihm zunächst wenig erstrebenswert. Dann aber schien ihm der Preis doch günstig zu sein dafür, dass er sich so das Haus Brandenburg gewogen machte. Der kirchliche Einfluss Albrechts als Erzbischof von Mainz erstreckte sich über die Bistümer Augsburg, Chur, Eichstätt, Halberstadt, Hildesheim, Konstanz, Paderborn, Speyer, Straßburg, Verden, Worms und Würzburg, in seiner Eigenschaft als Erzbischof von Magdeburg über die Bistümer Brandenburg, Havelberg, Lebus, Merseburg und Naumburg. Mit diesen beiden Erzbistümern hatte das Haus Brandenburg – wenn auch zum Teil nur sehr mittelbare – Mitspracherechte in weiten Teilen des Reichs. Albrecht und das Haus Brandenburg-Hohenzollern verfolgten also greifbare politische Ziele, für die sie einen hohen Einsatz zu zahlen bereit waren. Die Erlaubnis für die unerlaubte Pfründenhäufung und die Vereinigung von drei Bistümern in einer Hand erteilte der Papst. Dafür mussten aber sogenannte Dispense an die Kurie in Rom bezahlt werden. Sie beliefen sich im Falle Albrechts auf die stattliche Summe von 29000 Gulden. Albrecht konnte das Geld nur aufbringen, indem er einen Kredit beim Bankhaus Fugger in Augsburg aufnahm. Aus den Ablassgeldern, die in seinen Kirchenprovinzen und in den brandenburgischen Ländern offiziell für den Bau der Peterskirche eingenommen wurden, ging nach vorheriger geheimer Abmachung nur die eine Hälfte nach Rom, die andere Hälfte sollte der Erzbischof zur Begleichung seiner Schulden bei den Fuggern behalten dürfen.

Zur Predigt des Ablasses wählte Albrecht den Dominikanermönch Johannes Tetzel (um 1465–1519) aus, der schon in anderen Kirchenprovinzen Erfahrung mit dem Vertreiben von Ablässen hatte sammeln können und der mit marktschreierischen Methoden den finanziellen Erfolg des Unternehmens – denn nur um den ging es – sicherzustellen versuchte. Er unterstrich, dass es mit seinem Ablass auch möglich sei, verstorbene Verwandte oder Bekannte aus dem Fegefeuer zu befreien, und er verkaufte Ablass für Sünden, die man erst in der Zukunft begehen würde. Bald waren allenthalben – sicher übertriebene – Gerüchte über ihn im Umlauf. Man erzählte sich z.B., Tetzel könne sogar, wäre dies möglich, die schwere Sünde der Vergewaltigung der Gottesmutter Maria durch Ablass vergeben.

In dieser Ablasskampagne zeigte sich, wie berechtigt einzelne Punkte der spätmittelalterlichen Kirchenkritik waren. Die Hauptkritikpunkte wurden in diesem Kontext gleichsam gebündelt und deutlich wahrnehmbar gemacht: Fiskalisierung des Papsttums, dem es um Deckung seines Finanzbedarfs sehr viel mehr ging als um die Seelsorge für die Gläubigen; die Kumulation von kirchlichen Ämtern, die ebenfalls unweigerlich Einbußen an der seelsorgerischen Qualität bedeuteten, vom Papst aber geduldet wurde, weil seine Geldnot das opportun erscheinen ließ; die Verbindung von politischen Interessen – in diesem Fall die Interessen des Hauses Brandenburg – mit dem Erwerb von Bischofssitzen.

Daher wundert es nicht, dass gerade diese Kampagne zur Initialzündung für die Reformation wurde. Martin Luther, Mitglied des Augustiner-Eremiten-Ordens und Professor der Theologie mit dem Spezialgebiet Bibelauslegung (Exegese) an der kursächsischen Universität Wittenberg, sah sich zu einer Stellungnahme gegen die Ablasspraxis genötigt. Er hatte nach eigenem Bekunden beobachtet, dass sich die Gläubigen entweder von den Ablasspredigern verführen ließen und schließlich deren Auffassung teilten, dass eine Geldzahlung eine wirkliche Bußleistung und tätige Reue ersetzen könnte, oder aber ihren offenen Spott über diese verquere Ablasspraxis äußerten und damit nach und nach die Autorität der Kirche untergruben. Hier wurde den Gläubigen ein bequemer, oberflächlicher, also falscher und Gott beleidigender Weg zum Heil versprochen, der in krassem Gegensatz zu den religiös-theologischen Einsichten stand, die Luther in zähen und schmerzlichen inneren Auseinandersetzungen gewonnen hatte. Er war fast persönlich daran zerbrochen, nicht in der Lage zu sein, ein gottgefälliges Leben zu führen, sondern immer wieder aufs Neue Versuchungen zu erliegen, zu sündigen und von der Strafe Gottes bedroht zu werden, bis er aus der intensiven Lektüre der Heiligen Schrift die Einsicht gewann, die von da an sein Denken und Handeln wie ein roter Faden durchzog: Der Mensch kann den Weg zum Heil nur durch den Glauben an Gott und die Gnade Gottes finden. Der Ablass, wie er 1517 in Luthers Umgebung gepredigt wurde, suggerierte demgegenüber, dass der Mensch durch sein eigenes Zutun Heilsgewissheit erlangen konnte. Luther konnte an dieser Stelle nicht tolerant oder nachgiebig sein; er musste Einhalt gebieten. Der Ablass war für ihn nicht nur ein theologisches, sondern ein ihn persönlich zutiefst berührendes Problem.

Luther stieß mit seiner laut eigenem Bekunden zunächst an akademische Kreise adressierten Ablasskritik in Form der 95 Thesen auf Resonanz weit jenseits dieses engeren Zirkels. Er legte zwar noch im Mai 1518 in einem Brief an Papst Leo X. dar, dass die Ablassthesen als Disputationsthesen gedacht gewesen seien, »die gewöhnlich dunkel und rätselhaft sind«. Hätte er sie für ein breiteres Publikum geschrieben, hätte er sich einer allgemeinverständlichen Sprache bedient. Daher sei er über die Breitenwirkung sehr erstaunt. Bei genauerer Lektüre kommen aber Zweifel auf, ob Luther zumindest mit der Wirkung der Thesen wirklich ausschließlich auf ein akademisches Publikum abzielte. Ironische Formulierungen (These 29: Wer weiß, ob alle Seelen im Fegefeuer daraus losgekauft werden wollen? Man erzählt sich jedenfalls von der Wei-

gerung der Heiligen Severin und Paschalis) und das Spiel
mit populären Ressentiments (These 86: Warum erbaut
der Papst, der heutzutage reicher ist als die reichsten Leute, wenigstens diese eine Peterskirche nicht lieber von seinen eigenen Geldern als von denen der armen Gläubigen?)
deuten an, dass Luther mittelbar auf diesen Resonanz-
boden abzielte, auch wenn die lateinische Sprache die
Breitenwirkung der Thesen scheinbar begrenzte. Indem
Luther einerseits den Gepflogenheiten akademischer Diskussionen Rechnung tat, andererseits aber nicht auf volks-
tümliche Polemik verzichtete, bereitete er die Verbindung
des akademischen Elitendiskurses mit dem volkstüm-
lichen Wirtshausdiskurs vor. Mit dem Bloßstellen der
kirchlichen Geldgier, in der Anprangerung der untätigen
Bischöfe wie auch der Entgleisungen der Tetzelschen Ab-
lasspredigt, war die Sprache der Thesen durchaus geeignet,
auch in der Bevölkerung verstanden zu werden, zumal
wenn das für Polemik durchaus empfängliche akademische Publikum dazu beitrug. Und etwas Weiteres kam
hinzu. Entgegen der früheren Auffassung, dass Luther mit
dem Ablass eine blühende, in den Herzen der Massen ver-
ankerte kirchliche Praxis angriff, haben neuere Forschungen gezeigt, dass die Anziehungskraft der Ablässe spätestens mit Beginn des 16. Jahrhunderts deutlich nachließ.
Das Angebot überstieg die Nachfrage und die Vielzahl der
Ablasskampagnen hatte so etwas wie ein unbestimmtes
Misstrauen der Bevölkerung gegenüber den gemachten
Versprechungen entstehen lassen. Dass Albrecht von
Brandenburg durch die Ablasskampagne nicht schulden-
frei wurde, mag an der beginnenden reformatorischen
Diskussion gelegen haben, aber auch Jahre vorher waren
die Einnahmen aus den Ablasskampagnen bereits zurück-
gegangen. Immer wichtiger wurde, wofür ein Ablass ausgeschrieben wurde: Ablässe in Notlagen wie z.B. für das
zerstörte Konstanzer Münster wurden akzeptiert, Ablässe
für Prunkbauten, die zudem noch weit weg in einem

fremden Land lagen, abgelehnt. So glaubte Albrecht von Brandenburg selbst, dass einem Ablass für den Neubau der Peterskirche das Volk »wenig Andacht oder Zuneigung« entgegenbringen werde.

Die Ablassthesen, die Luther verfasste, waren eingebettet in die wissenschaftliche Diskussion an der Universität Wittenberg. Luther gehörte seit 1512 zu deren Professorenkreis. Er wandte sich in Vorlesungen und Diskussionen von Beginn seiner Tätigkeit an unter Berufung auf Augustin (345–430) gegen die scholastische Theologie. Diese – vor allem mit dem Namen Thomas von Aquin (1225–1274) verbundene theologische Richtung – hatte versucht, sich dem Verständnis göttlicher Offenbarung durch Vernunft und philosophische Überlegung so weit wie möglich anzunähern. Das Ergebnis war eine wissenschaftliche Theologie, die einerseits wesentlich zur Entstehung der europäischen Wissenschaftskultur beitrug, sich andererseits von den religiösen Bedürfnissen der Menschen immer weiter entfernte, denn Seelsorge war für diese theologisch-philosophische Wissenschaft nicht von Interesse. Im scholastischen System des rationalen Verstehens, Prüfens, Ordnens und Darstellens von Lehrsätzen wurde es zudem immer schwerer, die biblische Grundlage noch zu erkennen.

Luther vertrat die antischolastische Position so populär, dass Studenten um seinetwillen an die Universität kamen. In Disputationen von Promotionen seiner zunächst noch ganz wenigen Schüler ließ Luther Thesen gegen die scholastische Theologie diskutieren. Die Berufung auf Augustin gegen die Scholastik machte es Kritikern schwer, denn Augustin war ein Kirchenvater, dessen Autorität außer Frage stand. Luther war für die Universität Wittenberg ein Zugpferd: Mit seiner modernen Theologie brachte er der jungen Universität steigende Hörerzahlen und damit einen Ersatz für die Reputation, die altehrwürdige Universitäten bereits hatten und die Wittenberg sich noch er-

AETHERNA IPSE SVAE MENTIS SIMVLACHRA LVTHERVS
EXPRIMIT·AT VVLTVS CERA LVCAE OCCIDVOS

·M·D·X·X·

Bildnis Martin Luthers als Augustinermönch.
Kupferstich von Lukas Cranach d. Ä., 1520

werben musste. Wittenberg war um 1500 eine kleine Residenzstadt mit 2000–2500 Einwohnern. Als Luther zum ersten Mal nach Wittenberg kam, glaubte er sich »in termino civilitatis«, an den Grenzen der Zivilisation zu befinden. Wittenberg musste daher einige Anstrengungen unternehmen, um die neue Universität als feste Größe zu etablieren. Dazu gehörte auch eine Profilbildung der Universität gerade im Fach Theologie, die sich eben nicht mehr an der traditionellen Scholastik ausrichtete. Zwischen 1520 und 1585 hatte Wittenberg die höchste Studentenzahl von allen deutschen Universitäten, dazu trug neben Luther vornehmlich auch Philipp Melanchthon bei.

Schon im April 1517 hatte Andreas Bodenstein – nach seinem Geburtsort Karlstadt genannt –, Luthers Kollege und Professor der Theologie in Wittenberg von deren Anfängen an, 151 Thesen gegen die scholastische Theologie verfasst; im September war an der Universität eine Disputation veranstaltet worden, zu der auch Luther Thesen beigetragen hatte. Ging es hier um einen Streit der Wittenberger Theologie gegen herrschende Lehrmeinungen, der jenseits der engeren Gelehrtenzirkel kaum eine Öffentlichkeit erreichte, wurden die 95 Thesen Luthers mit erstaunlicher Geschwindigkeit gedruckt, verbreitet und diskutiert. Ob Luther seine 95 Thesen am 31. Oktober 1517 an die Türe der Schlosskirche zu Wittenberg angeschlagen hat oder nicht – dieser Gelehrtenstreit soll hier nicht aufs Neue aufgegriffen werden. Melanchthon hat den Thesenanschlag in der Vorrede zu Luthers Werken aufgebracht. Da Anschläge von Thesen z.B. bei Disputationen im Lehrbetrieb einer Universität üblich waren, hat diese Angabe Melanchthons auch eine gewisse Wahrscheinlichkeit auf ihrer Seite; sie wurde aber mit guten Gegenargumenten zu widerlegen versucht. Letztendlich ist es unerheblich, auf welche Weise die Thesen in Umlauf kamen. Dass Luther die Thesen aber ausgerechnet am 31. Oktober in Umlauf setzte, scheint kein Zufall zu sein. Am 1. Novem-

ber stellte der sächsische Kurfürst alljährlich die weit über
die Grenzen seines Territoriums bekannte und gerühmte
Reliquiensammlung aus. Es war also mit zahlreichen Gläubigen zu rechnen, die kamen, um die Reliquiensammlung
zu sehen. Ein Publikum war dem Thesenanschlag oder
der Verteilung der Thesen also garantiert. Luther schickte
die Thesen noch am selben Tag an den Erzbischof von
Mainz und die Bischöfe von Brandenburg und Merseburg. Weder in Wittenberg noch an anderer Stelle hat es
aber eine öffentliche Disputation über die Thesen gegeben.

Außer an die Bischöfe hatte Luther die Thesen nur an
ganz wenige vertraute Freunde gesandt. In Abschriften
gelangten sie so unter anderem nach Nürnberg, Leipzig
und Basel, wo sie noch im Dezember 1517 gedruckt wurden. Von diesem Zeitpunkt an gilt, was Luther später
selbst in die Worte fasste, die Thesen »liefen schier in 14
Tagen durch ganz Deutschland«.

Die Reaktionen der Bischöfe waren ganz unterschiedlich. Der Merseburger Bischof war weitgehend von Herzog Georg von Sachsen abhängig. Dieser wiederum war
als Verfechter einer weitreichenden Kirchenreform anfänglich sehr mit Luthers Auftreten gegen den Ablass ein-
verstanden. Der Brandenburger Bischof Hieronymus
Schulze hielt sich bedeckt, riet aber davon ab, die Angelegenheit weiterzuverfolgen.

Erzbischof Albrecht bat die Mainzer Universität um ein
Gutachten und reichte bereits im Dezember eine Be-
schwerde über Luther in Rom ein. Das Mainzer Gutachten vom 17. Dezember 1517 enthielt sich eines eigenen
Urteils, empfahl jedoch die Prüfung der Angelegenheit
durch die römische Kurie. Diese sah sich lange nicht zu
drastischen Konsequenzen veranlasst. Papst Leo X. wies
am 3. Februar 1518 lediglich den Ordensgeneral der Augustiner-Eremiten Johann von Staupitz an, auf Luther mä-
ßigend einzuwirken. Tetzel, der sich persönlich getroffen

fühlte, soll in seinem Zorn zwar Todesdrohungen gegen Luther ausgestoßen haben, reagierte aber zunächst auch auf der akademischen Ebene. Die Dominikaner zeigten Solidarität mit ihrem Ordensbruder Tetzel, als sie ihn auf einer regionalen Versammlung des Ordens am 20. Januar 1518 an der Universität Frankfurt a.d.O. über eine Thesenreihe zum Ablass disputieren ließen. Als Buchführer mit Drucken dieser Thesen in Wittenberg auftauchten, nahmen ihnen Studenten alle 800 Exemplare ab und verbrannten sie demonstrativ. Danach verklagten die Dominikaner Luther in Rom wegen Verdachts auf Ketzerei. Die Dominikaner trieben den Prozess nicht nur voran, weil ihr Ordensbruder Tetzel unmittelbar in den Konflikt verstrickt war, sondern wohl auch aus der alten Rivalität des Dominikanerordens zu den Augustiner-Eremiten, die in Luther personalisiert wurden.

Über Luthers eigene Haltung nach der Versendung seiner Thesen, seine Hoffnungen und seine Ängste wissen wir sehr wenig. Die erste bekannte Äußerung stammt erst vom 15. Februar 1518. Glaubhaft schildert er hier sein Erschrecken darüber, dass die Thesen, in denen es ihm doch um nichts anderes als um das Seelenheil der Christen gegangen war, so schnell in die Sphären der hohen Politik eingedrungen waren. Man verdächtigte ihn, ein Handlanger seines Landesherren, des Kurfürsten von Sachsen, zu sein. Dieser hatte nämlich schon vor dem Thesenanschlag den Vertrieb des Petersablasses in seinem Territorium verboten, um zu verhindern, dass Geld seiner Landeskinder zur Schuldentilgung seines politischen Konkurrenten Albrecht von Mainz abfloss. Außerdem war die Ausstellung der weit über die Grenzen Sachsens hinaus bekannten Reliquiensammlung des Kurfürsten in aller Regel auch mit dem Verkauf von Ablässen verbunden, was stets viele Menschen nach Wittenberg zog. Der sächsische Kurfürst konnte also wenig Interesse an einer Ablasskampagne in unmittelbarer Nachbarschaft haben, die möglicherweise die Attraktivität der sächsischen Ablassangebote beeinträchtigte und den potenziellen Interessentenkreis reduzierte.

Der Widerstand des sächsischen Kurfürsten gegen die Predigt des Petersablasses war also nicht religiös begründet, was Luther sehr leicht dem Verdacht des Opportunismus aussetzen konnte. Außer Frage steht, dass sich gerade in der Ablassfrage religiöse, wirtschaftliche, soziale und politische Verhältnisse und Interessen verbanden.

Im April 1518 erschien eine in der zweiten Märzhälfte gehaltene Predigt Luthers im Druck. Unter dem Titel *Ein Sermon von Ablass und Gnade* legte Luther in knapper und verständlicher Form und, was ganz besonders wichtig war, in deutscher Sprache, seine Auffassung zur Ablassproblematik dar. Diese Schrift wurde zum ersten großen literarischen Erfolg Luthers. Allein bis 1520 erschienen insgesamt 20 Drucke, in Wittenberg, Leipzig, Nürnberg, Augsburg und Breslau. Hier wird in plastischer Weise die besondere Rolle der neuen Technik des Buchdrucks für die Verbreitung neuer Ideen deutlich wie auch die Bedeutung der neuen Bewegung für den sich bereits in einer wirtschaftlichen Krise befindlichen Buchdruck.

Am 25. April wurde in Heidelberg unter dem Vorsitz Johann von Staupitz' eine Versammlung der sächsischen Kongregation der Augustiner-Eremiten gehalten. Das Kapitel gab Luther die Möglichkeit, für diese Versammlung Thesen für eine Disputation (*Resolutiones disputationum de indulgentiarum virtute*) aufzustellen. So erhielt Luther erstmals Gelegenheit, außerhalb Wittenbergs seine theologischen Ansichten zu vertreten. Nachweislich gelang es ihm, bei dieser Versammlung einige Theologen für seine Überzeugung zu gewinnen, die später als führende Reformatoren wieder begegnen, unter ihnen Martin Bucer (1491–1551), Erhard Schnepf (1493–1558) und Johannes Brenz (1499–1570).

Im Mai 1518 veröffentlichte Andreas Bodenstein 406 [!] Thesen zur Verteidigung der Wittenberger Theologie und verschärfte damit den zwischen Luther und Johannes Eck, seit 1510 Professor der Theologie an der bayerischen Universität Ingolstadt, nach den 95 Thesen entbrannten Streit. Ausgetragen wurde dieser Streit schließlich auf der Leipziger Disputation.

Die Auseinandersetzung wurde erkennbar auf zwei Ebenen geführt: Die eine Ebene war die Auseinandersetzung zwischen Theologen über Lehrmeinungen, ausgetragen in der mittelalterlichen Form der Disputation. Disputationen zielten nicht auf Kompromisse. Sie waren akademische Veranstaltungen, die nach einem Sieger verlangten. Neben dieser theologischen Insiderdebatte gab es aber die Breitenwirkung der 95 Thesen, die an die Tradition der mittelalterlichen Gravamina anknüpfte.

Der letzte Reichstag Kaiser Maximilians I.: Augsburg 1518

Maximilian berief diesen Reichstag in erster Linie dazu ein, um seine Nachfolge zu sichern. Sein Enkel Karl sollte noch zu seinen Lebzeiten zum römischen König gewählt und damit die spätere Wahl zum Kaiser vorbereitet werden. Zudem sollten die Reichsstände auf Wunsch der Kurie eine Steuer für einen Krieg gegen die Türken mit dem Ziel der Wiedereroberung Jerusalems und Konstantinopels bewilligen. Die Stände lehnten dieses Ansinnen einhellig ab mit dem Hinweis auf die Gravamina der deutschen Nation, die der Bischof von Lüttich in einer pointierten Einlassung auf dem Reichstag einmal mehr zusammenfasste. Damit stand, noch ehe die Lutherfrage angesprochen wurde, die Kritik an den bestehenden kirchlichen Verhältnissen wieder im Raum. Auf dem Reichstag wurde zudem Albrecht von Mainz zum Kardinal gekürt. Diese Gefälligkeit erwies ihm der Papst, weil er hoffte, damit das Stimmverhalten des Mainzer

Kurfürsten in der Regelung der Nachfolgefrage bzw. der späteren Kaiserwahl beeinflussen zu können. Er wollte eine habsburgische Nachfolge verhindern, weil er in der habsburgischen Nachbarschaft in Oberitalien sowie Neapel und Sizilien ohnehin schon eine politische Bedrohung sah. Der Papst setzte auf die sächsische Kurstimme gegen eine habsburgische Nachfolge, Maximilian hoffte hingegen auf die sächsische Unterstützung für seinen Enkel. Daher gingen beide mit dem sächsischen Kurfürsten vorsichtig um und bemühten sich, ihn nicht zu verstimmen. Der sächsische Kurfürst aber war Luthers Landesherr. Daraus erklärt sich zum großen Teil das vorsichtige und abwartende Vorgehen sowohl von Seiten des Papstes als auch von Seiten des Kaisers in der Luthersache, die zum ersten Mal auf der Reichstagsagenda stand. Die Nachfolgefrage blieb auf dem Reichstag schließlich ungeklärt, da der sächsische Kurfürst wie auch der Kurfürst von Trier nicht bereit waren, sich auf den habsburgischen Kandidaten festzulegen.

Im Sommer 1518 wurde in Rom offiziell der Ketzerprozess gegen Luther eröffnet. Am 7. August erhielt Luther die Vorladung nach Rom mit einer Fristsetzung von 60 Tagen. Friedrich der Weise konnte als Luthers Landesherr aber durchsetzen, dass dieser im Reich verhört wurde. Der Papst beauftragte den Kardinal Cajetan, der als päpstlicher Vertreter am Reichstag teilnahm, Luther nach Augsburg einzubestellen. Luther sprach im Vorfeld des Verhörs, das im Oktober 1518 stattfand, vom schwersten Gang seines Lebens, hatte er doch das Schicksal des Jan Hus, d.h. den Scheiterhaufen vor Augen. Cajetan sicherte Friedrich dem Weisen aber vor dem Verhör Luthers persönlich zu, er werde Luther »väterlich, nicht richterlich« vernehmen und garantierte auch die freie Rückkehr. Mit der Unterredung zwischen Cajetan und Luther konnten im Grunde hoffnungsvolle Aussichten verbunden werden. Cajetan galt als einer der führenden Theologen der Zeit und als einer der

Luthers Verhör vor Cajetan. Holzschnitt aus Ludwig Rabus'
Historien der Heyligen Außerwölten Gottes Zeugen,
Straßburg 1557

integersten Vertreter der Kurie. Er stand einer Reform der
Kirche nicht nur aufgeschlossen gegenüber, sondern hatte
ihr in schriftlicher Form bereits den Weg gewiesen. Bevor
er Luthers Thesen kennenlernte, hatte Cajetan selbst eine
Schrift zum Ablass verfasst (*De indulgentiis,* 8. Dezember
1517). In dieser Schrift hatte er kristallklar zu verstehen gegeben, dass der Ablass nur im Nachlass zeitlicher Sündenstrafen bestehe und dass er nicht für Verstorbene erworben
werden könne. Über andere Fragen (Bann, Beichte, Fegefeuer, »Schatz der Kirche«) erzielten Luther und Cajetan
Einigkeit, da ihre Positionen sehr nahe beieinander lagen.
Luther hat sich mit seinem Theologen-Kollegen in grundlegenden Fragen erstaunlich gut verstanden. Dennoch endete die Unterredung nicht im Konsens. Denn um einen
Punkt entspann sich eine sehr heftige Kontroverse: um den

Primat des Papstes. Schon in dieser frühen Phase der Reformation zeigte sich damit die spätere Bruchstelle. Luther war in dieser Frage nicht zum Widerruf bereit. Er sah als oberste Autorität die Heilige Schrift an, eine Deutungshoheit wollte er dem Papst nicht zugestehen. Im Laufe des Verhörs, das sich über mehrere Tage hinzog, wurde der Tonfall zunehmend aggressiv und das Verhör endete, ohne dass eine Einigung oder auch nur Annäherung der Standpunkte erzielt worden wäre. Luther floh in der Nacht vom 20. zum 21. Oktober aus Augsburg, weil er der Zusicherung der freien Rückkehr nach Verlauf des Verhörs nicht vertraute. Zurück in Wittenberg, entschloss sich Luther, den umlaufenden Gerüchten mit einer genauen Schilderung des Ablaufs des Verhörs entgegenzutreten, damit »weder die Freunde die Sache zu sehr hochpreisen, noch die Gegner sie zu sehr herabsetzten«. Außerdem appellierte Luther zur Lösung des Konfliktes an ein Konzil. Damit ordnete er dessen Autorität der päpstlichen Autorität über und vertrat somit eine konziliaristische Auffassung, die er aber bald darauf wieder fallen ließ. Dennoch hatte dieser Appell eine kaum zu überschätzende Bedeutung. Da Luther am 28. November 1518 diesen Appell vor Zeugen notariell beglaubigen ließ, gab er seiner Ablehnung des päpstlichen Primats selbst eine rechtliche Form, die in einem möglichen Prozess gegen ihn verwendet werden konnte und keine Ausflüchte zuließ.

Friedrich der Weise verhielt sich in der Luthersache taktisch. Festlegungen vermied er, um nicht in den Strudel der reichsrechtlichen Konsequenzen im Falle von Luthers Verurteilung gezogen zu werden. Direkten Kontakt zu Luther nahm er ebenfalls nicht auf. Sein Hofprediger Georg Spalatin aber unterhielt intensive Kontakte zu Luther und sorgte für den beiderseitigen Informationsaustausch.

Im Dezember 1518 kam Karl von Miltitz als päpstlicher Beauftragter an den kursächsischen Hof. Er bemühte sich, der Luthersache ihre Schärfe zu nehmen, denn die Nach-

folgeregelung im Reich stand immer noch aus und damit
war politische Rücksichtnahme nach wie vor geboten.
Anfang 1519 verhandelte er mit Luther und konnte ihn zu
erstaunlich weitreichenden Zugeständnissen bewegen. Luther erklärte, er wolle fortan schweigen, wenn die päpstliche Seite auch schwiege, und sich dem Papst demütig unterwerfen. Im Februar 1519 veröffentlichte Luther die
Schrift *Doctor Martinus Luther Augustiners Unterricht*
auff etlich artickell, die im von seynen abgunnern auff-
gelegt und zu gemessen Vuerden (WA 2, S. 69–73), im Tenor sehr devot, im Inhalt jeden Bruch mit der bestehenden
Kirche vermeidend. Luther ließ Heiligenanrufung, Fegefeuer, Ablass und gute Werke gelten, wenn die Gläubigen
die richtige innere Haltung dazu mitbrächten. Für eine
Trennung von der römischen Kirche könne es überhaupt
keinen vorstellbaren Grund geben. Die Schrift gipfelte in
der Aussage: »dem heyligen Romischenn stuel soll man yn
allen dingen folgen«. Diese Aussage hatte nicht lange Bestand, denn schon bald vollzog Luther den Bruch mit der
römischen Kirche. Dennoch brachten die vermeintlichen
Zugeständnisse Luthers eine kurzfristige Beruhigung.
Auch auf Luthers Appell an ein Konzil erfolgte zunächst
keine offizielle Reaktion. Der Papst und auch Kaiser und
Reich mussten sich wieder den drängenden politischen
Problemen zuwenden.

Wirtschaft und Politik: die Kaiserwahl von 1519

Im Januar 1519 starb Kaiser Maximilian, ohne dass die
Nachfolgefrage geregelt war. Für seine Nachfolge gab es
zwei aussichtsreiche Kandidaten: Maximilians Enkel Karl
und den französischen König Franz I.
   Welche Argumente sprachen für die beiden Kandidaten?
Karl war gleichsam der dynastische Nachfolger, ohne dass
es eine dynastische Erbfolge im Reich gegeben hätte: das

CHRISTO · SACRVM ·
ILLE · DEi · VERBO · MAGNA · PIETATE · FAVEBAT ·
· PERPETVA · DIGNVS · POSTERITATE · COLI ·

· D · FRIDR · DVCI · SAXON · S · R · IMP ·
ARCHIM · ELECTORI ·
ALBERTVS · DVRER · NVR · FACIEBAT ·
B · M · F · V · V ·
· M · D · XXIIII ·

Bildnis des Kurfürsten Friedrich des Weisen.
Kupferstich von Albrecht Dürer, 1524

Kaisertum war ein Wahlkaisertum. Bereits dreimal hintereinander waren aber mit Albrecht II., Friedrich III. und Maximilian Habsburger gewählt worden: Im Reich waren die Habsburger zur damaligen Zeit das unangefochten führende Herrscherhaus. Wer erfolgreich war, hatte aber auch Feinde. Der Papst wollte verhindern, dass die Habsburger ihre Herrschaft in Ober- und Unteritalien weiterhin mit dem Kaisertitel festigten. Das stand seinen eigenen Interessen als weltlicher Herrscher des Kirchenstaates entgegen. Das französische Königshaus erhob, begründet aus der mittelalterlichen Geschichte, selbst Anspruch auf die Kaiserkrone. Der habsburgisch-französische Gegensatz prägte die politische Geschichte der Frühen Neuzeit, bis er im 18. Jahrhundert durch andere politische Interessen überlagert und 1756 durch diplomatische Arrangements, schließlich 1770 durch die Heirat des französischen Thronfolgers mit der österreichischen Prinzessin Marie-Antoinette sinnfällig beendet wurde. Für Franz I. als Kaiser sprachen sein gutes Verhältnis zu Papst Leo X. und die guten Beziehungen, die er zu namhaften deutschen Territorialfürsten unterhielt, die seine Nähe suchten, um der Bedrohung durch die habsburgische Übermacht zu entkommen. Daher konnte er wohl nicht ganz zu Unrecht behaupten, von Seiten des Reiches zur Kandidatur aufgefordert worden zu sein. Kurzfristig versuchte der Papst, den sächsischen Kurfürsten zur Kandidatur zu bewegen. Das in diesem Zusammenhang aufkommende Gerücht, der Papst habe als Gegenleistung versprochen, Luther zum Kardinal zu machen, ist wohl wirklich nur ein Gerücht gewesen. Aber auch darin zeigt sich die Abhängigkeit der Sache Luthers von den politischen Rahmenbedingungen. Man traute dem Papst einiges zu, wenn es um seinen politischen Vorteil ging. In jedem Fall werden hier die engen Handlungsspielräume des Papstes in der *causa Lutheri* deutlich, eingeengt durch seine zweite Natur, die des weltlichen Herrschers mit weltlich-politischen Interessen.

Der Wahlkampf war fieberhaft und beschränkte sich nicht nur auf die Gruppe der Kurfürsten. Diplomatie, Propaganda und militärische Potenz spielten bei der Formierung der Wahllager wichtige Rollen. Entschieden wurde die Wahl schließlich durch den führenden Exponenten der Wirtschaft, Jakob Fugger. Er wusste, dass beide Bewerber auf seine finanzielle Unterstützung angewiesen waren. Das Wahlgremium, die geistlichen und weltlichen Kurfürsten, verbanden die Wahlzusage für einen Kandidaten mit wirtschaftlichen und politischen Forderungen – dies war die Kehrseite des Wahlkaisertums im Reich. Jakob Fugger entschied sich dafür, Karl zu unterstützen. Für diese Entscheidung mag die emotionale Bindung an das Haus Habsburg eine Rolle gespielt haben: Die Nähe zu Habsburg war größer als die Nähe zum fremden Frankreich.

Ausschlaggebend war aber die kaufmännische Rechnung, die Fugger aufmachte, denn: Kaiser Maximilian hatte sich beim Haus Fugger hoch verschuldet. Wer sollte für seine Schulden aufkommen, wenn das Kaisertum an Frankreich überginge? Zudem spielten die Tiroler Kupfer- und Silberverträge eine Rolle, die dem Haus Fugger das Handelsmonopol in Europa einräumten. Jakob Fugger empfing einen Gesandten Karls zwar zuvorkommend, aber wie einen Bittsteller, der vor dem selbstbewussten Vertreter eines Weltunternehmens seine Aufwartung machte. Karl hatte sich auch in Italien und Spanien, ja sogar bei den stärksten Konkurrenten der Fugger, den Welsern, nach der Möglichkeit einer Wahlfinanzierung durch Kredite erkundigt. Diese doppelte Strategie brachte Fugger dazu, den Preis hochzuschrauben. Er ließ durchblicken, dass sein Haus auch Kontakte zum Gegenkandidaten in Frankreich unterhalte. Indes drängten die Kurfürsten auf Zusicherung ihrer Forderungen, und je länger sich die Wahl verzögerte, umso größer wurde ihr Appetit. Der Druck der Kurfürsten brachte Karl schließlich dazu, sich endgültig und offen an das Haus Fugger zu binden. Innerhalb von zwei Monaten verteuerte sich der Preis für die Kaiserkrone von 450000 auf 700000 Gulden, am Ende musste Karl genau 852189 Gulden bezahlen. Zu dieser Verteuerung trugen vor allem die Forderungen des brandenburgischen und des Mainzer Kurfürsten bei. Der Fuggersche Kredit für die Finanzierung betrug 543585 Gulden. Die Finanzierung der Kaiserkrone machte die Fugger zu einem der mächtigsten Handelshäuser Europas und war zugleich das erste neuzeitliche Beispiel für die Auslieferung der Politik an die Wirtschaft. 1523, als das Reich an einer Gesetzgebung gegen die Monopole der großen Handelshäuser arbeitete, ließ Jakob Fugger den Kaiser unmissverständlich wissen: »Es ist bekannt und liegt am Tage, dass Eure Kaiserliche Majestät die römische Krone ohne meine Mithilfe nicht erlangen können«, und verlangte als Gegenleistung dafür nun die Berücksichtigung der Fuggerschen Interessen bei der Anti-Monopolgesetzgebung.

Die Verhandlungen über die Schuldentilgung gestalteten sich außerordentlich schwierig und zogen sich über Jahre hin. Die Fuggersche Schuldentilgung war aber auch ein Motivstrang, der direkt in die Ereignisse der Reformation hineinspielte. Denn das Haus Fugger half nicht nur den weltlichen Herrschern mit Krediten aus, auch geistliche Fürsten – wie z.B. Albrecht von Mainz – nutzten die Fugger als Kreditgeber. Seit 1500 hatte Geld der Fugger zudem einige Bischofswahlen im Reich entschieden. Stets waren die Rückzahlungskonditionen der schwierigste Vertragsteil. Nicht selten war es wie 1517 ein Teil von Ablassgeldern, der zur Tilgung des Kredites benutzt wurde. Um den Geldrückfluss zu beschleunigen, nahmen nicht nur 1517 die Fugger Einfluss auf Häufigkeit und Intensität der Ablasspredigten. Mitarbeiter des Hauses Fugger zogen mit den Ablasspredigern durchs Land, um von jedem gezahlten Ablassgeld der Gläubigen sofort und ohne Umwege den Kredittilgungsanteil für das Haus Fugger einzubehalten. Die Abhängigkeit politischer Entscheidungen von Wirtschaftsstrukturen, d.h. hier konkret vom Kapital der großen Handelshäuser, war kein singuläres Moment allein bei der Kaiserwahl Karls V., sondern ein Strukturelement frühneuzeitlicher Geschichte, dem systematisch nachzugehen ein dringendes Forschungsdesiderat darstellt.

Am 28. Juni 1519 wurde der Enkel Maximilians, Karl von Spanien, als Karl V. zum Kaiser gewählt. Er musste bei seiner Wahl eine Wahlkapitulation unterschreiben, die den ständischen Einfluss sicherstellte und zudem verhindern sollte, dass das Reich spanisch beeinflusst wurde. Mit der Vorstellung, dass Karl für das Reich ein Fremder war, verbanden sich aber nicht nur Befürchtungen, sondern auch optimistische Prognosen. Zum geflügelten Wort wurde Luthers Äußerung von 1520: »Gott hat uns ein junges, edles Blut zum Haupt gegeben und damit viel Herzen zu großer guter Hoffnung geweckt«.

Die Leipziger Disputation vom Juni/Juli 1519

Als die Kaisernachfolge geklärt war, kam wieder Bewegung in die Religionsfrage. Einen sich ursprünglich an Luthers Ablassthesen entzündenden Meinungsstreit trugen der Ingolstädter Theologe Johann Eck (1483–1543) und Luthers Mitstreiter Andreas Rudolf Bodenstein, gen. Karlstadt (1480–1541), in einer öffentlichen Disputation aus. Diese fand vom 27. Juni bis zum 14. Juli 1519 auf der Leipziger Pleißenburg statt. Während die Leipziger Universitätsleitung der Disputation zustimmte, verweigerte die Theologische Fakultät mit Unterstützung des Bischofs von Merseburg zunächst die Genehmigung. Erst das Eingreifen des sächsischen Herzogs Georg beseitigte die Hindernisse. Die Wittenberger Theologen zogen mit einem spektakulären Tross in Leipzig ein. Neben Karlstadt und

CAROLVS · VON · GOTS · GNAD · REMISCH ·
KING · ERWELTER · KAISER · KING · ZVO ·
HISSPANIA · VND · BAIDER · SICILEN · ECZ ·
ERCZHERZOG · ZVO · ÖSTERREICH · HERCZ
OG · VON · BVRGVND · BRABANT · ECZ · GRA
F · ZVO · FLANDER · TIROL · ECZ · I · H · M · D · XX

Bildnis Karls V. Eisenradierung, 1521

Luther fuhren auch Melanchthon, Nikolaus von Amsdorf und Johann Agricola nach Leipzig, begleitet von über hundert Wittenberger Studenten. Zunächst disputierten Eck und Karlstadt über den freien Willen und sein Verhältnis zur göttlichen Gnade wie zu den guten Werken. Am 4. Juli begann die Disputation zwischen Eck und Luther, dem der glaubwürdigen Überlieferung nach Melanchthon unentwegt zuflüsterte und ihm Zettel mit Bibelstellen zusteckte, die er für seine Argumentation gebrauchen sollte. Auch Eck hatte zur Unterstützung ausgewählte Leipziger Theologenkollegen mitgebracht, sie saßen aber – so wurde berichtet – »allezeit neben Dr. Eckio und schliefen ganz sanft«.

Eck, Karlstadt und Luther waren sich bewusst, dass Konsens nicht das Ziel einer Disputation war. Luther und Eck hatten noch 1517 in einem guten brieflichen Kontakt gestanden, bereits im März 1518 aber bezeichnete Johann Eck in seiner Auseinandersetzung mit Luthers Ablassthesen diesen erstmals als Böhmen – also als Anhänger von Hus – und Häretiker. Daran anknüpfend veröffentlichte Tetzel Ende April / Anfang Mai 1518 eine Schrift, in der er Luther als in der Tradition Wyclifs und Hus' stehenden Ketzer darstellte. Auch in Leipzig ging es Eck darum, Luther als Ketzer zu enttarnen, und dazu eignete sich nichts so gut, wie Luther in eine Traditionslinie mit Wyclif und Hus zu stellen. Diese waren von einem Konzil als Ketzer verurteilt worden; selbst also, wenn man den Primat des Papstes nicht anerkannte, musste doch dieser Konzilsspruch respektiert werden, wenn man weiter auf dem Boden der Kirche bleiben wollte. Von Eck in der Auseinandersetzung um die Autorität des Papstes und der Konzilien in die Enge getrieben, bestritt Luther die göttliche Herkunft des Papsttums, erklärte, dass unter den Anschauungen des Jan Hus durchaus gut christliche gewesen seien, die ihre Begründung in der Heiligen Schrift hätten, und dass auch Konzilien irren können, ja geirrt haben, wie

Der Ingolstädter Theologieprofessor Johann Eck.
Kupferstich von Peter Weinher d. Ä., um 1572

man an der Verurteilung der Husschen Lehre durch das
Konstanzer Konzil sehe. Damit verließ Luther die Auffassung des Konziliarismus und erkannte als einzige Autorität nur noch die Schrift an. Bemerkenswert ist, dass Luther und Eck über den Verlauf der Disputation völlig unterschiedliche Berichte verfassten, übereinstimmend nur in
dem Punkt, dass der Knackpunkt der Disputation Luthers
Auslassung zum Konzil von Konstanz und zu den Lehrsätzen von Johann Hus war.

Luther nahm seine Äußerungen nicht zurück; die Tatsache, dass er seinen Theologen-Kollegen Eck fortan mit
wenig humanen Worten wie »DrEck«, »Dr. Sau« oder das
»Schwein aus Ingolstadt« bezeichnete, lässt darauf schließen, dass Luther sich von Eck hereingelegt fühlte, »indem
er mir die Böhmen vorhielt und mich offen als Häretiker
und Beschützer der böhmischen Ketzerei beschuldigte.
Ist er doch ein ebenso unverschämter wie verwegener
Sophist«. Und erschreckend naiv fügte er noch hinzu:
»Merkwürdigerweise haben diese Anschuldigungen die
Leipziger mehr gekitzelt als die Disputation selbst«. Bald
aber erkannte Luther, dass die unmissverständliche Kritik
an der Rechtmäßigkeit der Konstanzer Konzilsbeschlüsse
ihn in eine sehr schwierige Position gebracht hatte. Auf
den Schirmherrn der Disputation, Herzog Georg von
Sachsen, machte dieses Bekenntnis Luthers Augenzeugen-
berichten zufolge einen so nachhaltig verstörenden Eindruck, dass er von dieser Stunde an ein entschiedener
Gegner der Reformation war, obwohl er wie kein anderer
Fürst zu dieser Zeit die Reformbedürftigkeit der Kirche
immer wieder ins Zentrum der Diskussion rückte und
konkrete Vorschläge zur Umsetzung auf den Tisch legte.
Die Hintergründe für diese folgenschwere antilutherische
Festlegung des Herzogs waren mannigfaltig. Neben der
politischen Konkurrenz zu seinem kurfürstlichen Vetter
Friedrich spielte ebenso eine wichtige Rolle, dass Georg
ein Enkel des von der römischen Kirche gebannten böh-

1526
VIVENTIS·POTVIT·DVRERIVS·ORA·PHILIPPI
MENTEM·NON·POTVIT·PINGERE·DOCTA
MANVS

Bildnis Philipp Melanchthons.
Kupferstich von Albrecht Dürer, 1526

mischen »Ketzerkönigs« Georg Podiebrad war, was ihn zeitlebens belastete. Daher lehnte er bei allem Reformwillen jede auch nur im Ansatz antirömische »ketzerische« Bestrebung entschieden ab. Mit der Leipziger Disputation waren die Verständigungsversuche gescheitert. Luther hatte mit seinen Äußerungen den Boden der bestehenden Kirche verlassen und ihr die Berechtigung abgesprochen. Fortan fielen Kompromisse schwer; allein das Auftreten von Theologen, die Luthers Anliegen verstanden und es teilten, aber dennoch in der Lage waren, diplomatisch und taktisch zu agieren, verhinderte Schlimmeres. Das galt vor allem für seinen Wittenberger Kollegen Philipp Melanchthon. Er war im August 1518 an die Universität auf den neugegründeten Lehrstuhl für Griechisch berufen worden. In seiner vielbeachteten Antrittsvorlesung vom 25. August 1518 ging er sehr engagiert auf die Notwendigkeit einer grundlegenden Studienreform ein. Leitendes Prinzip war dabei die Konzentration auf die Originaltexte und die Abkehr vom bloßen Wiederholen und Erörtern von Lehrmeinungen. Mit diesem wissenschaftstheoretischen Bekenntnis unterstützte Melanchthon Luthers Hinwendung zur Heiligen Schrift, ohne dass er zu diesem Zeitpunkt bereits eine Aussage zu Luthers Theologie gemacht hätte. Luther stand nicht mehr allein. Mit Melanchthon war ihm ein Kollege an die Seite gestellt, dessen ordnende und systematisierende Begabung und dessen Fähigkeit zum Kompromiss den Erfolg der Reformation überhaupt erst möglich machen sollte.

Das *sola-scriptura*-Prinzip wurde mit der Leipziger Disputation zum Formalprinzip der Reformation. Eck glaubte am Ziel zu sein und erklärte Luther zum Ketzer, womit er jedoch nur erreichte, dass die Popularität des Wittenberger Mönchs noch größer wurde. Besonders aus Humanistenkreisen stammende Gelehrte griffen Luthers Ideen begeistert auf. Dennoch gab es auch warnende Stimmen. Erasmus von Rotterdam, der populärste humanisti-

sche Gelehrte und Autor der damaligen Zeit, hatte auf erste Briefkontakte Luthers vom März bereits höflich, aber
unmissverständlich signalisiert, dass er sich von Luther
nicht vereinnahmen lassen wolle, da der jeweilige persönliche Stil zur Erreichung durchaus gleichgelagerter Ziele
doch zu unterschiedlich sei. »Mit bescheidenem Anstand
kommt man weiter als mit Sturm und Drang. So hat
Christus sich die Welt unterworfen«, ließ Erasmus sich in
seinem Antwortschreiben an Luther (30. Mai 1519) vernehmen. Luthers Verhalten in der Leipziger Disputation
bestärkte ihn in seiner Auffassung, dass Luther zu unüberlegt vorgehe.

Luther nahm Erasmus' Rat nicht an: Bereits während
der Leipziger Disputation erschien seine Schrift *De potes-
tate papae* (WA 2, S. 183–240), die den Bestand des Papsttums – wenn auch noch sehr vorsichtig – in Frage stellte
und damit eine Linie fortführte, die sich bereits in der 22.
Ablassthese angedeutet hatte. Johannes Eck antwortete
auf diese Schrift mit seinem umfangreichen, erst 1520 erschienenen Werk *De primatu Petri*. Damit waren die unterschiedlichen Positionen markiert.

Für die Breitenwirkung der Reformation aber ungleich
wichtiger war die im Dezember 1519 veröffentlichte Lu-
therschrift *Sermon vom Sacrament des Leichnams* [d. h.
Leibs] *Christi*. Luther sprach sich in dieser Schrift dafür
aus, das Abendmahl in beiderlei Gestalt, Brot und Wein,
zu reichen, wollte daraus aber keinen Zwang machen.
Dennoch reagierte Herzog Georg von Sachsen auf diese
Schrift umgehend mit einem harschen Brief an seinen kurfürstlichen Kollegen. Das Büchlein sei fast »pragisch« und
»bringe viele Ärgernis«. Wiederum war es also der Bezugspunkt zu Hus und den böhmischen Utraquisten, der
Luthers Auftreten und seine Meinungsäußerungen in besonderer Weise als verurteilenswert erscheinen ließen, obwohl gerade die Reichung des Abendmahls unter beiderlei
Gestalt sogar von offizieller kirchlicher Seite den Böhmen

zugestanden worden war, damit also – zumindest im Rahmen einer Sonderregelung – kirchlich sanktioniert war. Georg von Sachsen versuchte aber hier bereits einen weiteren Zusammenhang zu evozieren. Obwohl nicht explizit formuliert, deutete Georg von Sachsen das Unruhepotenzial des lutherischen Auftretens an. Aus dem Auftreten Hus' waren die Hussitenkriege entstanden, folglich war Luther eine Gefährdung des Friedens im Reich. Bei Kurfürst Friedrich dem Weisen fand er für diese Befürchtungen kein offenes Ohr: Er wies den Herzog höflich ab – ob aus voller Überzeugung, ist fraglich. Ein Schulterschluss der beiden sächsischen Fürsten in der Lutherfrage verbot sich aus politischen Gründen, die Konkurrenz zwischen den beiden sächsischen Territorien war mit der Teilung des Besitzes in zwei Linien 1485 entstanden. Sie zieht sich wie ein roter Faden durch die Reformationsgeschichte.

Das Jahr 1520

Das Jahr 1520 ist aus mehreren Gründen ein Schlüsseljahr für den weiteren Fortgang der Reformationsgeschichte. Nach der Leipziger Disputation waren in Rom die Vorbereitungen für den Ketzerprozess gegen Luther mit neuer Intensität vorangetrieben worden. Vor allem die Berufung Ecks in die Kommission, die die päpstliche Bannandrohungsbulle gegen Luther ausarbeitete, beschleunigte die ganze Angelegenheit. Anfang Mai lag der Entwurf für die Bulle vor; das Kardinalskollegium befasste sich mehrfach mit ihm, am 15. Juni 1520 wurde die Bulle, die mit dem Psalmwort »Exsurge Domine« begann, ausgefertigt. In langatmigen Ausführungen verurteilte die Bulle 41 wörtlich zitierte Sätze aus Luthers Schriften und forderte Luther und seine Anhänger auf, diese binnen 60 Tagen zu widerrufen unter Androhung des Kirchenbanns für die Nichteinhaltung dieser Frist oder die generelle Weigerung zu widerrufen. Trotz der intensiven Beratung war die Bulle kein Meisterstück geworden. Ihre Schwäche lag in der wenig differenzierenden und gewichtenden Aneinanderreihung von Sätzen. Nach einer selbstkritischen Äußerung Ecks sei die Aussage der Bulle so schwammig geblieben, dass selbst gelehrte Männer nicht begriffen hätten, weswegen sie verurteilt worden seien. Daher wollte Eck drei Jahre später eine neue Bulle verfassen, in der nur die wichtigsten Irrtümer unter Verwendung der Heiligen Schrift auf ihre Widerlegung hin angeführt werden sollten, so dass jeder verstehe, was gemeint sei. Eck sprach damit ein ganz wichtiges Problem an: Die altgläubige Seite hatte sich bis zu diesem Zeitpunkt ganz und gar nicht darauf verstanden, auf Allgemeinverständlichkeit und Breitenwirkung zu zielen.

Mit der Bannandrohungsbulle lieferte Eck den Anhängern Luthers aber auch jenseits der verworrenen theologischen Argumentation Munition für polemische Repliken. Eck hatte nämlich mit päpstlicher Erlaubnis in die Bannandrohungsbulle nicht nur Luther, sondern auch einige seiner vermeintlichen Anhänger aufgenommen. Dazu zählten der bekannte Nürnberger Humanist Willibald Pirckheimer (1470–1530), der Nürnberger Stadtschreiber Lazarus Spengler (1479–1534) sowie drei Professoren der Universität Wittenberg. Pirckheimer hatte sich in einer satirischen Schrift kritisch mit Eck auseinandergesetzt und auch bei den anderen Namen schienen private Motive eine größere Rolle zu spielen als die vorgeschobene Anhängerschaft zu Luther. Diese Vermengung der Luther-Sache mit Privatfehden war ein nicht mehr gutzumachender strategischer Fehler. Eck erbrachte mit der Androhung einer Kirchenstrafe für seine persönlichen Kontrahenten im Grunde genommen den Beweis, wie Recht diejenigen hatten, die die Kirche eines leichtfertigen Umgangs mit den Kirchenstrafen bezichtigten. Friedrich der Weise intervenierte gegen die Bulle mit dem Argument, dass sie seine

Universität zu zerstören drohe. Dabei sei der einzige Fehler Luthers – wie ihm Erasmus bestätigt habe –, dass er die »Krone der Päpste und die Bäuche der Mönche« angegriffen habe.

Luther ließ sich von der Bannandrohungsbulle nicht einschüchtern, er publizierte vielmehr unverdrossen weiter: Im Juni die Schrift *Von den guten Werken* mit der Botschaft, dass das einzige erwartete gute Werk der Gläubigen die Beachtung die Zehn Gebote sei. Ebenfalls noch im Juni erschien *Von dem Papsttum zu Rom*, eine maßvolle, sprachlich sehr eindrucksvolle Schrift, in der Luther erstmalig die reformatorische neue Auffassung der Kirche in volkstümlicher, allgemeinverständlicher Sprache darlegt. So enthält diese Schrift eine – zur Lektüre empfohlene – eindrucksvolle Interpretation der Schriftstelle: »Weide meine Schafe!« (Joh. 21,16). Luther entwickelt hier einsichtig, dass nach der Schrift die Liebe die Voraussetzung für diesen Auftrag sei. An dieser Voraussetzung müsse sich die Papstkirche messen lassen. Das Papsttum könne nur dann Bestand haben, wenn es sich der Heiligen Schrift unterordne: Alles, was der Papst sagt, müsse nach der Heiligen Schrift beurteilt werden. Luther stellte, obwohl im Ton maßvoll, mit dieser Schrift die Autorität des Papsttums grundlegend in Frage. Der Frage, die er damit aber implizit aufwarf, nämlich wer denn die Deutungshoheit über die Schrift künftig haben solle, stellte er sich nicht. Für ihn war zum damaligen Zeitpunkt ein falsches Schriftverständnis noch nichts, mit dem er sich auseinandersetzen musste. Das änderte sich aber sehr bald. Die Schrift enthielt außerdem ein Plädoyer für die Verwendung der deutschen Kirchengüter für deutsche kirchliche Zwecke und damit eine harsche Kritik an der Ausbeutung der kirchlichen Finanzkraft des Reichs, die schließlich eine Bereicherung der Kurie und eine finanzielle Unterversorgung für die eigentlichen kirchlichen Aufgaben im Reich mit sich brachte.

Zudem arbeitete Luther in diesem Jahr an seinen drei wichtigsten Reformschriften, die von August bis November 1520 erschienen und immense Auflagen erreichten. Die Bannandrohungsbulle hatte den ohnehin zu erwartenden Verkaufserfolg der Schriften noch verstärkt.

Die Schrift *An den christlichen Adel deutscher Nation von des christlichen Standes Besserung*, geschrieben im Juni 1520, fasste alle Kritikpunkte am bestehenden kirchlichen System zusammen, bestritt als Konsequenz die Existenzberechtigung des geistlichen Standes und damit zusammenhängend irgendeine Überordnung von Papst und Konzilien über die Gemeinschaft der Gläubigen. Luthers Schrift stellte die erste Zusammenfassung aller Klagen und Beschwerden über die Kirche dar, die seit dem 15. Jahrhundert nebeneinander hergelaufen waren: die Beschwerden gegen den Papst und die römische Kurie sowie alle daraus resultierenden Missstände in den kirchlichen Verhältnissen der deutschen Nation, die vor allem die Untertanen belasteten. Sie stand damit in der Tradition der Gravamina-Bewegung und appellierte an den Kaiser und an die Stände, sich mit Engagement an die Abstellung dieser Missstände zu machen. Unterstützt wurden diese Appelle durch eine deutliche Distanzierung vom Papst. Luther untergrub in der Adelsschrift die Glaubwürdigkeit des Papstes, indem er die Konstantinische Fälschung als Beweis für die Lügenhaftigkeit und Skrupellosigkeit des Papsttums heranzog. 1517 hatte Ulrich von Hutten die um 1435 erschienene Schrift Lorenzo Vallas *De falso credita et ementita Constantini donatione Declamatio* (s. S. 51) mit einer Vorrede herausgegeben. Luther kannte die Schrift und setzte sich erstmalig in der Adelsschrift mit ihr auseinander. 1526 kam eine deutsche Übersetzung der Valla-Schrift heraus, nachdem bereits 1520 eine französische Übersetzung erschienen war. 1534 folgte eine englische, 1546 eine italienische Übersetzung. Luther selbst gab 1537 eine eigene Übersetzung der Schrift heraus. Die große Publizität, die Vallas Schrift in den Jahren der Reformation erreichte, macht deutlich, dass sie als Argumentationshilfe gegen das Papsttum diente. Luther benutzt sie in der Adelsschrift zur Diskreditierung der Glaubwürdigkeit des Papstes und des kanonischen Rechts. »Unverschämte, grobe, tolle Lügen« müsse er im geistlichen Recht lesen, »dazu für christliche Lehre halten, obwohl es doch teuflische Lügen sind«. Mit Hilfe der Konstantinischen Fälschung stellte Luther an dieser Stelle die Gültigkeit des Kanonischen Rechts insgesamt in Frage.

Außerdem enthielt die Schrift eine intensive Auseinandersetzung mit den Vorgängen um Jan Hus. Luther wiederholte die in der Leipziger Disputation eher unüberlegt geäußerte Feststellung, dass Jan Hus zu Unrecht verurteilt und verbrannt worden sei. Seine Lehre wollte Luther zwar nicht abschließend beurteilen, hielt aber immerhin fest, dass er bislang nichts Falsches daran gefunden habe. Die Hinrichtung Jan Hus' wäre aber auch falsch gewesen, wenn er wirklich ein Ketzer gewesen wäre. Zum Schluss der Schrift skizzierte er in aller Kürze, welcher Aufgaben sich die weltlichen Obrigkeiten künftig annehmen müssten, um eine wahre christliche Gemeinschaft aufzurichten: Mit den Bereichen Ehe und Familie, Unterricht und Erziehung einschließlich einer umfassenden Universitätsreform sowie Armenfürsorge beschrieb Luther bereits 1520 diejenigen Bereiche, die spätestens nach 1555 zum festen Aufgabenbereich der weltlichen Obrigkeiten gehörten.

Die zweite Reformschrift des Jahres 1520 trug den Titel *Von der babylonischen Gefangenschaft der Kirche. Ein Vorspiel.* Sie war in lateinischer Sprache verfasst, was schon klar macht, dass sie nicht für eine breitere Öffentlichkeit gedacht war, sondern sich in erster Linie an Theologen richtete, was aber zugleich auch ihre Rezeption jenseits der Grenzen des Reichs erleichterte. Luther griff mit dieser Schrift die Sakramentslehre der Kirche an. Lediglich Taufe und Abendmahl ließ er als Sakramente gelten, da sie mit deutlichen Einsetzungsworten Christi in der Heiligen Schrift und einem äußerlichen Zeichen markiert seien. Bei der Buße war er sich selbst unsicher, ob sie als ein Sakrament gelten konnte oder nicht. Jedenfalls hielt er die Ohrenbeichte aus seelsorgerischen Gründen für unverzichtbar, sie dürfe aber nicht missbraucht werden. Luthers Hauptangriff galt dem Verständnis der Messe als einem Gott dargebrachten Opfer. Luther bestritt nicht die Realpräsenz Christi im Abendmahl – eine Auffassung, die ihm in späteren Jahren noch viele Konflikte unter der eigenen Anhängerschaft bescheren sollte. Der Kern des Abendmahls aber seien die Verheißung Gottes und der Glauben der Menschen, weswegen auch die Einsetzungsworte für die Gläubigen verständlich laut gesprochen und nicht leise gemurmelt werden sollten. Diese Worte und die sie begleitenden Zeichen Brot und Wein machten das Abendmahl aus. Die Zeichen erhalten damit dieselbe Bedeutung wie die Worte. Mit dem Angriff auf die Messe, das Herzstück des christlichen Kultus, und auf die Sakramente hatte Luther die römische Kirche ins Mark getroffen.

Die dritte Schrift des Jahres 1520, *Von der Freiheit eines Christenmenschen*, lieferte eine Zusammenfassung seiner Rechtfertigungstheologie und der daraus sich ergebenden Auffassungen zu guten Werken und dem Gesamtkomplex des Ablasses. Luther stellt einleitend zwei widersprüchliche Sätze gegeneinander: »Ein Christenmensch ist ein freier Herr über alle Ding und niemandem untertan. Ein Christenmensch ist ein dienstbarer Knecht aller Ding und jedermann untertan.« Den Widerspruch erklärte Luther mit dem Hinweis auf die beiden Naturen des Menschen: die geistige und die leibliche. Diese Unterscheidung der beiden Naturen machte nach Luther auch verständlich, warum in der Heiligen Schrift Dinge gesagt würden, »die sich vollständig widersprechen«. Luthers

Differenzierungen konnten nicht verhindern, dass der erste Satz seiner Schrift wenig später im Bauernkrieg als gängige Parole auftauchte, aus der soziale Forderungen abgeleitet wurden. Und mit seinem Zugeständnis, dass in der Bibel Widersprüchliches stehe, gab er indirekt zu, dass die alleinige Autorität der Schrift zu proklamieren doch ein Gefahrenpotenzial barg. Genau das hatten ihm seine theologischen Kontrahenten wiederholt vorgehalten. Neben Johann Tetzel und Johannes Eck bezogen der Straßburger Franziskaner Thomas Murner (1475–1537) und der Hofkaplan Herzog Georgs von Sachsen, Hieronymus Emser (1477–1527), noch im selben Jahr mit scharf formulierten Flugschriften gegen Luther Position. Sie lösten damit eine heftige Flugschriftenkontroverse aus, in der für Luther wie auch für seine Gegner die persönliche Verunglimpfung das Stilmittel der ersten Wahl zu sein schien.

Der Papst beauftragte indessen Johannes Eck mit der Verbreitung der Bannandrohungsbulle in Deutschland. Aus Rom schickte er zur Unterstützung seinen Nuntius Hieronymus Aleander, der später noch zweimal eine päpstliche Mission im Reich wahrnahm. Beide mussten mit Verwunderung zur Kenntnis nehmen, wie wenig man in Deutschland bereit war, energisch gegen Luther vorzugehen. Häufig begegneten sie einer freundlichen Hinhaltetaktik. Farbe gegen Luther bekennen wollte in der ungeklärten Situation keiner. Eck, der für den Norden und die Mitte des Reichs zuständig war, wurde in Leipzig mit Spottliedern begrüßt und mit Morddrohungen überzogen; Nuntius Aleander stieß im Westen des Reichs zunächst scheinbar auf weniger Widerstand. In Löwen wurden ihm Luthers Schriften bereitwillig zur Verbrennung herbeigebracht. Bei einer ähnlichen Aktion in Lüttich musste er dann bereits feststellen, dass man ihm auch viele Bücher der kirchlichen Autoritäten zur Verbrennung übergeben hatte; bei der Vorbereitung einer Bücherverbrennung in

Mainz kam es schließlich zu einem Aufruhr. Dennoch hielt Aleander diese Aktionen für nützlich, da sie im Volk deutliche Zeichen setzten und auf die Laien, »die schon angesteckt sind durch die Predigten und Flugschriften dieses Ketzers«, einen so tiefen Eindruck machten, dass viele sich »von der Schlechtigkeit der verdammten Schriften« überzeugen ließen.

Luther verfasste zwei Schriften gegen die Bannandrohungsbulle, die eine richtete sich gegen Eck, die andere gegen den Papst (*Von den neuen Eckischen Bullen und Lügen*, WA 6, S. 576–594; *Adversus execrabilem Antichristi bullam*, WA 6, S. 595–612, deutsche Fassung: *Wider die Bulle des Endchrists*, WA 6, S. 613–629). In der ersten Schrift gestand Luther, dass er in Leipzig noch keine einzige Schrift des Johann Hus gelesen, dies aber inzwischen nachgeholt habe und aufgrund dieser Lektüre zu einem leidenschaftlichen Anhänger Hus' geworden sei. Alle seine vom Konzil von Konstanz verurteilten Lehrsätze seien richtig gewesen und nicht nur einige, wie er noch in Leipzig geäußert habe.

Beide Schriften gerieten – wie bereits der zweite Titel verrät – sehr heftig, beleidigend und unversöhnlich, so dass für einen unvoreingenommenen Leser eine Versöhnung der Positionen bereits unmöglich scheint. Luther äußerte den Eindruck, dass die Bannandrohungsbulle an »einem trunkenen Abend oder in den Hundstagen« verfasst worden sei. An dieser frühen Eskalation konnte keiner Seite gelegen sein. Am 6. September 1520 trug das Ordenskapitel seines Ordens an Luther die Bitte heran, auf den Papst zuzugehen. Im Oktober 1520 verfasste Luther wiederum auf Betreiben Karl von Miltitz', des päpstlichen Gesandten am kursächsischen Hof, einen Sendbrief an Papst Leo X. Dieser Sendbrief, den er als eine Art Widmungseinleitung der Schrift *Von der Freiheit eines Christenmenschen* voranstellte, sollte dazu dienen, dem Streit die Schärfe zu nehmen, dem Papst zu versichern, dass er,

Luther, sich nur gegen die Institution des Papsttums kritisch zu Wort gemeldet habe, nicht aber gegen die Person Leos, und dass er Frieden wolle. Schuld an der Eskalation seien Cajetan und Eck. Die Schrift wurde auf den 6. September 1520 vordatiert, um nicht den Eindruck zu erwecken, dass sie lediglich als Reaktion auf die Bannandrohungsbulle verfasst worden sei. Nicht nur deswegen wirkt diese Schrift unglaubwürdig, ja befremdlich, mitunter sarkastisch, zumal Luther Leo X. als »Heiligen Vater Leo«, »frommen Leo« anredete – nachdem er noch in der Adelsschrift ähnliche Demutshaltungen gegenüber dem Papst als unchristlich bezeichnet und brieflich geäußert hatte, er wisse nicht, ob der Papst vielleicht selber der Antichrist, d.h. eine widergöttliche Geschichtsmacht sei (13. März 1519 an Georg Spalatin). Luther bat den Papst, Frieden zu stiften. Allerdings – ab dieser Stelle schlägt der Tenor der Schrift um und die Glaubwürdigkeit nimmt zu – könne dies nicht unter der Vorbedingung seines Widerrufs erfolgen, »da wird nichts draus«. Luther bedauerte Leo schließlich, in diesen Zeiten Papst zu sein, da es mit dem Römischen Stuhl »aus« sei. Luther versuchte eine Trennung von Amt und Person; ganz abgesehen davon, dass der Papst sich nach seinem Amtsverständnis darauf gar nicht einlassen konnte, geriet auch in diesem Sendbrief die Kritik am Papsttum so grob, dass der Effekt dieses Schreibens ganz bestimmt nicht in der Besänftigung des Papstes liegen konnte.

Am 10. Dezember 1520 wurde wohl auf Initiative Melanchthons in studentischen Kreisen zur Teilnahme an einer Aktion aufgerufen, bei der Bücher des Kanonischen Rechts, päpstliche Erlasse und Bücher von Luthergegnern verbrannt werden sollten. Melanchthon und Luther waren anwesend, Luther warf schließlich die Bannandrohungsbulle ins Feuer, »zitternd und bebend«, wie er später zugab. Die Bücherverbrennungen der Luthergegner fanden Nachahmer auf Seiten der Lutheranhänger.

Am 3. Januar 1521 vollzog Rom die Exkommunikation Luthers. Ob das die reformatorische Bewegung noch einmal stoppen konnte, bezweifelte indirekt der Nuntius Aleander, als er im Februar 1521 an den Papst schrieb: »Ganz Deutschland ist in hellem Aufruhr. Für neun Zehntel ist das Feldgeschrei ›Luther‹, für die übrigen, falls ihnen Luther gleichgültig ist, wenigstens ›Tod der Römischen Kurie‹, und jedermann verlangt nach einem Konzil.« Aleander hatte auch Kurfürst Friedrich den Weisen als Luthers Landesherrn in die Pflicht genommen. Auf einem Treffen in Köln im November 1520 hatte er ihm klar zu machen versucht, dass Luther Schlimmeres lehre als Hus und Hieronymus von Prag; wenn nicht bald etwas unternommen würde, »so sei es um das Imperium Romanum geschehen, wie es früher die Griechen verloren hätten, als sie vom Papst abfielen«. Aleander versuchte Friedrich hier offensichtlich als Kurfürst in seiner Verantwortung für das Reich anzusprechen. Dieser war sich der Verantwortung auch durchaus bewusst und ließ sich daher von Erasmus von Rotterdam in dieser Angelegenheit beraten. Weil Erasmus ihm dringend davon abriet, Luther an seine Gegner auszuliefern, da dies Empörung hervorriefe, die eine weitere argumentative Auseinandersetzung mit der lutherischen Position erschweren, ja wahrscheinlich unmöglich machen werde, antwortete der Kurfürst dem päpstlichen Nuntius ausweichend: Er missbillige, wenn Luther gegen den Papst anders schreibe, als es sich für einen Theologen gezieme (RTA II, S. 483). Offensichtlich wollte er erst die Entwicklung auf dem bevorstehenden Reichstag abwarten. Aleander hielt fortan Friedrich den Weisen für einen unmoralischen Taktierer; er bezeichnete ihn als »fettes Murmeltier mit den Augen eines Hundes, mit denen er niemals einem Menschen gerade ins Gesicht sieht«, und wünschte ihm »er möge das Genick brechen«.

Worms 1521: der erste Reichstag des neuen Kaisers

Am 23. Oktober 1520 war Karl in Aachen zum römischen König gekrönt worden, die Kaiserkrönung erfolgte erst neun Jahre später. Am 27. Januar 1521 eröffnete Karl in Worms den ersten Reichstag seiner Amtszeit. Karl benötigte vor allem die finanzielle Unterstützung der Stände für seine Kriege; zudem hatte die seit dem Wormser Reichstag immer aufs Neue diskutierte Frage des Reichsregiments jetzt, da sich eine längere Abwesenheit des Kaisers vom Reich abzeichnete, noch größere Wichtigkeit gewonnen. So waren wichtige Ergebnisse des Reichstags die Reichsmatrikel, die bis 1806 Grundlage für das Steuerwesen des Reichs war, und die Regimentsordnung, auf deren Grundlage von 1521 bis 1530 ein Reichsregiment als Vertretung des Kaisers eingerichtet wurde. Das Reichsregiment hatte 22 ständische Mitglieder; die Kurfürsten waren insofern stark repräsentiert, als jeweils ein Kurfürst persönlich, die anderen mit ihren Räten im Regiment vertreten sein sollten. Daneben waren sowohl weltliche und geistliche Fürsten, Grafen und Herren sowie reichsstädtische Abgeordnete vertreten. Ein Teil der Mitglieder wurde von den Reichskreisen bestimmt. Zu den 22 ständischen Vertretern traten vier kaiserliche Räte. Das Reichsregiment nahm 1521 seinen Sitz zunächst in Nürnberg; 1524 setzte es seine Arbeit mit neuem Personal in Esslingen fort, 1526 zog es nach Speyer um, ehe es 1530 völlig in der Versenkung verschwand. Eine arbeitsfähige Exekutive des Reichs unter ständischer Beteiligung scheiterte, nicht zuletzt auch an der Unlust der Stände, das Reichsregiment zu finanzieren.

Die Religionsfrage war auf dem Reichstag nur ein Verhandlungsgegenstand unter vielen; dass sie aber überhaupt vor den Reichstag kam, war sehr bemerkenswert. Karl V. hatte bei seiner Wahl 1519 eine Wahlkapitulation unterschreiben müssen, die seine Handlungsspielräume gegenüber den Ständen einengte und sein Handeln für die Stände kalkulierbar machte. Bestandteil dieser Wahlkapitulation war auch die Zusage, dass der Kaiser vor Verhängung der Reichsacht die Beschuldigten anhörte. Es ist also nicht richtig, dass Karl auf die Exkommunikation Luthers durch den Papst nach gültigem Recht unverzüglich die Reichsacht hätte folgen lassen müssen. Dies ist nur eine Interpretationsmöglichkeit, wenn man davon ausgeht, dass die Bestimmung in der Wahlkapitulation nicht für Fälle galt, in denen der Acht ein päpstlicher Bann vorausgegangen war. Die Rechtsordnung des Reichs machte die Vorladung Luthers notwendig, eine direkte Verhängung der Acht ohne Anhörung Luthers hätte das mittelalterliche Kirchenrecht über die neuen rechtlichen Vereinbarungen des Reichs gestellt. Das wäre politisch nicht wünschenswert gewesen. Auf dem Reichstag legte der Kaiser den Entwurf eines Mandats vor, das Luther die Achtvollstreckung androhte und die Verbrennung seiner Bücher anordnete. Er wurde von den Ständen nicht akzeptiert. Die Stände sahen den Fall Luther reichsrechtlich und damit als im Geltungsbereich der Regelung der Wahlkapitulation angesiedelt. Ganz im Sinne des Aleanderschen Berichts nach Rom argumentierten sie zudem, dass der gemeine Mann durch Luthers Schrift sehr gegen Rom aufgebracht sei und Luthers Verurteilung nicht einfach hinnehmen, sondern sich erheben werde. Ob das wirklich eine ernst zu nehmende Befürchtung war oder ob diese Befürchtung nicht doch eher instrumentalisiert wurde, um das politisch gewünschte Erscheinen Luthers vor dem Reichstag sicherzustellen, ist zumindest bedenkenswert. Auf jeden Fall sprachen sich auch unzweifelhafte Luthergegner wie Herzog Georg von Sachsen dafür aus, dass Luther vor dem Reichstag gehört werde. Der Frankfurter Gesandte beschrieb die ambivalente Stimmung auf dem Reichstag so: »Der Mönch macht viel Arbeit: ein Teil möchte ihn ans Kreuz schlagen, und ich fürchte, er wird ihnen schwerlich entrinnen: nur ist zu besorgen, dass er am dritten Tage wiederaufersteht.« Karl V. gab dem Wunsch der Stände nach und lud Luther am 26. März 1521 unter Zusicherung freien Geleits vor den Reichstag.

Vor Luthers Ankunft nahm sich der Reichstag eines wichtigen Verhandlungsgegenstands an: der Gravamina der deutschen Nation. Diese Gravamina hatten sich aus den Folgen der unbereinigten Missstände seit dem Ausgang des Baseler Konzils angehäuft. Auf dem Wormser Reichstag wurden nun auf kaiserliche Aufforderung die Beschwerden zusammengetragen. Ein Berichterstatter des Reichstags kommentierte diese Initiative: Luthers und Huttens Schriften gegen den Papst und die Unordnung in geistlichen Dingen hätten bei den Ständen »gewirkt«. Ein Ausschuss wurde gebildet, der eine 102 Artikel umfassende Zusammenstellung erarbeitete, den Entwurf der Beschwerden der deutschen Nation. Sie fand zwar keinen Eingang in den Reichsabschied, alle späteren Zusammenstellungen der Beschwerden auf den kommenden Reichstagen sind aber im Grunde nur als Varianten dieses Textes anzusehen: Der Kanon der Beschwerden blieb nahezu unverändert. Im Wesentlichen ging es um die Auswirkungen der willkürlichen, unberechenbaren Ämtervergabe durch den Papst, die kurialen Übergriffe in die Jurisdiktion des deutschen Episkopats und die Finanzpraxis der Kurie. Neben diese gegen Rom gerichteten Beschwerden traten aber bereits 1521 Gravamina über Mitglieder des Reichs. Zunächst formulierten die weltlichen Fürsten ihren Unmut gegen die Versuche der Ausdehnung der geistlichen Gerichtsbarkeit auf Kosten der weltlichen. Diese Tendenz verstärkte sich auf den kommenden Reichstagen: Bis 1526 kamen die Beschwerden der Geistlichen gegen die Fürsten hinzu sowie Beschwerden der Untertanen gegen die geistlichen Obrigkeiten. Aus den Beschwerden gegen Rom wurde bis 1530 eine intensive Diskussion über das Verhältnis von geistlichen und weltlichen Gewalten im Reich selbst.

Bericht über Luthers Verhör in Worms. Straßburger Druck, 1521

Luther fand bei seinem Eintreffen auf dem Reichstag also Teilnehmer vor, die für die Frage der Kirchenreform hochsensibilisiert waren. Gleichzeitig sahen viele Reichsstände seit 1521 die Lutherfrage als Teil der Gravamen-Bewegung. Luthers Reise nach Worms glich einem Triumphzug. Obwohl jedem Ort, der ihn als eine mit dem Bann bedrohte Person beherbergte, nach kirchlichem Recht das Interdikt drohte, wurde er überall mit offenen Armen empfangen. Das kirchliche Recht schien zu diesem Zeitpunkt schon ausgehöhlt; ernsthafte Konsequenzen glaubte keiner befürchten zu müssen.

Am 18. April trat Luther zum ersten Mal vor dem Reichstag auf. Ihm wurde die Frage vorgelegt, ob er seine Bücher verteidigen oder deren Inhalte widerrufen wolle, darauf erbat er sich zunächst Bedenkzeit. Am anderen Tag erschien er auffallend selbstbewusst vor der Versammlung und gab eine sehr systematische Stellungnahme ab, teilte seine Bücher in drei Gruppen ein, erläuterte, warum da nichts zu widerrufen sei und endete mit der Feststellung, er wolle und könne nur widerrufen, wenn man ihm seine Irrtümer aus der Heiligen Schrift nachweise: »Wenn ich nicht durch Schriftzeugnisse oder einen klaren Grund widerlegt werde – denn allein dem Papst oder den Konzilien glaube ich nicht, da es feststeht, dass sie sich häufig geirrt und sich selbst widersprochen haben –, so bin ich durch die von mir angeführten Schriftworte bezwungen. Und solange mein Gewissen durch die Worte Gottes gefangen ist, kann und will ich nicht widerrufen, weil es unsicher ist und die Seligkeit bedroht, gegen das Gewissen zu handeln. Gott helfe mir. Amen.« Mit diesen Worten hatte Luther nun noch einmal vor Kaiser und Reichstag die Autorität des Papstes und der Konzilien angezweifelt und sie unter die Autorität der Heiligen Schrift gestellt. Luthers Kirchenverständnis erschütterte die Verfassung nicht nur der Kirche, sondern auch die des Reichs in den Grundfesten. Das Kirchenverständnis war Ergebnis seiner Rechtfertigungstheologie, aber ohne deren weiterreichende Konsequenzen hätte darin keine Bedrohung gelegen, gegen die mit allen Mitteln anzugehen war. Der päpstliche Nuntius Aleander bezeichnete Luther auf dem Reichstag als Ketzer und ließ seine Rechtfertigungen aus der Heiligen Schrift nicht gelten, denn das genau sei die »Ketzer Weise, dass sie ihre falschen Aussagen mit der Schrift beweisen wollen« (RTA II, S. 504). Damit stellte Aleander Luthers Schriftprinzip grundlegend in Frage, indem er mit diesem schlichten Satz die Frage nach der Deutungshoheit der Heiligen Schrift in die Debatte warf.

Am darauffolgenden Tag wandte sich Karl V. gegen die Auffassung Luthers. In französischer Sprache wandte er sich an die Stände und ließ sie Folgendes wissen. »Ihr wisst, ich stamme ab von den allerchristlichsten Kaisern der edlen deutschen Nation, von den katholischen Königen Spaniens, den Erzherzögen Österreichs, den Herzögen von Burgund, die alle bis zum Tod treue Söhne der römischen Kirche gewesen sind; immer Verteidiger des katholischen Glaubens, der heiligen Zeremonien, Gesetze, Anweisungen und der heiligen Bräuche zur Ehre Gottes, Mehrung des Glaubens und zum Heil der Seelen.« Deswegen sei er fest entschlossen, in dieser Tradition fortzufahren und alles aufrechtzuerhalten, »was meine Vorgänger verordnet haben sowohl auf dem Konstanzer Konzil als auf anderen; denn es ist gewiss, dass ein einzelner Bruder irrt mit seiner Meinung, die gegen die ganze Christenheit ist sowohl während der vergangenen tausend und mehr Jahre als auch in der Gegenwart – dieser Ansicht nach wäre die Christenheit immer ein Irrtum gewesen und würde es noch heute sein«. Er sei entschlossen, alles an die Bekämpfung des »notorischen Häretikers« zu setzen: »Meine Königreiche und Herrschaften, meine Freunde, meinen Leib, mein Blut, mein Leben und meine Seele«. Karl V. fügte hinzu, er bereue, nicht früher eingegriffen zu haben. Die Stände bestanden trotz dieser deutlichen Worte darauf, dass Luther eine weitere Frist eingeräumt werde. Luther blieb noch eine Woche in Worms; in dieser Zeit bemühten sich Vertreter der Stände vergeblich, Luther zu einem Kompromiss zu bewegen. Luther verließ den Reichstag am 25. April unter Zusicherung freien Geleits Richtung Wittenberg, nicht ohne sich – wie Nuntius Aleander in der Enttäuschung über die Einhaltung dieser Zusicherung spöttisch bemerkte, »viele Brotschnitten geröstet und manches Glas Malvasier« getrunken zu haben. Auf der Reise wurde Luther von Beauftragten seines Landesherrn scheinbar gefangengenommen und auf die Wartburg gebracht. Als die Nachricht über die Gefangennahme Luthers am 12. Mai den Reichstag erreichte, ohne dass bereits klar war, dass es sich dabei um eine Vorsichtsmaßnahme des sächsischen Kurfürsten handelte, entstand große Unruhe. Man befürchtete, dass der Bruch der Zusicherung des freien Geleits Luther noch enger mit Jan Hus, dem dasselbe widerfahren war, zusammenbringen und die Gefahr von Aufruhr und unberechenbaren Volksaufständen noch größer machen werde. Allgemeine Erleichterung machte sich daher breit, als zwei Tage später die wahren Sachverhalte bekannt wurden.

Die Ausfertigung des Achtungsediktes gegen Luther zog sich lange hin, viele Stände hatten den Reichstag bereits verlassen. Am 25. Mai 1521 erklärte Kurfürst Joachim I. von Brandenburg für die Stände das Einverständnis mit dem kaiserlichen Edikt, obwohl nur noch wenige Ständevertreter anwesend waren. Die Reichstage hatten noch keine weitreichende Erfahrung mit Abstimmungsverfahren oder gar Quoren. Ob mit dieser Äußerung eine verbindliche Zustimmung der Stände erfolgt war, blieb fraglich; dennoch wurde mit der Unterschrift des Kaisers unter die deutsche und lateinische Ausfertigung des Wormser Edikts bekundet, dass sich Kaiser und Reich in aller Form und Verbindlichkeit gegen Luther entschieden hatten.

Was hier *de jure* festgehalten wurde, stimmte *de facto* aber nicht. Die Verhängung der Reichsacht gegen Luther stärkte die reformatorische Bewegung, so widersprüchlich dies auf den ersten Blick zu sein scheint. Denn sie zeigte, dass nicht einmal mit der *ultima ratio* der Reichsacht die Reformation mehr einzudämmen war. Und sie machte außerdem die Sache Luthers zur Sache der Stände. Parteinahme für Luther bedeutete Widerstand gegen den Kaiser und damit die Stärkung des ständischen Moments der Reichsverfassung gegen das monarchische.

Dieses wichtige Moment der reformatorischen Bewegung kam in den nächsten Jahren um so mehr zum Tragen, als Kaiser Karl V. nach dem Reichstag das Reich verließ. In den folgenden Jahren verhinderten die Auseinandersetzungen mit Frankreich um Oberitalien eine aktive Religionspolitik des Kaisers. Erst nach dem Sieg über Frankreich (Friede von Cambrai 1529) kam Karl V. zum Jahresende 1529 ins Reich zurück und versuchte nach seiner Kaiserkrönung am 24. Februar 1530 die Zügel in der Religionspolitik wieder selbst in die Hand zu nehmen.

Politische Konsequenzen der lutherischen Theologie

In der Zwischenzeit kümmerte sich sein Bruder Ferdinand um die Reichsgeschäfte: Er hielt den Kontakt mit den Reichsständen und vor allem mit dem auf dem Wormser Reichstag eingerichteten und in Nürnberg ansässigen Reichsregiment. Karl und Ferdinand hatten sich erst kurz vor der Abreise des Kaisers über die Verteilung der habsburgischen Länder geeinigt. Karl war auf Ferdinand angewiesen und stand doch auch gleichzeitig in Konkurrenz zu ihm. Das zeigt sich daran, dass er die Wahl Ferdinands zum römischen König, die seine Reputation im Reich erhöht und ihn zum anerkannten Statthalter des Kaisers gemacht hätte, nicht energisch betrieb. Eigentlich schon

1522 in Aussicht gestellt, wurde Ferdinand erst 1531 zum römischen König gewählt; zwischenzeitlich gab es auch bayerische Ambitionen mit päpstlicher Unterstützung. Ferdinand bekam alle deutschen Besitzungen und das unter habsburgischer Herrschaft stehende Herzogtum Württemberg, Karl alle außerdeutschen Besitzungen. Damit war der Kaiser kein deutscher Landesherr mehr. Sein Betätigungsfeld blieb bis 1530 dann auch ausschließlich die europäische und internationale Bühne.

Dennoch behielt sich Karl V. eine Bestätigung aller Reichsabschiede vor, die während seiner Abwesenheit verabschiedet wurden. Jede Entscheidung eines Reichstages stand damit unter der Unsicherheit der Letztbestätigung durch den Kaiser, was die Position Ferdinands nachhaltig schwächte.

Das Reichsregiment hatte mit dem reformoffenen, aber konsequent antilutherischen Herzog Georg von Sachsen ein Mitglied, das versuchte, die Luthersache auch mit Hilfe des Reichsregiments anzugehen. Außerdem hatte das Reichsregiment eine wichtige Funktion als Kommunikationszentrum, Informationsbörse und als Umschlagplatz von Gerüchten. Da das Reichsregiment aber letztlich nicht in der Lage war, in der Religionsangelegenheit zu handeln und damit den abwesenden Kaiser zu ersetzen, war Ferdinand der Gesprächspartner der Stände in der *causa Lutheri*.

In den Jahren der Abwesenheit Karls ging es in der Reichspolitik keineswegs vorrangig um die Religionsfrage. Zu klären waren neben der immer virulenten Frage der Finanzierung des Reichsregiments die Stabilisierung der Reichsfinanzen, die wirtschaftspolitische Ordnung des Reichs und die große Strafrechtsreform. In all diesen Fragen hatten die einzelnen Stände spezifische Interessen. Um diese durchzusetzen, mussten sie die günstigsten Koalitionen suchen. Nicht immer konnten sie dabei auf pro- bzw. antilutherische Haltung ihrer Verhandlungspartner

Rücksicht nehmen. Es ist wichtig, sich vor Augen zu halten, dass sich zu diesem Zeitpunkt im Reich nicht wie von einem Magneten sauber sortiert eine lutherische und eine antilutherische Fraktion gegenüberstanden. Wichtige Entscheidungen in anderen Politikfeldern verlangten Koalitionen über diese Unterschiede in der Religionsfrage hinweg.

Luther war mit dem Reichstag zu Worms zu einem Politikum zwischen Kaiser und Ständen geworden. Festmachen ließen sich die jeweiligen Positionen an der Handhabung des Wormser Edikts. Setzten die Stände das Wormser Edikt um? Gingen sie gegen Luther und alle, die ihm Sympathie bekundeten, vor? Wurden die Schriften Luthers nicht mehr gedruckt oder die bereits gedruckten vernichtet? Wie weit waren Luthers Auffassungen überhaupt bereits bekannt, welche Diskussionen und Reaktionen hatten sie provoziert?

In der Stadt Erfurt zum Beispiel verfolgte der Rat bereits 1521 eine reformationsfreundliche Politik. Evangelische Prediger unterrichteten die Bevölkerung über die neue Lehre. Am 11. Juni, also bereits drei Tage nach der Ausfertigung des Wormser Edikts, kam es zu schweren Unruhen: Sechzig Häuser von Geistlichen wurden zerstört, im erzbischöflichen mainzischen Gerichtsgebäude alle vorgefundenen Dokumente und Zinsregister vernichtet. Erfurt gehörte zum Hochstift Mainz und der Rat der Stadt versuchte schon lange, sich der verhassten Herrschaft des Mainzer Erzbischofs zu entziehen und reichsunmittelbar zu werden. Nun verband sich dieses politische Ziel mit der religiösen Parteinahme für Luther und dem Volksaufstand. Ob dieser wirklich prolutherisch war, oder ob sich in ihm zunächst nur der angestaute Hass gegen Fehler der Geistlichen im Umgang mit ihrer Gemeinde entlud, ist zumindest zu erwägen. Bartholomäus Arnold von Usingen (1464–1532), Luthers Ordensgenosse und ehemaliger Lehrer, kommentierte das Geschehen folgendermaßen: »Das sind die Früchte der evangelischen Predigt, daß das Volk, nachdem es den Gehorsam der katholischen Kirche abgeschüttelt, unter dem Vorwande christlicher Freiheit sich den Lüsten des Fleisches hingibt, wahre Frömmigkeit verachtet und sich in einen Abgrund stürzt, aus dem es kaum jemals wird errettet werden können.« (Janssen II, S. 206)

Die Vorgänge in Erfurt blieben keine Ausnahme. In Wittenberg war es bereits als Reaktion auf die Bannandrohungsbulle gegen Luther zu Unruhen unter den Studenten gekommen, die der Kurfürst mit einem Aufmarsch von Truppen in seiner Residenzstadt beantwortet hatte. Im Dezember 1521 wurden die Studenten wieder aktiv: Zusammen mit Bürgern der Stadt gingen sie gegen Geistliche vor, die die Messe in traditioneller Form halten wollten. Das war nicht mehr die Form, die in Wittenberg gefragt war. Melanchthon hatte Ende September – zum ersten Mal in der Reformation – mit seinen Schülern in der Wittenberger Stadtkirche das Abendmahl in der Gestalt von Brot und Wein empfangen. Zelebriert hatte die Messfeier Andreas Karlstadt, der Dekan der Theologischen Fakultät in Wittenberg. Dieses Ereignis war der Auftakt zu einer grundlegenden Veränderung der Liturgie des Gottesdienstes in Wittenberg, für die sich Karlstadt und Gabriel Zwilling, ein Ordensbruder Luthers, engagierten. Im Oktober erstellte die Wittenberger Universität ein Gutachten, das das traditionelle – ›falsche‹ – Messverständnis dem neuen – ›richtigen‹ – Gottesdienstverständnis gegenüberstellte: Die Messe sei kein Opfer, das Gott dargebracht werde. Vielmehr sollte, wenn das Volk zusammenkommt, die Predigt des Wortes Gottes im Mittelpunkt stehen, und schließlich einer aus der Gemeinde dann Brot und Wein segnen und es allen reichen, die danach verlangten. Mit diesem Gutachten hatte die Universität Wittenberg die neue Liturgie, das neue Messverständnis und das neue Verständnis des Verhältnisses von Laien und Priestern bestätigt, das Luther in seinen Reformschriften des Jahres 1520 formuliert hatte.

In den nächsten Monaten setzten Karlstadt und Zwilling dieses neue Verständnis in Wittenberg auch in die Praxis um. Ihre Gottesdienste hatten sehr großen Zulauf. Der Kurfürst versuchte die Neuerungen zu unterbinden, aber der Wittenberger Rat unternahm alles, um die von der Gemeinde geforderten Reformen auch ohne landesherrliche Zustimmung auf den Weg zu bringen. Luther ging die Entwicklung in Wittenberg zu schnell. Er war so beunruhigt, dass er im Dezember die Wartburg kurz verließ und inkognito – gekleidet »wie ein Edelmann in einem Wappenrock mit einem dicken Bart über all seine Mime und Wangen« – nach Wittenberg kam, um mit den Verantwortlichen zu sprechen. Im Januar 1522 hielt Karlstadt, der inzwischen geheiratet und damit auch in seiner persönlichen Lebensform einen weiteren Schritt weg von der alten Kirche gemacht hatte, eine engagierte Predigt gegen die Bilder in den Kirchen. Darauf reagierte der Rat mit dem Befehl, sie zu entfernen. Am 20. Januar forderte das Reichsregiment den sächsischen Kurfürsten mit einem Erlass dazu auf, energisch gegen die Wittenberger Neuerungen »wider den althergebrachten Gebrauch« einzuschreiten. Mit der Beaufsichtigung wurden die Bischöfe von Meißen, Merseburg und Naumburg beauftragt. Im Reichsregiment saß als Vertreter der weltlichen Fürsten Herzog Georg von Sachsen, der sich dafür stark machte, dass das Regiment auf die Vorgänge in seiner unmittelbaren Nachbarschaft reagierte. Der kursächsische Vertreter im Reichsregiment, der Amtmann von Grimma Hans von der Planitz, der Luther auf der Leipziger Disputation kennen gelernt hatte und seither auf seiner Seite stand, berichtete sehr detailliert über die Sitzung des Regiments, die den Erlass vorbereitete. Sehr hitzig wurde über die Vorgänge in Wittenberg debattiert. Herzog Georg und andere bezeichneten es als »Ketzerei, dass Mönche die Klöster verließen, Priester heirateten und das Abendmahl in beiderlei Gestalt gereicht« werde. Hans von der Planitz versuchte eigenem Bekunden nach mit Bezug auf die Heilige Schrift darzulegen, warum diese drei Punkte keine Ketzerei seien. Dies erboste Herzog Georg so, dass er vor lauter Zorn kaum mehr ein Wort herausbrachte und schließlich dem kursächsischen Vertreter nur noch versichern konnte, dass er ihm leid tue, denn er sei schließlich sein Landsmann. Hans von der Planitz stellte darauf eine Versuche ein, die Stimmung im Reichsregiment zugunsten Friedrichs des Weisen zu beeinflussen, und kündigte ihm den zu erwartenden Erlass des Regiments an. Friedrich der Weise nahm in seinem Antwortschreiben an seinen Vertreter im Regiment eine vorsichtige, erkennbar taktierende Haltung ein: Er verteidigte die Vorgänge nicht, verurteilte sie auch nicht, sagte dann schließlich, er sei nicht zuständig, das müssten die Geistlichen unter sich ausmachen.

Noch im Januar 1522 erließ der Rat der Stadt Wittenberg eine Ordnung für die Stadt, die Ratsmitglieder in Zusammenarbeit mit Vertretern der Universität entworfen hatten: Sie gilt als Formulierung des sozialen Programms des evangelisch gesinnten Bürgertums. Die Ordnung hielt die Einwohner der Stadt zur Arbeit an und untersagte das Betteln. Sie sah eine Reduzierung der Altäre in der Stadt, die Entfernung »überflüssiger« Bilder aus den Kirchen und die Überführung der »überschüssigen« Stiftungen in einen gemeinen Kasten vor. Zum ersten Mal wurde hier die spätere Überführung des Kirchengutes in weltliche Hand vorexerziert. Anfang Februar kam es zu einem ersten Bildersturm. Luther schrieb, wohl unter dem Eindruck der Wittenberger Ereignisse zwischen Januar und März, die Schrift *Eyn trew vormanung Martini Luther tzu allen Christen, sich tzu vorhuten fur auffruhr unnd emporung* (WA 8, S. 676–687). Schon hier ist erkennbar, dass ihm die Entwicklung zu rasch ging. Er mahnte zu Bedächtigkeit, warnte vor unnötigen Provokationen. Und erstmalig wandte er sich gegen die Verwendung seines Namens für die neue Bewegung, was er später des Öfteren wiederholen sollte: »Was ist Luther? ist doch die lere nitt meyn. [...] last uns tilgenn die parteysche namen unnd Christen heyssen, des lere wir haben.« War dies mit Sicherheit ein aufrichtiges Bekenntnis seiner Überzeugung, so war es doch gleichzeitig ein kluger politischer Rat. Denn durch das Wormser Edikt waren Luther, seine Lehre und seine Anhänger verurteilt und seine Schriften verboten. Eine Bezugnahme auf Luther war also auch politisch unklug. Eine Bezeichnung der neuen Bewegung als christlich hingegen hatte zweierlei Effekt: Zum einen unterlief sie das Wormser Edikt, zum anderen stigmatisierte sie die Gegner der neuen Lehre, denn gegen eine christliche Bewegung konnte keiner mit guten Argumenten etwas haben.

Luthers konsequente Anwendung des *sola-scriptura*-Prinzips gab auch dem Ordenswesen den vernichtenden Stoß. Es konnte für Luther keinen Zweifel geben, dass die Gelübde aufhören mussten, da sie nicht in der Schrift begründet seien. Die Vorsehung habe ihn selbst zum Mönch gemacht, damit er aus eigener Erfahrung urteilen könne. Die Frage war nur noch, ob die geleisteten Gelübde gebrochen werden durften oder gar von vornherein ungültig waren. Luther war in seiner Schrift *De votis monasticis iudicium* von 1521 zu dem Ergebnis gekommen, dass die Gelübde von vornherein ungültig seien, weil sie als Frömmigkeitsleistung übernommen worden seien. Luther lieferte hier die theologische Begründung für das nach, was sich bereits in Wittenberg vollzogen hatte: der Austritt von Mönchen und Nonnen aus ihren Klöstern. Auf dieser Grundlage kam es in der Folgezeit zu zahlreichen Klosteraustritten, wobei von altgläubiger Seite der Vorwurf erhoben wurde, Luther habe mit seiner Schrift nur den schwachen Mönchen und Nonnen, denen es ohnehin schwergefallen sei, ihr Gelübde zu halten, einen Vorwand geliefert, sich nicht mehr daran halten zu müssen. Die Attacke Luthers gegen die Orden wurde zu einem der Hauptangriffspunkte der antilutherischen Seite, wohl auch, weil Luther in der rigiden Verfolgung seiner theologischen Überzeugung die unbestrittenen Verdienste der Orden in der Geschichte nicht zu würdigen wusste. Zahlreiche Quellen belegen aber auch, dass das Ordensleben von vielen als ihnen aufgezwungene Belastung empfunden wurde, was die Resonanz erklärt, die Luthers Vorstoß fand. Häufig wurden Frauen gehobener Herkunft ins Kloster gezwungen, weil das Geld der Eltern für eine standesgemäße Heirat nicht mehr reichte und eine unstandesgemäße unehrenhaft gewesen wäre, was z.B. in der Klage einer Nonne zum Ausdruck kommt: »Wenn sie mir hätten keinen Edelmann zum Ehegemahl geben, so hätten Sie mir doch einen Bauern geben können.« Im Februar 1522 erschien die deutsche Übersetzung der Schrift gegen die Mönchsgelübde. Justus Jonas (1493–1555) äußerte später, dies sei die Schrift gewesen, die die Klöster geleert habe, und Johann Bugenhagen (1485–1558) urteilte, dass diese Sätze öffentliche Einrichtungen in einem Maße veränderten, wie es Luthers Lehre bislang nicht getan hatte. Und in der Tat: Auf lange Sicht erforderte die Aufhebung der Klöster, die am Ende der Reformation auf evangelischer Seite stand, Ersatz für die vielfältigen Funktionen, die diese Einrichtungen in Seelsorge, Bildung und Fürsorge gehabt hatten. Dieser Ersatz musste von staatlicher Seite geschaffen werden.

Im März hielt es Luther auf der Wartburg endgültig nicht mehr aus. Trotz des ausdrücklichen Verbots des Kurfürsten verließ Luther die Wartburg und kam nach Wittenberg zurück. Vom 9. bis 16. März, in der Fastenwoche, predigte er dort und versuchte, auf die Entwicklungen in der Stadt Einfluss zu nehmen. Er machte die Neuerungen aber keineswegs rückgängig, sondern nahm lediglich Tempo heraus. In seinen Predigten wie in seiner

Schrift vom März/April 1522, *Von beiderlei Gestalt des
Sakraments zunehmen,* ließ er Priesterehe, das Verlassen
der Klöster, das Abendmahl in beiderlei Gestalt und die
Abschaffung der Ohrenbeichte zwar zu, erklärte aber,
dass daraus kein Zwang zu machen sei. Außerdem erklärte er deutlich, dass er der Reformator sei und andere sich
zurückhalten sollten. Luther entwickelte so etwas wie einen Monopolanspruch auf die Initiierung reformatorischer Neuerungen. Die Tatsache, dass er in dieser Schrift
die Mitglieder des Reichsregiments äußerst harsch angriff,
führte dazu, dass sich Friedrich der Weise von Luther
distanzierte. Auch Hans von der Planitz hätte gerne gesehen, wenn Luther – zumindest für eine gewisse Zeit –
Wittenberg verlassen hätte. Immer mehr wurde deutlich,
dass Luther durch seinen Aufenthalt in Wittenberg gegen
die Bestimmungen des Wormser Ediktes die Handlungsspielräume der sächsischen Politik einengte. Im Reichsregiment tauchten bereits Ende 1522 die ersten Gerüchte
darüber auf, dass der sächsische Kurfürst mit der Duldung Luthers in Wittenberg seine Kurwürde aufs Spiel
setze.

Wenig später kam es in der kursächsischen Stadt Leisnig zu Veränderungen, die von der Öffentlichkeit damals
wie auch der heutigen Geschichtswissenschaft kaum als
Meilenstein der reformatorischen Entwicklung bewertet
wurden – es aber ohne Zweifel sind!

Leisnig war eine mittelgroße Kirchengemeinde, die zum
benachbarten Zisterzienserkloster Buch gehörte, was bedeutete, dass dem Abt des Klosters das Recht zustand,
den Pfarrer für die Gemeinde Leisnig auszuwählen. Die
Vorgänge im nahen Wittenberg wurden in Leisnig bald
bekannt: Der Abt des Klosters zeigte seine Missbilligung,
während die Gemeindemitglieder, Adel, Bürger und Bauern, der Reformation wohlgesonnen gegenüberstanden.
Am 25. September 1522 hielt sich Luther in Leisnig auf,
wohl um sich zunächst um die zu erwartenden Konflikte

zu kümmern, die die Neubesetzung des Pfarramtes mit
sich bringen würde. Die Gemeinde wollte zwei Mönche
des Klosters Buch, die der neuen Lehre zugetan waren, zu
Pfarrern ernennen, der Abt des Klosters präsentierte einen
anderen Kandidaten, den die Gemeinde aber ablehnte.
Der Vorstoß der Gemeinde war eine klare Missachtung
des Patronatsrechts des Klosters. Sie berief sich aber zur
Legitimation wortgetreu auf Luthers Adelsschrift, in der
die Ernennung von Bischöfen und Pfarrern durch die Gemeinden als altes göttliches kirchliches Recht beschrieben
wurde. Das Patronatsrecht des Klosters sei das jüngere
Recht, das die Gemeinde nie offiziell anerkannt habe. Der
Abt des Klosters resignierte, ohne großen Widerstand zu
leisten, nicht jedoch ohne eine Bewertung der Vorgänge
abzugeben: Diese »ketzerische Gemeinde« treibe es wie
vor 80 Jahren die Böhmen. Verantwortlich dafür sei der
»seductor Martinus«, der die »armen Laien« in den Wahn
gebracht habe, dass alles, was sie täten, durch evangelische
und christliche Freiheit gerechtfertigt werden könne. Diese Verführung der Laien durch Luther nehme von Tag zu
Tag zu: »Wenn die frommen Landesfürsten nicht werden
darein sehen, wirds viel ärger, denn in Böhmen oder Grä-
cia, auch in der Türkei!« (WA 12, S.4f.) Der Kurfürst
aber hatte sich allem Anschein nach nicht auf die Seite des
Abtes, sondern auf die Seite der Gemeinde gestellt. Wohl
durch Luthers Aufenthalt im September ermutigt, stellte
die Gemeinde Ende 1522 die beiden Pfarrer ein und entwarf eine, wohl ebenfalls mit Luther im Jahr zuvor bereits
beratene »Kastenordnung«, die die finanzielle Seite der
Neuerungen regelte: Es ging um die Behandlung der geistlichen Güter und Pfründen, die zur Pfarrei gehörten. Der
Entwurf der Kastenordnung sah vor, dass diese unter die
Verwaltung zweier aus der Gemeinde zu wählender Kas-
tenpfleger gestellt und daraus die Pfarrer besoldet und die
sozialen Leistungen bezahlt wurden. Die Leisniger Kastenordnung verfügte damit erstmalig die Überführung von

Kirchengut in weltliche Verwaltung und Aufsicht mit einer Ausgabenzweckbindung. Gemeinde und Rat der Stadt stritten sich in der Folgezeit lange darüber, ob die Verwaltung dieser Güter den Kastenpflegern oder Beauftragten des Rats zustehe. An diesem Musterfall zeigen sich bereits die Grenzen des Aktionsraums der Gemeinden, die als kirchliche Gemeinden doch immer auch in engstem Bezug zur weltlichen Kommune standen. Befugnisse der kirchlichen Gemeinde konnten ebenso gut auch als Befugnisse der politischen Gemeinde interpretiert werden. In dem Streit siegte kurzfristig die Kirchengemeinde, längerfristig die politische Gemeinde. Wir sehen an diesem Beispiel, wie schwierig es in der Praxis war, die von Luther postulierte Trennung der beiden Reiche, des geistlichen und des weltlichen Reichs, in der Praxis aufrechtzuerhalten. Die Leisniger Kastenordnung gilt als Meilenstein der Institutionalisierung evangelischer Armenfürsorge. Sie ist aber mehr. Sie zeigte früh, welche Konsequenzen die Reformation noch mit sich bringen würde. Die Frage des Umgangs mit den geistlichen Gütern stand seit den Vorgängen von Leisnig im Raum. Veränderung von Strukturen im Sinne Luthers konnte nur gelingen, wenn dafür auch die finanziellen Möglichkeiten geschaffen wurden.

Die Gemeinde Leisnig bat Luther darum, die Schritte, die sie gegangen war, »mit Schrift zu befestigen«, d.h. durch öffentliche Schriften zu verteidigen und für sie eine Gottesdienstordnung auszuarbeiten. Luther versprach es, obwohl, wie er einwandte, »Ir von Gottes Gnaden bey Euch selbst von Gott begabet, meines geringen Furmogens nicht bedurft«: Kurz nach Ostern 1523 erschien die Schrift *Dass eine christliche Versammlung oder Gemeinde Recht und Macht habe, alle Lehren zu urtheilen, Lehrer zu berufen, ein- und abzusetzen: Grund und Ursache aus der Schrift* (WA 11, S. 408–416). In dieser Schrift gab Luther eine Gemeindedefinition: Gemeinde sei dort, wo das Evangelium gepredigt werde: »Bischöfe und Konzilien lassen wir schließen und setzen, was sie wollen«. Er gestand der Gemeinde das Recht zu, den Pfarrer zu wählen und lieferte damit genau die Schrift, die er der Gemeinde Leisnig zur Rechtfertigung der Vorgänge dort versprochen hatte. Im Kontext des Bauernkrieges wurde gerade diese Schrift aus ihrem Kontext gerissen und durch eine bewusst enge Interpretation politisch genutzt, von den Bauern ebenso wie von Luthers Gegnern. Sie wurde als Anerkennung der politischen Verantwortung der Gemeinden für die Reformation interpretiert; folgerichtig galt Luther als derjenige, der die Aufständischen mit Argumenten versorgte, schließlich wurde der Titel seiner Schrift in die Form einer Forderung gegossen und als erster der bekannten Zwölf Artikel veröffentlicht.

Bei genauerem Hinsehen aber hat Luther zu keiner Zeit eine politische Verantwortung der Gemeinden für die Reformation anerkannt. Vielmehr hat er die Gefahr dieses Missverständnisses früh erkannt und bereits vor den Schriften aus dem Leisniger Kontext im März 1523 die Schrift veröffentlicht, *Von weltlicher Obrigkeit, wie weit man ihr Gehorsam schuldig sei* (WA 11, S. 229–281). Sie gilt als theoretische Begründung einer sogenannten Zwei-Reiche-Lehre. Luther legt in dieser Schrift die Abgrenzung zwischen der weltlichen Obrigkeit und dem geistlichen Regiment dar. Die weltliche Obrigkeit sei zwar göttlich fundiert, sie habe aber keine Reichweite in das geistliche Regiment hinein. Als Träger des geistlichen Regiments sah Luther die Bischöfe, denen er andererseits jeden Anteil am weltlichen Regiment absprach. Die weltliche Obrigkeit müsse mit weltlichen Gesetzen und Strafen regieren, da es ein Irrtum sei zu glauben, dass die Welt allein mit dem Evangelium regiert werden könne. Solche Versuche sah Luther unweigerlich in anarchischen Zuständen enden, da die Menschen sich erfahrungsgemäß ganz und gar unchristlich verhielten. Trotz der hohen Bewertung der weltlichen Obrigkeit übte er harsche Kritik an der Regierungspraxis der weltlichen Fürsten. Er nannte sie »Buben«, »Narren«, »Gottes Henker und Stockmeister«, warf ihnen vor, die Untertanen zu schinden, auszubeuten und ganz und gar nicht so an ihnen zu handeln, wie sich das für eine christliche Obrigkeit gezieme. Diese Anwürfe erregten im Reichsregiment große Empörung, zumal die Schrift eine Widmung an Kurfürst Johann, den Bruder Friedrichs des Weisen, enthielt, während die Herzöge von Bayern wie auch der Herzog von Sachsen neben anderen herausgehoben und als »Tyrannen« bezeichnet wurden. Es lag nahe, Luther damit eindeutige politische Absichten zu unterstellen. Herzog Georg von Sachsen wandte sich nach Erscheinen empört an Friedrich den Weisen mit der Aufforderung, gegen Autor und Drucker dieser Schrift vorzugehen. Obwohl er damit nur die Umsetzung gültigen Reichsrechts anmahnte, erhielt er von Friedrich dem Weisen eine klare Abfuhr.

Zeitgleich erschienen die Kastenordnung (*Ordenung eyns gemeynen kastens. Radschlag wie die geystlichen gutter zu handeln sind*, WA 12, S. 11–30) mit einer Vorrede Luthers und einer Gottesdienstordnung (*Von Ordnung Gottesdiensts in der Gemeine*, WA 12, S. 31–37). In der Vorrede zur Kastenordnung gab Luther eine bedenkenswerte Begründung dafür, dass er sich zur Frage der geistlichen Güter äußern müsse: »wenn die klöster und stifft ledig werden, munch und nonnen sich wenigern und alles was dem geystlichen stand zu abbruch und verkleynerunge geschehen mag«, dann, so prognostizierte er, würden »etliche geytzige Wenste« solche Güter »zu sich reyssen, und mich als denen, der ursach datzu geben hette, zum scheyn furwenden« (WA 12, S. 12). Die Obrigkeit solle sich solcher Güter annehmen und bei den Klöstern darauf achten, dass keine Härtefälle entstünden. Bei Stiftungen räumte er das Recht ein, dass diese an die Erben der Stifter zurückfallen, falls diese bedürftig seien. Den Einwand, dass bei dieser Regelung sich mit Sicherheit sehr viele Er-

ben als bedürftig bezeichneten, ließ er zu, nahm das aber
in Kauf, denn wenn »der Geiz nimmt durch ordentliche
Weise«, sei das besser, »denn das ein Rappuße draus wird,
wie im Böhmener Land geschehen ist«. Die Vermögens-
massen, die übrig blieben, sollten dann in einem gemeinen
Kasten zusammengeführt werden. Die geistlichen Fürstentümer sollten zu weltlichen Fürstentümern werden, da
die geistlichen Fürsten weltliche Herren mit geistlichen
Namen seien – oder aber ihre Güter sollten ebenfalls in
den gemeinen Kasten einfließen. Luther entwickelte in der
Vorrede zu dieser Kastenordnung seine noch verhaltenen
Vorstellungen der Adelsschrift weiter und machte sie pra-
xistauglich. Reformation bekam mit dieser Kastenordnung
und der Gottesdienstordnung schärfere Konturen; die
Vorgänge in Leisnig zeigten auch, wie die Umsetzung
praktisch vonstatten gehen konnte. Ausgehend von der
Kritik an den bestehenden Zuständen hatte Luther bis
1523 ein Programm zur Veränderung der Zustände entwickelt. Eine feste Größe war und blieb dabei die weltliche
Obrigkeit; nur wenn diese die Reformen zu ihrer Sache zu
machen bereit war, sah Luther eine Chance der Veränderung des *status quo* zum Guten. Luthers Konzept der Reformation schlug nicht erst nach den Erfahrungen des
Bauernkrieges in ein obrigkeitsorientiertes Konzept um.
Dieses Konzept entwickelte er vielmehr von der Adelsschrift ab permanent weiter, nicht zuletzt auch, um damit
die Vorwürfe seiner Gegner zu entkräften, er hetze das
Volk auf und werde daher Aufruhr und Empörung provozieren. Der Bauernkrieg zeigte Luther wenig später nur,
dass er den richtigen Weg eingeschlagen hatte – dies umso
mehr, als die Erhebung der Bauern zunächst Luthers Kritikern Recht zu geben schien.

Papst Hadrian VI. und die Hoffnung
auf das Konzil

Im Januar 1522 wurde Adrian von Utrecht, einer der Erzieher Karls V., als Hadrian VI. zum Papst gewählt. Weil er als Nichtitaliener sehr viel unabhängiger von den politischen Rücksichtnahmen in Oberitalien zu sein schien, war er wohl der richtige Papst, um die Reform der Kirche voranzubringen. Hadrian enttäuschte diese Hoffnungen nicht: Auf dem Reichstag, der im November 1522 in Nürnberg eröffnet wurde, ließ er von seinem Legaten Chieregati ein offizielles Schuldbekenntnis verlesen, in dem er sich zu den Versäumnissen der Kirche bekannte und versicherte, dass er sich der dringend notwendigen Reform umgehend annehmen wolle. Gepaart mit seinem entschlossenen Vorgehen in der Reformfrage war das entschlossene Vorgehen gegen Luther. Hadrian ersuchte Erasmus von Rotterdam um Unterstützung gegen Luther und seine Anhänger, der sie aber verweigerte mit dem Argument, dass er seinen Schriften jegliche Wirkung nehme, wenn er Partei ergreife. Auf dem Reichstag ermahnte der päpstliche Legat die Stände eindringlich, das Wormser Edikt zu beachten. Luther antwortete auf Hadrians Schuldbekenntnis mit einer sarkastischen Polemik, die Stände mit der Forderung nach einem freien christlichen Konzil. Ohne Aufruhr zu provozieren, sei es ihnen unmöglich, hart gegen Luther vorzugehen. Luther habe die römischen Missbräuche weiten Bevölkerungsschichten vor Augen geführt. Wenn man gegen ihn vorgehe, sei das so, als bestreite man die Notwendigkeit, diese Missbräuche abzustellen. Daher müsse erst die Reform auf den Weg gebracht werden, dann könne man weitersehen. Hadrian VI. konnte nicht mehr unter Beweis stellen, ob er die Reform der Kirche wirklich energisch angehen wollte. Nach nicht einmal einjährigem Pontifikat starb er im September 1523; sein Nachfolger Clemens VII. war kein

Hoffnungsträger. Als Medici-Papst hatte er wiederum sehr viel handfestere Interessen in Italien als sein nicht-italienischer Vorgänger, die Kirchenreform trat dagegen in den Hintergrund. Das deutete sich bereits an, als der päpstliche Legat Campeggio auf dem Reichstag die Stände, die die Beschwerden gegen den Stuhl zu Rom als ständische Gravamina wiederum auf die Tagesordnung gebracht hatten, brüskierte, indem er verlauten ließ, als er die Gravamina gelesen habe, habe er nicht glauben wollen, dass ein solches Machwerk von deutschen Fürsten stamme. Der Konsens über die Notwendigkeit der Kirchenreform schien aufgekündigt.

Die Proposition für den nächsten Reichstag in Nürnberg von 1524 ging auf die Konzilsforderung der Stände nicht ein. Als Reaktion darauf entstand auf dem Reichstag das Projekt einer kirchlichen Nationalversammlung, die sich der Religionsfrage annehmen und im November zusammentreten sollte. Der Kaiser wollte aber den Papst nicht brüskieren und untersagte das Projekt bald darauf, zumal der päpstliche Legat Campeggio in dieser Nationalversammlung die Gefahr des »Abfalls der ganzen Nation« sah. Bei den Vorbereitungen des schließlich vom Kaiser verbotenen Tages zu Speyer traten vor allem die Städte in den Vordergrund, die ihre Beschwerden über die Geistlichkeit einbrachten. Sie sahen dringenden Diskussionsbedarf über die Sonderstellung der Geistlichen im öffentlichen Leben, ihren anstößigen Lebenswandel, ihre Erwerbstätigkeit sowie ihre mangelnde Pflichterfüllung in Gottesdienst und Seelsorge. Die Städte formulierten mit diesen Beschwerden gleichsam auch die Motive, die zahlreiche Städte in den frühen Jahren der Reformation in das Lager der Neugläubigen trieb. Die lutherische Lehre schien der beste Garant für die Abstellung dieser mit wachsender städtischer Autonomie und Geschlossenheit unvereinbaren Sonderstellung der Geistlichen.

Gegen Reichsstände, die sich der Umsetzung des Worm-

ser Edikts widersetzten, hätte der Reichsverfassung nach
das Reichskammergericht rechtlich vorgehen müssen. Dies
war wegen der ständischen Besetzung des Gerichts und damit der nicht einheitlichen Ausrichtung der Reichskam-
mergerichtsmitglieder in der Religionsfrage nur sehr vereinzelt geschehen. Der Reichsabschied von 1524 mahnte
die Durchführung des Wormser Edikts eher verhalten an,
»so viel ihnen [den Ständen] möglich zu geleben, gemäß zu
halten und nachzukommen«. Damit war ein erster – wenn
auch sehr vager Rechtstitel – für die Reformation formuliert worden. Bis Anfang 1524 hatte keine Obrigkeit die
Messe ausdrücklich verboten oder Klöster aufgehoben,
auch wenn Sympathiekundgebungen mit der Reformation
zu verzeichnen waren. Nach 1524 aber gab es dann eine
schnelle Entwicklung: Magdeburg, Breslau, Memmingen,
Nürnberg und Straßburg wandten sich der Reformation
zu; im April 1525 erfolgte – auf Luthers Rat hin – die Um-
wandlung des Deutschordenslandes Preußen in ein weltliches Herzogtum unter polnischer Lehenshoheit.

Was bedeutet: Verbreitung der Reformation?

Zum besseren Verständnis der folgenden Kapitel ist es
notwendig, einige Überlegungen zum Problem der Verbreitung der Reformation zwischenzuschalten. Wie in der
Einleitung dargelegt, können unter dem Begriff »Reformation« höchst unterschiedliche Phänomene verstanden
werden; demnach sind die Ausdrücke »Verbreitung der
Reformation« wie auch »Ausbreitung der Reformation«
alles andere als eindeutig.

Richten wir den Blick zunächst auf die theologische Bedeutung des Begriffs »Reformation«. Luther hat ein neues
Theologie- und Kirchenverständnis entwickelt. Dessen
beide Eckpunkte waren die Rechtfertigung – der Mensch
kann nicht durch eigenes Zutun, durch gute Werke oder

Bußleistungen Gnade vor Gott erlangen, allein durch den Glauben ist er vor Gott gerechtfertigt – und die Bewertung der Heiligen Schrift als höchste Autorität unter Ablehnung der Auslegungstradition der Kirche sowie der übergeordneten Autorität von Papst und Konzil.

Dieses neue Theologieverständnis verbreitete sich auf unterschiedlichen Wegen. Wichtig waren zunächst persönliche Kontakte. Luther war Mitglied der Augustinerchorherren, seine Anschauungen verbreiteten sich daher auch über das weit gespannte Netzwerk dieses Ordens. Aber auch die Netzwerke anderer Orden haben ihren Teil zur Verbreitung der theologischen Diskussion beigetragen; auffallend viele bekannte Köpfe der Reformation waren ehemalige Ordensangehörige. Die Theologen standen häufig in sehr intensiven multilateralen Briefkontakten zu Kollegen wie auch zu führenden Politikern. Die Attraktivität des Studienortes Wittenberg lockte zudem viele Studenten an, die dann später außerhalb von Wittenberg als Theologen tätig waren und als Multiplikatoren wirkten. Zudem hat Luther nachweislich auch durch sein Auftreten bei den frühen Disputationen wie auch auf dem Reichstag von 1521 Eindruck auf Personen gemacht, die sich danach intensiver für Luthers theologisches Anliegen interessierten. Infolge der bereits vorhandenen sozialen Verflechtung durch Verwandtschaft, Freundschaft, Landsmannschaft, gemeinsames Studium, gemeinsame Ordenszugehörigkeit wurde eine entscheidende Vorauswahl unter den möglichen Kommunikationspartnern getroffen; die Verbreitung der Reformation wurde also entscheidend durch die schon bestehenden persönlichen Kontakte gelenkt.

Die Bedeutung des Buchdrucks für die Verbreitung der Reformation ist in der Forschung breit gewürdigt worden. Die Reformation half dem Buchdruck, der nach den ersten Erfolgsjahren und der ersten Bedarfsdeckung an Druckerzeugnissen zu Beginn des 16. Jahrhunderts in eine Krise geraten war – und der Buchdruck half der Reforma-

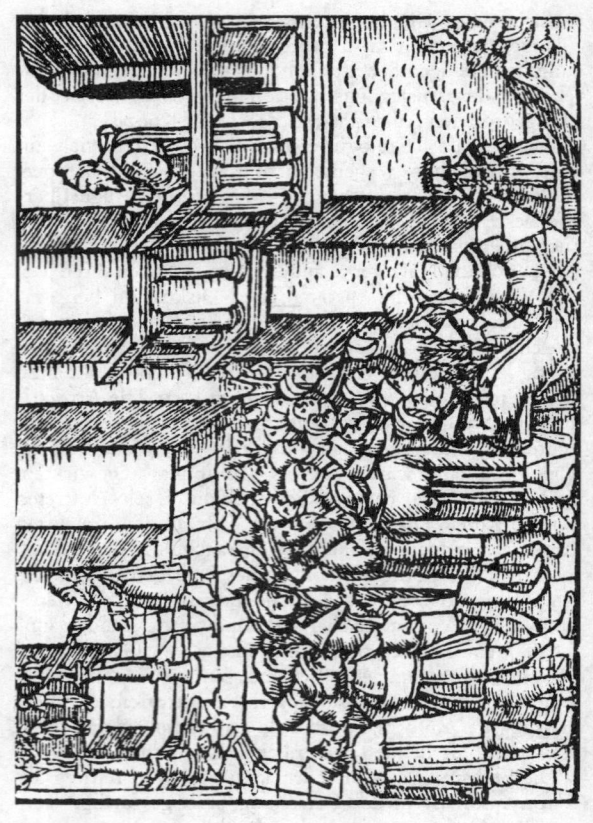

Evangelische Predigt. Holzschnitt aus Johannes Stumpfs
Schweizer Chronik, Zürich 1548

tion. Von Schriften Luthers in deutscher Sprache erschienen 1517 zwei Ausgaben, 1523 waren es 346 und 1528 immer noch 60 Ausgaben. Luther publizierte zwischen 1518 und 1544 fünfmal so viel wie alle altgläubigen Publizisten zusammen (Mark U. Edwards). Aber nicht nur Luther war bis 1525 ein Bestsellerautor. Bekannte und unbekannte Autoren griffen mit Flugschriften in die Debatten ein; diese Flugschriften erreichten erstaunlich hohe Auflagen. Durch Predigten wurden sie nachweislich auch dem nichtlesekundigen Publikum näher gebracht. Die Grundlage dafür boten die im Spätmittelalter in den Städten und von den Städten eingerichteten Prädikaturen, auf die man leicht und problemlos Personen setzen konnte, die in Luthers Sinn predigten. Allerdings muss man sich dabei deutlich vor Augen halten, dass die massenhaft publizierte Flugschriftenliteratur nicht immer gleich auf Beeinflussung der Einstellung und des Verhaltens zielte, wie es die jüngere Flugschriftenforschung noch angenommen hat, sondern häufig mehr der schlichten Information über die Geschehnisse diente. Der Buchdruck schuf die Voraussetzung dafür, dass die Menschen informiert sein konnten über das, was vorging, selbst dann, wenn sie in ihrem Alltag noch keinerlei Auswirkungen davon gespürt hatten. Bob Scribner hat aber zu Recht darauf hingewiesen, dass bei der Verbreitung reformatorischer Ideen der Schriftlichkeit ein zu hoher Stellenwert beigemessen werde und demgegenüber die mündlichen Kommunikationskanäle zu wenig Aufmerksamkeit fänden. Gespräche in Wirtshäusern, bei Festen und Feiern wie auch bei der Arbeit hätten gerade für die einfachen Leute als Informationsmedien eine mindestens ebenso wichtige Rolle gespielt.

In der Forschungsliteratur der letzten dreißig Jahre wurde dem einfachen Volk für die Ausbreitung der Reformation überwiegend ein großer Stellenwert beigemessen. Die Reformation wurde als ein Prozess interpretiert, der – von Luther angestoßen – sich dann durch die hohe Über-

einstimmung mit den Bedürfnissen des Volkes verselb-
ständigt habe und somit gleichsam durch Druck von unten
die Obrigkeiten gezwungen habe, sich der Reformation
zuzuwenden. Erst jüngst hat Wolfgang Reinhardt die These aufgestellt, dass ohne die Mobilisierung des Volkes Luthers Initiative wahrscheinlich erfolglos geblieben wäre
und das Reich kaum von ihr Notiz genommen hätte. Diese
Auffassung scheint indes mehr der scheinbaren Verpflichtung geschuldet, als Historiker in einer demokratischen
Gesellschaft dem Volk bei der Gestaltung historischer
Prozesse per se einen hohen Stellenwert einzuräumen. So
wie in einigen Fällen die Antriebe zur Einführung der Reformation nicht von den Obrigkeiten ausgingen, sondern
von regionalen oder meist lokalen Angehörigen der Mit-
telschicht, so gibt es mindestens ebenso viele Fälle, in denen die Reformation als obrigkeitlicher Akt ohne jede Beteiligung der unteren Schichten eingeleitet wurde. Dass die
einfachen Leute diese Einführung ohne Widerstand akzep-
tierten, ja meist sogar begrüßten, wundert nicht, denn es
verbesserten sich damit in aller Regel die kirchlichen Zustände, die vor der Reformation für viel Unmut gesorgt
hatten: die seelsorgerischen Angebote wurden besser, es
gab regelmäßige Gottesdienste, die verbliebenen Sakramente wurden regelmäßig gespendet. Konnten die Obrigkeiten diese Verbesserungen aber erreichen, ohne sich für
die Reformation zu entscheiden, gab es keine Proteste der
einfachen Leute, die auf eine Einführung der Reformation
gedrängt hätten. Solche Beispiele fehlen. Die sogenannte
Volksbewegung war eine Bewegung zur Abstellung der
untragbaren Verhältnisse in der seelsorgerischen Betreu-
ung der Untertanen, nicht aber eine Bewegung zur Einführung der Reformation.

Ob – wie häufig behauptet wird – Luthers Rechtfertigungstheologie wirklich die Theologie des Volkes war,
leicht zu verstehen und damit durchschlagskräftig, scheint
zumindest fraglich. Gegen die Auffassung Peter Blickles,

die Rechtfertigungstheologie Luthers habe eine große
Nähe zu den Vorstellungen des einfachen Volkes gehabt,
sind in der Forschung schon deutliche Stimmen laut geworden, die aber bedauerlicherweise vom Mainstream der
Reformationsforschung nicht gehört wurden. So war das
Bild eines gnädigen Gottes, der den Gläubigen das Heil
ohne deren Verdienste schenkte, für die Bauern schwer
nachvollziehbar. Ihnen hatte die alte Kirche eingeprägt,
dass Gott seine Gnade von dem menschlichen Verhalten
abhängig mache. Diese Vorstellung hatte ein großes ord-
nungsstiftendes Potenzial in der Gesellschaft: gutes Verhalten sollte honoriert, schlechtes bestraft werden. Die
Gläubigen waren an die Versinnlichung religiöser Sachverhalte gewöhnt, jetzt sollten sie glauben, dass die Erlö-
sung allein von Gesinnung abhängig sein sollte und dass
der einzig wichtige Akt im Innern des Menschen vor sich
gehen sollte, eine Kontrolle damit gar nicht mehr möglich
war. Von Gott erwartete man Stärke und Gerechtigkeit:
Seine Gnade sollte er jedem nach seinem Verdienst austei-
len. Die protestantische Gesinnungsreligion entsprach
nicht dem bäuerlichen Verständnis der Beziehung zwischen Gott und Mensch (Franziska Conrad). Die Reformation beseitigte die mit dem Sakramentenempfang verbundene Heilsvergewisserung. Diese konnte im Protestantismus nicht mehr über die Ableistung von Riten und
Zeremonien erreicht werden. All dies verlangte den Gläubigen einiges ab, und es ist daher schwer nachvollziehbar,
warum die lutherische Theologie eine höhere Passgenauig-
keit zu den bäuerlichen Lebenswelten gehabt haben soll
als die Lehre der alten Kirche.

Vor allem Luthers Unterscheidung der zwei Reiche
oder gar seine weitaus abstraktere Unterscheidung zwischen »Gesetz und Evangelium« sind sehr schwer kom-
munizierbare Gedankengebäude. Warum eine Theologie,
die die Heilige Schrift zur obersten Autorität erklärte, die
ein allgemeines Priestertum aller Gläubigen propagierte

und die damit jedem die Fähigkeit der Auslegung der Heiligen Schrift zusprach – von der die Kirchenväter geurteilt hatten, dass sie unendlich viele Deutungsmöglichkeiten enthalte –, diese feinsinnigen Unterscheidungen brauchte, liegt auf der Hand: Aus der Auslegung der Heiligen Schrift durfte keine direkte Handlungsanleitung für das persönliche, soziale oder gesellschaftliche Leben gezogen werden. Die Deutungshoheit über die Heilige Schrift hatte jeder Gläubige, die Hoheit, die Grenzen der Reichweite dieser Deutungen abzustecken, aber nur die Obrigkeit.

Was beim einfachen Volk von der Theologie Luthers ankam, ist nach wie vor in der Forschung umstritten. Leicht zugänglich war Luthers Kritik an den bestehenden kirchlichen Zuständen, daher stieß seine Kirchenkritik fast überall auf offene Ohren. In der alltäglichen Wirklichkeit waren die Grenzen zwischen den verschiedenen Auffassungen weniger scharf, als wir uns das gemeinhin vorstellen. Es konnte vorkommen, dass jemand ein durch und durch evangelisches Bekenntnis ablegte und dann schließlich doch für die Verstorbenen betete, obwohl er nicht an das Fegefeuer glaubte. Auf diese Inkonsequenz hingewiesen, konnte die Antwort kommen, man habe die evangelische Meinung nie so fest gehabt, dass man nicht auch daran gezweifelt hätte, und deshalb habe man zu Hause den alten Brauch des Betens für die Seelen befolgt. Heilsgewissheit erreichte man demnach paradoxerweise auch durch Nichtfestlegung. Als ein Untertan des protestantischen Herzogtums Württemberg in einer katholischen Nachbarstadt beim Betteln und Beten des Rosenkranzes erwischt wurde, antwortete er treuherzig, er habe gedacht, um sich sein Brot zu sichern, sei das erlaubt. Es ist komplizierter als gemeinhin angenommen, im theologisch-religiösen Bereich eine Hinwendung zur Reformation klar zu diagnostizieren. Eine saubere Trennung zwischen altgläubiger und neugläubiger religiöser Praxis gab es bis zur Mitte des 16. Jahrhunderts nicht, wenn auch die Reichung des Abendmahls in beiderlei Gestalt sowie die Priesterehe zu Indikatoren dafür wurden, dass die Reformation eingeführt worden war. Daneben ist sicher wichtig, dass die Reformation ein neues Verhältnis zwischen Gläubigen und Klerus begründete. Das allgemeine Priestertum aller Gläubigen beseitigte – theologisch-theoretisch, wenn auch nicht in der sozialen Praxis – die Sonderstellung des Klerus und nahm damit der vorreformatorischen Kleruskritik die Spitze. Die Pfarrgeistlichen konnten nun als Mitglieder der Gemeinde betrachtet werden und nicht mehr als Agenten des korrupten römischen Systems.

Die Verbreitung der Reformation in theologischer Hinsicht bedeutete nicht zwingend auch die Umsetzung der politisch-rechtlichen Aspekte von Reformation. Für die Suspendierung der geistlichen Jurisdiktion, die Säkularisierung der Kirchengüter sowie den Aufbau einer kirchlichen Verwaltung und Infrastruktur war ein ganz anderer Personenkreis zuständig. Die Theologen konnten anregen und beraten, umsetzen mussten die Obrigkeiten. Auch diese standen in Kontakt untereinander: Auf den Reichstagen trafen sie sich häufig persönlich, hinzu kamen Briefkontakte und Kontakte auf der Arbeitsebene. Um die organisatorisch-administrativen Aspekte von Reformation umzusetzen, mussten aber auch die möglichen politischen und rechtlichen Sanktionen bedacht werden. Reformation in diesem Sinne war eine höchst brisante politische Entscheidung. Es musste zunächst nach Koalitionen gesucht werden, um sich nicht zu isolieren, sodann mussten Rechtstitel gefunden werden, die Auswirkungen einer möglichen Entscheidung für die Reformation auf das Verhältnis zum Kaiser und zu den anderen Reichsfürsten bedacht werden. Die Suspendierung der geistlichen Jurisdiktion und die Säkularisierung der Kirchengüter konnte ohne Zweifel immensen Machtgewinn für die Städte und Fürstentümer im Reich bedeuten, aber in den frühen Jahren der Reformation, solange es dafür noch keine rechtliche Grundlage gab, war sie noch mit einem hohen politischen Risiko verbunden. Die Reformation in diesem Sinne verbreitete sich also nicht einfach, sie war vielmehr das Ergebnis einer gut vorbereiteten politischen Entscheidung. Diese Entscheidung wurde aber zunächst von den Obrigkeiten sehr zögernd getroffen. Bis 1526 dokumentierten die Landesherren ihre Nähe oder Ferne zur Reformation in erster Linie durch die politischen Koalitionen, die sie bildeten.

Reformation ohne Obrigkeit: Thomas Müntzer und die Täufer

Auch die theologische Dimension von Reformation enthielt gesellschaftlichen Sprengstoff. Wurde die Bibel als soziales Programm verstanden, mussten sich daraus gesellschaftsverändernde Konsequenzen ergeben. Genau an dieser unausweichlichen Dynamik machte sich die altgläubige Kritik an Luther fest. Parteinahme für Luther konnte eben auch heißen: Parteinahme für die Veränderung der gesellschaftlichen Ordnung, obwohl diese von Luther ausdrücklich nicht gewollt war. Wie real diese Möglichkeit war, zeigten das Auftreten und die Wirkung Thomas Müntzers (um 1490–1525) und der Täufer.

Thomas Müntzer stammte aus Stolberg im Harz und aus einem wohl nicht unvermögenden Elternhaus. Er studierte Theologie in Leipzig und in Frankfurt a.d.O. und war danach an unterschiedlichen Orten in meist sehr kurzfristigen Beschäftigungsverhältnissen tätig. Um 1515 war Müntzer Initiator und Mittelpunkt eines mystisch eingefärbten Bibelkreises in Braunschweig. Müntzer setzte sich für eine geistige, moralische und soziale Erneuerung der Kirche ein, deren Mittelpunkt und Quelle die Bibel sein sollte. Schon vor Luthers Auftreten übte er zudem heftige Kritik an der Ablasspraxis. 1517/18 tauchte er kurzfristig in Wittenberg auf, ehe er im benachbarten kurbrandenburgischen Jüterbog öffentlich gegen den Ablass auftrat und der päpstlichen Autorität den Vorrang vor den Konzilien absprach.

Müntzer schien auf den ersten Blick sehr viel mit Luther gemein zu haben, folgerichtig wurde er nach diesem Auftreten auch als »Lutheraner« bezeichnet, was der früheste Nachweis dieser Bezeichnung überhaupt ist. Auch Luther vermutete in Müntzer einen loyalen kämpferisch-wortgewaltigen Mitstreiter für die Reformation. 1519 hatten sich Müntzer und Luther bei der Leipziger Disputation persönlich kennengelernt, 1520 wurde Müntzer wohl auf Luthers Empfehlung Prädikant in Zwickau. Zwickau war damals mit 7000 Einwohnern fast genau so groß wie Leipzig und wesentlich größer und bedeutender als Wittenberg. Müntzer setzte in Zwickau mit Pathos und Sprachgewalt seine immer etwas ungestüm anmutende Kritik an der Kirche und ihrem Personal fort. Immer mehr verdichtete sich sein Programm von Kirche als Gemeinschaft des Heiligen Geistes. Neben der Zugehörigkeit oder Nichtzugehörigkeit zu dieser Geistkirche sollten soziale Unterschiede und die Differenzierung zwischen Laien und Klerikern keine Rolle spielen dürfen. Die Einsicht in die Notwendigkeit der raschen Umsetzung seiner Vorstellungen versuchte Müntzer dabei mit apokalyptischen Drohbotschaften zu vermitteln; Müntzer hatte ein eschatologisches Sendungsbewusstsein und konnte daher wegen des nahenden Jüngsten Tages nach seinem eigenen Verständnis nicht geduldig und maßvoll sein. In Zwickau wollten die anderen Geistlichen und der Rat der Stadt Müntzer nicht mehr länger dulden; Müntzer ging, seiner offiziellen Ausweisung zuvorkommend, nach Prag, wo er offenbar mit seiner Anknüpfung an die hussitische Tradition größere Resonanz erhoffte. In dem 1521 erschienenen »Prager Manifest« legte er sein theologisches Programm erstmals schriftlich dar. Die erhoffte Resonanz blieb auch hier aus: Müntzer wurde Ende November 1521 gezwungen, Prag zu verlassen.

In den darauf folgenden Monaten setzte Müntzer als »nuntius Christi« – wie er sich selbst bezeichnete – sein unstetes Wanderleben fort. Über die Stationen Erfurt, Nordhausen und Glaucha fand er schließlich 1523 eine Pfarrstelle in Allstedt. Der Ort gehörte zum Herrschaftsbereich des Kurfürsten Friedrichs des Weisen, verwaltet wurde er jedoch von Herzog Johann von Weimar aus. Allstedt bildete somit eine Exklave und war von den Grafschaften Schwarzburg und Mansfeld, Besitzungen des Erzbischofs von Magdeburg sowie den sächsischen Albertinern umgeben.

Noch vor Luther in Wittenberg nahm sich Müntzer hier der Gottesdienstreform an und schuf eine deutsche Liturgie. Endlich fand Müntzer nun auch den Zuspruch, dem er so lange hinterhergelaufen war: Seine Gottesdienste lockten bis zu 2000 Besucher an, eine bemerkenswerte Zahl, vor allem wenn man bedenkt, dass Allstedt eine Stadt von kaum 900 Einwohnern war. Besondere Brisanz ergab sich daraus, dass Allstedt von altgläubigen Territorien umgeben war: Graf Ernst von Mansfeld verbot seinen Untertanen, an Müntzers Predigten teilzunehmen.

Müntzer gründete in Allstedt eine Familie und schien sein rastloses Leben in ruhigere Bahnen zu lenken. In einem versöhnlichen Brief vom 9. Juli 1523 versuchte er, mit Luther ins Gespräch zu kommen. Er versicherte, dass er die Heilige Schrift als Maßstab aller Offenbarung anerkenne und erklärte seine Bereitschaft, sich von Luther »verbessern und belehren zu lassen, damit wir zugleich den Weg der Liebe betreten«. Luther antwortete nie auf diesen Brief. Über die Gründe soll hier nicht spekuliert werden, für Müntzer war jedenfalls klar, dass Luther in ihm einen ungeliebten Konkurrenten sah. Kurz darauf kam es zum offenen Streit zwischen beiden. Müntzer wandte sich im Oktober 1523 an den sächsischen Kurfürsten mit der Aufforderung, ihn in seinen Anliegen zu unterstützen, denn die weltliche Herrschaft dürfe sich nicht gegen das Evangelium stellen, sonst werde ihr das Schwert genommen und dem Volk gegeben. Luther sah in diesem Brief eine Ungeheuerlichkeit: die Erpressung der weltlichen Obrigkeit mit Aufruhrdrohungen. Als es kurz danach in Allstedt in der Tat zu Unruhen kam und die Allstedter Bürger unter Müntzers Leitung im Juni 1524 gar ein »christliches Verbündnis« schlossen zum Schutz des Evangeliums und im Kampf gegen die alte Kirche, sah sich Luther genötigt einzugreifen. Er drängte den sächsischen Kurfürsten, gegen Müntzer vorzugehen.

Am 13. Juli 1525 kam der kursächsische Regent Herzog Johann mit seinem Sohn auf der Durchreise nach Allstedt. In der später im Druck erschienenen *Fürstenpredigt*, die Müntzer bei dieser Gelegenheit vor den beiden Fürsten hielt, legte er nicht nur unverhohlen seine Überzeugung dar, dass für den Sieg des Evangeliums auch Gewaltanwendung ein legitimes Mittel sei, sondern er attackierte auch Luther als angemaßten falschen Berater der Fürsten und bezeichnete ihn in seiner suggestiven Rhetorik als »Bruder Mastschwein« und »Bruder Sanftleben«. Bemerkenswerterweise ließen die beiden Fürsten Müntzer erst fallen, nachdem Luther sie in seiner Schrift *Sendbrief an die Fürsten zu Sachsen wider den aufrührerischen Geist zu Allstedt* (WA 15, S. 210–221) ausdrücklich dazu aufgefordert hatte.

Müntzer verließ Allstedt am 7. August 1524 und ging in die Reichsstadt Mühlhausen. Dort verfasste er die Schrift *Wider das geistlose und sanftlebende Fleisch zu Wittenberg*, eine bittere Abrechnung mit Luther, den er u. a. als »Wittenbergischen Papst« bezeichnete. Vor allem aber unterstellte er Luther außerreligiöse Motive für sein Verhalten: »Hättest du in Worms geschwankt, wärest du eher vom Adel erstochen, als losgegeben worden, denn der Adel wähnte nicht anders, du würdest mit deinen Predigten böhmische Geschenke machen.« Müntzer meinte mit den böhmischen Geschenken die Säkularisierung der Kirchengüter, wie sie Jan Hus und seine Anhänger propagiert hatten. Dass er dies in polemischer Absicht sagte, machte seine Aussage nicht von vornherein falsch.

Müntzer musste auch Mühlhausen bald wieder verlassen, hielt sich kurz in Nürnberg und Basel auf und traf schließlich auf die aufständischen Bauern am Oberrhein. Anfang 1525 brach er erneut nach Mühlhausen auf, wo der ehemalige Zisterziensermönch Heinrich Pfeiffer versuchte, ein umstürzlerisches Reformprogramm durchzusetzen. Als es Ostern 1525 auch in Thüringen zu Bauernaufständen kam, war Müntzer davon überzeugt, dass nun die Zeit gekommen sei, das endzeitliche Gericht an den Gottlosen zu vollstrecken und sein Programm einer spirituellen Kirche umzusetzen. Müntzer gab jede politische Rücksichtnahme auf. Aus seinem radikalen Kirchenverständnis zog er im Vertrauen auf Gottes Eingreifen zu seinen Gunsten radikale Konsequenzen. Sein Brief an die Allstedter Bürger und Mansfelder Bergknappen vom 27. April 1525 war eine suggestive Aufforderung zur Beteiligung an dem bevorstehenden apokalyptischen Endkampf. Müntzer konnte mit seiner Agitation schließlich rund 7000 Bauern anlocken. Als sie vor Frankenhausen auf das fürstliche Heer trafen, liefen sie – unzureichend ausgerüstet und unerfahren wie sie waren – in Panik auseinander. Etwa 6000 von ihnen wurden auf der Flucht niedergemetzelt. Müntzer wurde am 27. Mai 1525 mit 53 Anhängern enthauptet. Luther kommentierte dies folgendermaßen: »Sein Tod liegt auf meinem Hals. Ich tat es aber deshalb, weil er selbst meinen Christus töten wollte« (WABr 1, S. 195).

Das Täufertum entstand an verschiedenen Orten im Reich wie auch in Europa. Schwerpunkte waren in der ersten Hälfte des 16. Jahrhunderts Augsburg, Straßburg, Zürich und Mähren. Den Vertretern dieser Richtung ging es wie Müntzer um eine Erneuerung von Kirche und Gesellschaft auf der Grundlage der Bibel. Auch ihr Programm enthielt Elemente der lutherischen Lehre, nur wurden diese radikaler gedacht: Das Priestertum aller Gläubigen ließ ihrer Ansicht nach keinen Platz mehr für Pfarrer, die Heilige Schrift war für sie die oberste Autorität, die auch in weltliche Ordnung umgesetzt werden musste. Sie wandten sich gegen das lutherische »sola fide«, da sich nach ihrer Auffassung die von Gott empfangene Gnade in einem »neuen Leben« zeigen müsse. Die Täufer lehnten jegliches Hineinregieren der Obrigkeit in die Kirche ab, Kirchengemeinde und politische Gemeinde waren für sie strikt voneinander zu trennen. Begründet wurde die Gemeinde durch die Taufe, daraus ergab sich die Ablehnung der Kindertaufe. Neben diesen allen Richtungen gemeinsamen Grundelementen gab es im Täufertum auch schwer integrierbare antinomistisch-schwärmerische Bestrebungen, gegen die 1527 das älteste und wichtigste Bekenntnisformular der Täufer, die *Schleitheimer Artikel,* verfasst wurde, das die gemeinsamen Grundüberzeugungen der Täufer festzuhalten versuchte.

Das Verhältnis der gemäßigten Reformatoren zur radikalen Richtung, auch wenig erhellend »linker Flügel« der Reformation genannt, war rechtlich vorgegeben. Das »Corpus Juris Civilis« bestimmte im *Decretum Gratiani* (I,1,1 und I,5,2) die Bestrafung der Antitrinitarier und der Anabaptisten. Diese rechtliche Regelung, auf die erstmalig der Reichsabschied von 1524 ausdrücklich Bezug nahm, erklärt das geradlinige Verhalten sowohl von katholischer als auch von reformatorischer Seite gegenüber den Täufern. Mit den Täufern wurde nicht verhandelt, sie wurden verhört und bestraft – zumeist hingerichtet.

Erklärlich ist dieses harte Vorgehen gegen die Täufer, wenn man sich vor Augen führt, dass mit dem Bekenntnis zur Erwachsenentaufe häufig die Ablehnung des Eides, der Schwertgewalt der Obrigkeit, des Privateigentums und nicht selten auch der Ehe verbunden war. Das Täufertum hatte damit eindeutig subversive Elemente. Die Ablehnung des Eides betraf auch den das Herrschaftsverhältnis konstituierenden Huldigungseid der Untertanen; mit der Ablehnung der Ehe war die Ordnungsstruktur der Familie gefährdet, die Ablehnung des Privateigentums hatte unabsehbare soziale Folgen. Die Überzeugungen bedeuteten in ihrer Gesamtheit eine Infragestellung der gesellschaftlichen Ordnung der Zeit und fielen damit unter den Tatbestand des Aufruhrs. Schwerer Aufruhr wurde nach der 1532 erlassenen Strafgerichtsordnung des Reichs, der *Carolina*, mit Enthauptung bestraft. Die Täufer bedrohten die Friedensordnung des Reichs, die Täuferreiche wurden als Landfriedensproblem betrachtet: Sachsen, Hessen und andere Münster benachbarte Stände zeigen, dass sie ungeachtet des religiösen Dissenses bereit waren, sich für die Friedensordnung des Reichs zu engagieren. Die Täufer standen außerhalb der evangelischen Bewegung und später außerhalb der protestantischen Konfession.

Das Täufertum war somit eine Lehre mit Umsturzpotenzial: Sie konnte nicht – wie die lutherische Lehre – zur Festigung weltlicher Herrschaft dienen, sondern hätte konsequent zu Ende gedacht deren Ende bedeutet. Die Umsetzung in politische Praxis war innerhalb des politischen und gesellschaftlichen Systems nicht möglich. Dazu hätten Hierarchien fallen müssen, hätten völlig andere politische Verhältnisse etabliert werden müssen. Dafür lagen aber auch keine konkreten Programme vor; es waren einfach Konsequenzen aus täuferischen Lehren, die dogmatische Leerstellen nach Belieben ausfüllten. Gerade darin bestand das Umstürzlerische, Bedrohliche. Luther wandte sich scharf gegen die Wiedertäufer und Schwärmer. Die protestantischen Gruppen, so zerstritten sie untereinander sein mochten, sahen in den Wiedertäufern und Schwärmern den gemeinsamen Feind und damit schließlich etwas sie Einigendes. 1529 wurde ein scharfes Mandat gegen die Wiedertäufer erlassen, in dessen Folge es zu zahlreichen Hinrichtungen kam. So waren die Täufer die »Stiefkinder der Reformation« (Klaus Deppermann) und im Reich die einzige Gruppierung, die intensiver Verfolgung ausgesetzt war. Verfolgung und Strafen galten aber dem politischen Potenzial der Lehre, nicht dem religiösen.

Ulrich von Hutten und Franz von Sickingen: zwei Ritter als Anhänger der Reformation?

Ulrich von Hutten (1488–1523) und Franz von Sickingen (1481–1523) gehörten dem Stand der Ritter an, die als Verlierer der Territorialstaatsbildung wie auch der Fortschritte der Staatswerdung des Reichs durch den Ewigen Landfrieden von 1495 anzusehen sind. Militärisch bedeutungslos wurden sie durch die allmähliche Ablösung der Ritter- durch Söldnerheere. Als Folge gesellschaftlichen Abstiegs waren sie ihrerseits nicht mehr bereit, Dienstleistungen für das Reich zu erbringen und Steuern zu bezahlen. Auf dem Weg der Privatfehde versuchten einige von ihnen, sich Macht und Reichtum zurückzuerobern.

Ulrich von Hutten entstammte einem alten fränkischen Rittergeschlecht. Nach langen Studienjahren im Reich und in Europa fand er Anstellung bei Albrecht von Brandenburg, dem späteren Kurfürsten von Mainz. Hutten engagierte sich für ein gestärktes Kaisertum im Reich in Unabhängigkeit von Rom. Zur Verwirklichung seines Programms zur Befreiung Deutschlands von der römischen Sklaverei baute er zunächst auf Kaiser Maximilian. Als dieser 1519 starb, sah er kurzzeitig in Kurfürst Albrecht von Mainz als höchstem geistlichen Fürsten des Reichs den potenziellen Führer der deutschen nationalkirchlichen Bewegung, bis er erkannte, dass Albrecht in viel zu starker Abhängigkeit von Rom stand. Luther gegenüber blieb

Hutten zunächst skeptisch; er hielt dessen Auseinandersetzung mit Eck für einen Streit unter Mönchen und freute sich darüber, dass Vertreter dieser Personengruppe sich nun untereinander zerfleischten. Seine Hinwendung zu Luther kam erst bei der Leipziger Disputation. Hier fiel ihm sofort auf, dass Luther und er dasselbe Anliegen verfolgten, er mehr auf der weltlichen, Luther auf der religiösen Seite. Hutten unterstützte Luther, ohne aber sein Anhänger zu werden; vielmehr wollte er die lutherische Bewegung für eigene politische Ziele nutzen. Er gab Lorenzo de Vallas Schriften über die Konstantinische Schenkung mit einer höhnischen Vorrede an Leo X. neu heraus und publizierte andere antirömische Schriften. In einer Flugschrift mit dem Titel *Die römische Trinität* hieß es publikumswirksam: »Drei Dinge werden verkauft in Rom: Christus, Priestertum, Frauen. Drei Dinge sind verhasst in Rom: ein allgemeines Konzil, eine Reformation der Kirche, und dass den Deutschen die Augen geöffnet werden. Drei Übel erbitt ich für Rom: Pestilenz, Hunger und Krieg. Das sei meine Trinität«. 1521 wurde Hutten wegen dieser Schriften mit dem Kirchenbann belegt. Von der Inquisition verfolgt, flüchtete er 1520 auf die Ebernburg zu Franz von Sickingen und verfasste weitere Schriften gegen Rom, die Kurie und weltliche Fürsten. Das Territorialfürstentum sah er als Hemmnis für die Einheit des Reichs, und in den durch das Fehdeverbot des Ewigen Landfriedens beschäftigungslos gewordenen Rittern eine wichtige Stütze seiner Reichsreformvorstellungen. Damit war er nach 1521 ohne politischen Rückhalt im Reich. Hutten floh zunächst nach Basel zu Erasmus von Rotterdam, der ihn aber abwies. Zwingli nahm ihn schließlich auf. Bereits 1523 starb Hutten in seinem Exil am Zürichsee.

Hutten war ein erfolgreicher Autor, seine Schriften wurden gut verkauft. Durch die antirömische Tendenz seiner Schriften hat er die Reformation unterstützt, ob-

wohl er die Entwicklung nach 1526, d.h. die Stärkung
des Territorialfürstentums als Scheitern seines politischen
Programms gewertet hätte. Zudem unterhielt Hutten einen intensiven Briefwechsel, unter anderem mit Erasmus
von Rotterdam und dem Nürnberger Ratsherrn Willibald
Pirckheimer, der ebenso wie Hutten als Vertreter des sogenannten »deutschen Humanismus« gilt. Gemeinsam
war den Humanisten eine kritische Hinterfragung der
Tradition und damit verbunden in aller Regel auch eine
Kritik der Kirche, die aber stets auf Reformen, nicht auf
Sprengung des Systems zielte.

Ein weiterer prominenter Vertreter der Gruppe der
Reichsritter war Franz von Sickingen. Er entstammte einem ursprünglich im Kraichgau ansässigen Rittergeschlecht. Er betrieb Erzbergwerke und hielt sich als pfäl-
zischer Amtmann und im Dienst des Mainzer Erzbischofs
eine kleine Truppe. In Fehden gegen Worms, Metz,
Frankfurt, Lothringen und Hessen gelang es ihm, sich mit
erpresserischen Abfindungssummen eine beträchtliche politische und finanzielle Macht am Mittelrhein zu schaffen.
Dabei stilisierte sich Sickingen als Rächer der Entrechte-
ten und Unterdrückten. Wegen Landfriedensbruchs wurde er geächtet, trat kurzzeitig in französische Dienste,
söhnte sich aber wieder mit dem Kaiser aus, unterstützte
die Kaiserwahl Karls V. und nahm 1519 am Feldzug gegen
Herzog Ulrich von Württemberg teil. Dabei lernte er
Hutten kennen, der ihn für seine Pläne wie auch zum
Schutze Luthers zu gewinnen suchte. Hutten hielt sich
während des Winters auf Sickingens Ebernburg auf und
las ihm dort aus Luthers Werken vor. Die Ebernburg
wurde bald darauf für kurze Zeit die Zufluchtsstätte der
wegen lutherischer Tendenzen Verfolgten. Martin Bucer
und Johannes Oekolampad fanden sich z.B. dort ein und
auch Luther boten Hutten und Sickingen ihren Schutz an.
Sie warnten ihn davor, in Worms aufzutreten und versuchten, ihn nach der Ebernburg umzuleiten. Luther aber

lehnte ab. Gegenüber seinem Freund Georg Spalatin äußerte er: »Ich verachte sie nicht, aber ich will keinen Gebrauch von ihnen machen, es sei denn, dass Christus, mein Beschützer, es wolle; vielleicht hat er es ja den Rittern eingegeben.«

Im August 1522 versammelten sich 600 Ritter in Landau und gründeten eine »brüderliche Vereinigung«, um das Rittertum noch einmal zu einer einflussreichen politischen Kraft im Reich zu machen. Franz von Sickingen machte sich zu einem Raubzug gegen den Trierer Erzbischof Richard von Greiffenklau auf. Gerächt werden sollte, dass der Trierer Erzbischof bei der Kaiserwahl Karls V. für Franz I. gestimmt hatte, auch hier wurde also ein ›nationales‹ Argument vorgeschoben. Tatsächlich ging es Sickingen um die Säkularisierung des Erzstiftes, auf dessen Besitz gestützt er dann den Aufstieg in den Fürstenstand hätte versuchen können.

Im Reichsregiment lief das Gerücht um, Luther sei für den Raubzug gegen den Trierer Erzbischof verantwortlich. Graf Hoyer von Mansfeld erklärte gegenüber Graf Urich von Helfenstein, er habe früher auf Luthers Seite gestanden, nun aber sei er zu seinem Gegner geworden. Denn Luther sei »ein lauter Bube«, »er suff sich voll, wie der Mansfeldischen Gewohnheit wäre, hätt gerne schöne Frauen bei sich, schlüge auf der Laute und führe ein leichtfertiges Leben, der halben er gar abfällig worden«. Der sächsische Gesandte im Reichsregiment, Hans von der Planitz, hielt dagegen, man müsse auf Luthers Lehre achten und weniger auf sein Leben, sah sich aber durch die Stimmung im Reichsregiment doch veranlasst, einen besorgten Brief an den Kurfürsten zu schreiben. Denn immer häufiger tauchte im Reichsregiment auch das Gerücht auf, dass der Kaiser Friedrich dem Weisen die Kurwürde nehmen wolle. Die Begebenheit zeigt, wie sich an einen politischen Vorfall, den Raubzug von Sickingens gegen den Trierer Kurfürsten, Gerüchte anlagern konnten, die dann schließlich auf ganz andere politische Kontexte, hier das Problem der sächsischen Kur, Einfluss nehmen konnten.

Franz von Sickingen scheiterte indessen mit seinem Raubzug auf der ganzen Linie. Die Trierer Untertanen ließen sich nicht von ihrem Fürstbischof trennen, sie wollten keine Befreiung von der »Pfaffenherrschaft«, wie Sickingen sie propagiert hatte. Der Kurfürst von der Pfalz und der Landgraf von Hessen eilten dem Trierer Kurfürsten zu Hilfe, fürstliche Solidarität ging auch in diesem Fall über konfessionelle Sympathien. Sickingen wurde bei den Kämpfen tödlich verwundet. Ein Jahr später zog ein Heer des Schwäbischen Bundes unter dem Freiherrn Georg Truchsess von Waldburg gegen die schwäbischen und fränkischen Ritter, um deren Landfriedensbrüchen und Räubereien ein Ende zu machen. Eine geschlossene Gegenwehr der Ritterschaft blieb aus, der Schwäbische Bund siegte auf der ganzen Linie und die Ritterschaft war als eine das Reich gestaltende politische Kraft erledigt.

Luthers neue Theologie als politische Praxis: der Bauernkrieg

Die Bauernaufstände der Jahre 1524/25, die gewöhnlich unter der Sammelbezeichnung »Bauernkrieg« zusammengefasst werden, standen in einer längeren Tradition regional begrenzter sozialer Bewegungen. Auch hatten sich bereits vor der Reformation Bauern zur Legitimation ihrer Forderungen biblischer Argumente bedient. Die Bauernerhebungen von 1524/25 wurden aber von den Zeitgenossen eben nicht als Fortsetzung und Verdichtung der vorangehenden Unruhen angesehen. Vielmehr wurden sie auf die Reformation bezogen und als Konsequenzen des Religionsstreites bewertet. Der Bauernkrieg zwang Anhänger wie Gegner Luthers zu eindeutiger Stellungnahme, da ei-

nes allen klar vor Augen geführt wurde: Der Religionsstreit ließ sich in seiner Reichweite nicht begrenzen; er hatte deutliche soziale, gesellschaftliche und politische Auswirkungen, zu denen Position bezogen werden musste.

Die Aufstände begannen in der Landgrafschaft Stühlin-
gen, dem Herrschaftsgebiet des Grafen Sigismund von
Lupfen. Dort hatten schwere Sommergewitter gewütet
und große Ernteschäden angerichtet. Den Bauern drohte
ein ertragarmes Jahr. Als in dieser Situation der Überlieferung nach die Gräfin von Lupfen die Bauern im Rahmen
ihrer Fronarbeit Schneckenhäuser sammeln ließ, auf die
sie Garn aufwickeln wollte, war das der Auslöser für die
Erhebung. Gerade weil die Schneckenhausgeschichte wohl
von den Chronisten erfunden worden ist, bringt sie gut
auf den Begriff, worum es ging. Im Zentrum der Kritik
standen die willkürlichen Übergriffe der Herrschaft auf
die Arbeitsleistungen der Bauern, die so ihre eigenen Feld-
arbeiten vernachlässigen und damit ökonomische Einbußen in Kauf nehmen mussten. Neben der Angst vor der
Verschlechterung der ökonomischen Situation muss als
Grund für die Aufstände auch die Angst vor negativen
Auswirkungen der Verrechtlichung hoch gewichtet werden. Die Bauern fürchteten nicht ganz zu Unrecht, dass,
wenn bislang ungeschriebenes Gewohnheitsrecht durch
geschriebenes Recht ersetzt wurde, ihnen dieser Vorgang
zwar Rechtssicherheit brachte, ihnen dadurch aber Nach-
teile entstehen konnten, wenn für sie ungünstigere Bedingungen festgeschrieben wurden. So wurde das Festhalten
am alten Herkommen und am guten alten Recht zu einer
allen Aufständen gemeinsamen bäuerlichen Forderung.

Zu Aufständen kam es in verschiedenen Regionen des
Reichs, Schwerpunkte lagen am Oberrhein, in Oberschwaben, im Elsass, in Franken und in Thüringen sowie
in Württemberg. Dabei handelte es sich zum überwiegenden Teil um herrschaftlich sehr stark zersplitterte Gebiete,
d. h. um Gebiete, in denen sich noch keine starke Landes-

herrschaft hatte ausbilden können, im Falle Württembergs um ein Territorium, das von einer fremden Herrschaft regiert wurde. Der vertriebene württembergische Herzog Ulrich versuchte mit Hilfe der Bauernaufstände sogar, die habsburgische Herrschaft zu beenden und sich wieder in den Besitz seines Landes zu bringen, was allerdings misslang. Zudem gab es auch in den weltlichen Herrschaftsgebieten der Bischöfe, in den Hochstiften, auffallend viele Aufstände. In den meisten Aufstandsgebieten waren kurz zuvor reformatorische Prediger aufgetreten, so z.B. Thomas Müntzer in den oberrheinischen Gebieten und Karlstadt in Franken, was die enge Verbindung von Reformation und bäuerlichen Erhebungen noch zusätzlich vor Augen führte.

Die Unruheherde des Bauernkrieges standen keineswegs alle in Verbindung miteinander, vielmehr ist davon auszugehen, dass die wenigsten Aufständischen von Aufständen in Nachbargebieten wussten. Das Muster der Erhebungen war jedoch überall ähnlich. Zunächst wurden Forderungen vorgebracht, die in aller Regel auf eine Verbesserung der bäuerlichen Lage, von wenigen Ausnahmen abgesehen aber nicht auf einen radikalen Systemumsturz zielten. Dennoch kam es meist nicht zu konstruktiven Verhandlungen mit den Obrigkeiten, worauf sich rasch bewaffnete sogenannte »Bauernhaufen« formierten, die mit gewaltsamen Attacken, meist gegen herrschaftliche Gebäude, die diplomatische Ebene aufgaben und den Obrigkeiten deutlich zu machen versuchten, dass das Nichteingehen auf die Forderungen ihr Ende bedeuten könne. Auf diese Radikalisierung folgte schließlich die Niederschlagung der Aufstände durch fürstliche Heere, die unnachsichtig und vernichtend war, weil sie nicht als Reaktion auf die bäuerlichen Forderungen, sondern auf die Aufkündigung des Gehorsams gegen die Obrigkeit erfolgte.

Die bäuerlichen Forderungen, zusammengestellt meist von Angehörigen des mittelständischen Handwerks, wiesen zwar regionale und lokale Besonderheiten auf, hatten aber die einheitliche Stoßrichtung gegen die Ungerechtigkeit und Willkür des grundherrschaftlichen, territorialstaatlichen und geistlichen Herrschaftssystems. Die Verfasser bedienten sich theologischer Argumente der Reformation und münzten sie in politische und soziale Forderungen um. Der Memminger Prädikant Christoph Schappeler bewies als einer von vielen den Bauern aus der Bibel, dass das Zehntgeben durch das Evangelium abgeschafft worden sei, dass es unchristlich sei, den Gläubigen Zinsen und Gülten abzufordern und dass der Himmel den Bauern offen, dem Adel und der Geistlichkeit aber verschlossen sei. Vor allem aber bezogen sich die Bauern auf Luther, hauptsächlich auf seine Adelsschrift, die Schrift von der Freiheit eines Christenmenschen und die Schrift vom Mai 1523, *Dass eine christliche Versammlung oder Gemeinde Recht und Macht habe, alle Lehren zu urtheilen, Lehrer zu berufen, ein- und abzusetzen: Grund und Ursache aus der Schrift.*

Luther war sich der Wirkung seiner Schriften grundsätzlich bewusst. Erfahrungen mit der neuen Form von Öffentlichkeit gab es jedoch noch nicht, ja die Reformation war das erste historische Ereignis, bei dem die Flugschriften eine funktionelle Rolle spielten, zur Propaganda und Agitation gezielt eingesetzt wurden. Es ist zweifelhaft, ob die Reformatoren bereits eine ausgeklügelte Textpragmatik für dieses neue Medium erarbeitet hatten, ob Luther z. B. seine Worte gezielt setzte, um bestimmte Wirkungen zu erzielen. Luther schrieb in den meisten seiner Schriften unmittelbar emotional und nicht strategisch. So wurde manche wichtige Differenzierung nicht wahrgenommen, jede plakative Zuspitzung fiel demgegenüber auf fruchtbaren Boden.

Der bekannteste bäuerliche Forderungskatalog sind die *Zwölf Artikel.* Sie wurden als gemeinsame, überregionale Beschwerdeschrift verstanden und trugen viel dazu bei,

dass die regionalen Aufstände aus der Sicht der Obrigkeiten, gegen die sich die Aufstände richteten, als einheitliche Bewegung, als »Flächenbrand« gesehen wurden. Die
Zwölf Hauptartikel aller Bauerschaft wurden im März
1525 von dem Memminger Kürschnermeister Sebastian
Lotzer (geb. 1490, Todesjahr unbekannt) auf der Grundlage anderer Beschwerdekataloge aus dem oberschwäbi-
schen Raum abgefasst. Ihre weitreichende politische Bedeutung zeigt sich daran, dass sie 1526 dem ersten Reichstag nach dem Bauernkrieg als Beratungsgrundlage über
die Aufstände und mögliche zu ergreifende Maßnahmen
dienten.

Die *Zwölf Artikel* lagen ganz auf der Linie von Luthers
Adelsschrift, mit dem letzten Artikel ahmten die Verfasser
Luthers Argumentation auf dem Wormser Reichstag
nach, indem sie erklärten, dass sie nur widerrufen, d.h.
ihre Forderungen zurücknehmen würden, wenn sie durch
die Heilige Schrift widerlegt werden könnten.

Zu jedem Artikel waren zahlreiche Bibelstellenbelege
angegeben. Artikel 1 forderte die freie Pfarrerwahl durch
die Gemeinden, Artikel 2 lehnte die Zahlung des Kleinen
Zehnten ab, Artikel 3–6 verlangten die Aufhebung der
Leibeigenschaft, die gemeindliche Nutzung von Jagd, Fi-
scherei und Wald und die Reduzierung der bäuerlichen
Dienstleistungen. Artikel 7 wandte sich gegen die willkürliche Erhöhung der bäuerlichen Lasten, Artikel 8 forderte die Neufestsetzung der Pachtzinsen, Artikel 9 klagte über die willkürliche Erhöhung der Strafgelder, Artikel
10 zielte auf die Wiederherstellung der kommunalen
Kontrolle der Allmende und Artikel 11 schließlich be-
kräftigte die Forderung nach Abschaffung der Abgaben
im Todesfall eines Familienmitglieds. Die Forderungen
der Artikel 5 und 10, die möglicherweise Eigentumsrechte
anderer Personen tangierten, sahen für diese Fälle ausdrücklich eine »gütliche« Einigung der Bauern mit den
Eigentümern vor.

Luther reagierte zunächst, indem er sich Anfang Mai 1525 in einer Schrift an die Bauern wandte und sie zum Frieden mahnte. Er setzte sich einlässlich mit den *Zwölf Artikeln* auseinander, anerkannte einige Forderungen als berechtigt, andere lehnte er ab, indem er sie als Ergebnis falsch benutzter Argumente aus dem Evangelium bezeichnete. Er mahnte Obrigkeiten und Bauern zur Besonnenheit, beide seien im Recht und könnten nur durch eine gütliche Einigung siegen. Nahezu zeitgleich mit Luther verfasste Melanchthon unabhängig von ihm auf Aufforderung des pfälzischen Kurfürsten ebenfalls ein Gutachten über die *Zwölf Artikel*, das trotz der grundsätzlichen Übereinstimmung mit Luther einen sehr viel schärferen Ton anschlug. In der Ablehnung der freien Pfarrerwahl lag Melanchthon mit Luther auf einer Linie – womit Luther seine Position, die er in der Gemeinde-Schrift von 1523 vertreten hatte, revidierte. Luther wie Melanchthon nannten als Grund für die Ablehnung der freien Pfarrerwahl durch die Gemeinden, dass ein Pfarrer Kirchengüter haben müsse, um sich versorgen zu können. Diese dürften ihm auch nicht gewaltsam, sondern nur in Absprache mit der Obrigkeit entzogen und für einen anderen Pfarrer verwendet werden. Daraus ergab sich die Konsequenz, dass die Gemeinden nur zusammen mit den Obrigkeiten Pfarrer bestellen durften. Den Artikel 2 der bäuerlichen Forderungen lehnten Luther und Melanchthon ebenso einhellig ab wie den Artikel 3, der die Aufhebung der Leibeigenschaft forderte. Luther reagierte mit der bekannten Aussage: »Das heißt christliche Freiheit ganz fleischlich machen«, Melanchthon mit der Äußerung: »Es wäre von Nöthen, dass ein solch wild ungezogen Volk als die Deutschen, noch weniger Freiheit hätte, als es hat.« Die Artikel 4–11 verwies Luther in seinem Gutachten an die Rechtsverständigen, »denn es mir als Evangelisten nicht gebührt, hierin zu urtheilen und zu richten«. Melanchthon empfahl den Bauern, bei Klagen hierüber den Rechtsweg zu be-

schreiten, konnte aber zu der bäuerlichen Klage über die
Erhöhung der Strafgelder den Kommentar nicht unterdrücken, dass die Strafgelder noch sehr viel höher sein müssten. Lediglich bei der Todfallabgabe (Artikel 11) appellierte Melanchthon an die Barmherzigkeit der Obrigkeit.

Neben dieser Auseinandersetzung mit den überregionalen *Zwölf Artikeln* beschränkte sich Luthers Erfahrung
mit dem Bauernkrieg auf Thüringen. Von den Aufständen
im Süden des Reichs erfuhr er kaum mehr als Gerüchte
über unerhörte Gräueltaten der Bauern. Im April 1525 erlebte er den Bauernkrieg auf einer Reise durch Thüringen
persönlich und sah, dass er selbst dort die Bauern nicht
mehr erreichen konnte, sie ihn verhöhnten und verspotteten und scharenweise Thomas Müntzer zuliefen. Nur aus
dieser persönlichen Demütigung ist der Duktus seiner
Schrift *Wider die räuberischen und mörderischen Rotten
der Bauern* zu verstehen, mit der Luther sich noch im Mai
1525 an die Obrigkeiten wandte und sie nun zum erbarmungslosen Vorgehen gegen die Bauern aufforderte: Jede
Obrigkeit, die nicht mit größter Brutalität gegen die Bauern vorgehe, mache sich schuldig. Es gelte nicht »die Geduld oder Barmherzigkeit«: »Es ist des Schwertes und
Zornes Zeit hie und nicht der Gnaden Zeit.« Bemerkenswert ist, dass sich Melanchthons Gutachten in der Schärfe
der Ablehnung der bäuerlichen Forderungen nicht von
dieser zweiten Luther-Schrift zum Bauernkrieg unterschied, nur der Ton war insgesamt moderater – wenngleich auch für Melanchthon schon erstaunlich hart –, und
die Forderung des gewalttätigen Vorgehens der Obrigkeiten fehlte ebenfalls. Hatte Luther in seiner ersten Schrift
den auf den Bauern lastenden unerträglichen Druck der
Fürsten und Herren als die alleinige Ursache des Aufruhrs
bezeichnet, so meinte er jetzt, der Krieg habe göttlichem
Willen gemäß den Bauern gezeigt, dass »ihnen zu wohl
gewest ist«. In der Zukunft würden sie sich nicht mehr
darüber beschweren, wenn sie z. B. eine Kuh an ihren

Herrn zu geben hätten und dafür aber in Frieden leben könnten. Die Obrigkeiten forderte er auf, künftig streng zu regieren. Auch bei Melanchthon steht im Zentrum der Argumentation das Gehorsamsgebot der Untertanen gegen die gottgegebene Obrigkeit, selbst wenn diese sich ungerecht verhalten sollte. Luther rechtfertigte sich später in seinem *Sendbrief von dem harten Büchlein wider die Bauern* mit den Worten: »War doch keyn regiment noch ordenunge mehr, Es stund alles offen und mussig, so war auch keyne furcht noch schew mehr ym volck, Eyn iglicher thet schir, was er wollte, Niemand wollt nichts geben und doch prassen, sauffen, kleyden und mussig gehen, als weren sie allzumal herren. Der esel will schlege haben, und der pofel will mit gewalt regirt seyn, das wuste Gott wol, darumb gab er der öberkeyt nicht eynen fuchsschwantz sondern eyn schwerd ynn die hand« (WA 18, S. 394). Folgerichtig vernahmen die Bauern in den Predigten nun sehr viel häufiger, dass sich die Frucht des Glaubens im Gehorsam gegen die Obrigkeit zu äußern habe.

Die Macht des reinen Evangeliums barg damit durchaus nicht nur ein emanzipatorisches Potenzial. Man muss sich vor Augen führen, dass langfristig nicht eine neue ganzheitliche Auslegung der Heiligen Schrift als Ergebnis der Reformation stand, die nun einen Geist von evangelischer Freiheit in den protestantischen Herrschaftsgebieten und Gemeinden zu verbreiten half. Vielmehr kam es zu einer selektiv-funktionalistischen Heraushebung einzelner Bibelstellen in der politischen Praxis. Interpretationsebenen und theologisch-exegetische Meinungsunterschiede kamen dabei nicht zum Zug. Die Bibelstellen sollten ihre normative Kraft im bloßen Wortsinn entfalten, ohne jeglichen hermeneutischen Feinsinn.

Ein Beispiel dafür ist die häufig zitierte Bibelstelle Röm. 13,1–7, die zur Legitimation von Herrschaft im weitesten Sinne benutzt wurde. Zitierte man diese Bibelstelle, so blieben die Verse 8–10 stets unberücksichtigt. Gerade sie aber stellen den Konnex zwischen Altem und Neuem Testament dar: »Seid niemand etwas schuldig, außer dass ihr euch untereinander liebt; denn wer den anderen liebt, der hat das Gesetz erfüllt. Denn was da gesagt ist (Ex. 20,13–17: Du sollst nicht ehebrechen, du sollst nicht töten; du sollst nicht stehlen; dich soll nichts gelüsten), und was noch mehr geboten ist, das wird in diesem Wort zusammengefasst (Lev. 19,18): »Du sollst deinen Nächsten lieben wie dich selbst.« – »Die Liebe tut dem Nächsten nichts Böses. So ist nun die Liebe des Gesetzes Erfüllung.« (Röm. 13,10) Für dieses christliche Liebesgebot schien nach dem Bauernkrieg in der Argumentation, Legitimationen, Normenbegründungen und Verhaltensregeln kein Platz mehr zu sein. Diese beiden Normebenen sollten nicht so verbunden werden.

Der Bauernkrieg verwies aber zudem auch auf das grundsätzliche Dilemma des *sola-scriptura*-Prinzips, das sich auch in der radikalen Richtung der Reformation offenbarte. Wenn jeder Gläubige die göttliche Botschaft unmittelbar aus dem Evangelium entnehmen konnte, autorisierte das jeden Gläubigen im Grunde zu einer unanfechtbaren Interpretation. Der Maßstab für die Richtigkeit einer bestimmten Interpretation und der damit begründeten Einstellung oder Haltung lag nach Luthers Lehre in jedem Einzelnen. Was aber, wenn solche Einstellungen oder Haltungen in politische Praxis umgesetzt wurden? Luther hatte schon vor dem Bauernkrieg seine Lehre von den zwei Reichen entwickelt und geistliches und weltliches Reich voneinander getrennt. Sollte jetzt aber auch das *sola-scriptura*-Prinzip auf das geistliche Reich beschränkt werden? Luther musste im Interesse seiner eigenen Lehre ab diesem Zeitpunkt eine Kontrollinstanz für das *sola-scriptura*-Prinzip einführen, und das war nach dem Bauernkrieg eindeutig die weltliche Obrigkeit.

Aber nicht nur Luther sah sich im Zwang zu handeln. In gleicher Weise galt das für die Fürsten, die sich nach dem

Bauernkrieg auf einmal der Frage des Kirchengutes annahmen und anfingen, verbindliche Regeln für den Umgang mit dem einzuziehenden Kirchengut zu diskutieren. Mitte Mai 1525 hatte in Heilbronn ein »Bauernparlament« unter Leitung des Juristen und kurpfälzischen Sekretärs Wendel Hippler getagt. Wenn dieses Parlament auch sehr bald von den Truppen des Schwäbischen Bundes gesprengt worden war, so wirkten seine »Beschlüsse« doch weiter. Die dort diskutierte Säkularisierung der geistlichen Güter wurde wenig später von den Fürsten auf ihre Weise aufgegriffen. Für den nicht zustande gekommenen Augsburger Reichstag von 1525 erarbeitete Johann von Schwarzenberg, ein führender Verwaltungsbeamter des Fürstbistums Bamberg, auf dessen Entwurf die Peinliche Halsgerichtsordnung von 1532 zurückgeht, einen Plan, nach dem alle geistlichen Güter säkularisiert – von den Klöstern sollten lediglich einige Konvente als adelige Fräuleinstifte erhalten werden – und der Verwaltung der Reichskreise unterstellt werden sollten. Aus diesem Vermögen sollte dann das Reichsregiment die Bischöfe und Pfarrer zentral besolden. Dieser Plan verschwand zwar schnell wieder in der Schublade, da die zugrunde liegende Prämisse, dass die geistlichen Güter für nichts mehr nütze seien, nicht von allen geteilt wurde. Wichtig blieb trotz der gewissen Exotik dieses Plans, dass mit diesem Vorstoß die Obrigkeit, und nicht der gemeine Mann, für die Kirchengutsfrage zuständig erklärt wurde. Man wollte dieses Gut nicht mehr für den sozialutopischen Diskurs freigeben, sondern klar festlegen, dass die christliche Obrigkeit diese Kirchengüter dazu verwenden würde, den sozialutopischen Diskurs überflüssig zu machen: das, was die Bauern gefordert hatten und was sie trotz blutiger Opfer doch nicht erreicht hatten, garantierte ihnen fortan die gestärkte Obrigkeit.

Durch die Angst vor weiteren Unruhen des gemeinen Mannes wurde die Rechtssicherheit für die Bauern nach 1525 größer als zuvor. Willkürliche Verschlechterungen der bäuerlichen Lage versuchten die Obrigkeiten fortan zu verhindern.

Für die Reformation markierte der Bauernkrieg eine entscheidende Veränderung. Luthers Popularität nahm deutlich ab. Dass er im Juni 1525 auf dem Höhepunkt des Bauernkriegs heiratete, trug ihm nicht nur von seinen Gegnern harsche Kritik und beißenden Spott ein. Auch Melanchthon fand es unpassend, dass Luther diesen Schritt völlig unerwartet zu einer Zeit tat, als die Unruhen in Deutschland seine volle Aufmerksamkeit und Autorität verlangt hätten. Spätestens nach dem Bauernkrieg endete die herausgehobene Stellung Luthers als Deutschlands Reformator; die Reformation wurde mehr und mehr zur Angelegenheit der Städte und Territorien in der Verantwortung von deren Obrigkeiten und Theologen.

Die Politik reagiert: der Reichstag von Speyer 1526

Wegen mangelnder Präsenz der Reichsstände war der nach Augsburg einberufene Reichstag 1525 gescheitert und musste 1526 in Speyer fortgesetzt werden. In der Proposition zu diesem Reichstag drängte der Kaiser abermals auf die Einhaltung des Wormser Edikts und ließ sich zudem aus der Ferne vernehmen, dass er Beschlüsse des Reichstages in Glaubensdingen nicht akzeptieren werde. Dafür zuständig sei ein Konzil, das er schon bald zusammen mit dem Papst einzuberufen hoffe. Der Reichstag schickte darauf eine Gesandtschaft nach Spanien. Sie forderte dazu auf, das Konzil binnen anderthalb Jahren einzuberufen und zuzugestehen, dass bis dahin jeder Reichsstand in Religionsdingen die Befugnis haben sollte, mit seinen Untertanen »also zu leben, zu regieren und zu halten, wie ein jeder solches gegen Gott und ihrer Majestät hofft und getraut zu verantworten«, damit Frieden und Einigkeit erhalten und Aufruhr und Empörung im Reich

künftig vermieden werde (Instruktion für die Gesandtschaft, August 1526). Ferdinand mahnte seinen Bruder
eindringlich, er solle endlich ins Reich kommen, denn das
sei die einzige Möglichkeit, das Luthertum einzudämmen.
Während in den Jahren bis 1525 die Luthersache in der
Korrespondenz der Brüder so gut wie keine Rolle spielte,
wurde sie nach 1525 zu einem zentralen Gegenstand. Lutherische »Exzesse« und »Irrtümer« wurden kommentiert,
und Ferdinand berichtete, dass die reformatorischen Tendenzen rapide zunähmen.

Gegenüber der weiten Formulierung der Instruktion
schränkte der Reichsabschied die Formel auf die Exekution des Wormser Ediktes ein; es heißt dort, man habe sich
geeinigt, dass jedem Reichsstand erlaubt sein solle, in Angelegenheiten, die »das Edict durch Kaiserliche Majestät
auf dem Reichstag zu Worms erlassen« belangten, »für
sich also zu leben, zu regieren und zu halten, wie ein jeder
solches gegen Gott und Kaiserliche Majestät hoffet und
vertraut zu verantworten« (Reichsabschied vom 27. August 1526).

Diese Formulierung bezog sich zwar ausdrücklich nur
auf die Durchführung des Wormser Edikts; in der Folgezeit wurde sie von den Ständen im Sinn des weiteren Verständnisses der Instruktion als Zusicherung weitgehender
Handlungsspielräume in der Religionsfrage bis zu einem
Konzil interpretiert, so dass zumindest einige Stände auf
dieser – wenn auch nach wie vor brüchigen – Rechtsgrundlage weitgehende Änderungen auf kirchlichem Gebiet vorzunehmen wagten.

Während es vor 1525 zwar in einigen Städten deutliche
Sympathiekundgebungen für Luther gegeben hatte, nicht
aber Vorgänge, die man im umfassenden Sinne als »Einführung der Reformation« bezeichnen kann, kam es nach
1526 zu einer ganzen Welle solcher Entwicklungen, so
zum Beispiel in einigen bedeutenden Reichsstädten wie
Nürnberg, Augsburg, Regensburg u.a. Territoriale Refor-

mationen gab es in der Landgrafschaft Hessen, wo seit
1526 die Reformation zügig eingeführt wurde, im Kurfürstentum Sachsen, wo sich nach dem Tode Friedrichs
des Weisen 1525 sein Nachfolger Johann der Beständige
offen der Reformation zuwandte, und in der Markgrafschaft Brandenburg-Ansbach.

Drei Jahre später wurde von der kaiserlichen Regierung
– aus ihrer Sicht zu Recht – festgehalten, dass der Reichsabschied »zu Entschuldigung allerley erschröcklichen
neuen Lehren und Sekten seithero ausgelegt hat werden
wollen«. Die größte Zahl der Obrigkeiten des Reiches
wartete jedoch bis zur reichsrechtlichen Anerkennung
des Protestantismus im Augsburger Religionsfrieden von
1555, ehe sie wagten, offiziell den Übergang ihres Landes
zur Reformation zu vollziehen, obwohl die Forschung in
vielen dieser Länder eine breite reformatorische Bewegung lange vor 1555 ausmachen konnte. Entscheidend
aber war, dass die politischen Bestandteile von Reformation, Suspendierung der bischöflichen Jurisdiktion und des
kanonischen Rechts sowie die Säkularisierung der Kirchengüter nur auf einer gesicherten reichsrechtlichen
Grundlage vollzogen werden konnten.

Dass der Kaiser den Ständen durch die Aufnahme ihrer
eigenen, wenn auch leicht veränderten Formulierung in
den Reichsabschied entgegenkam, wurde durch außenpoli-
tische Umstände begünstigt. Kaiser und Papst befanden
sich seit der Liga von Cognac im Mai 1526 im offenen
Krieg. Zwei Tage nach dem Reichstag fiel der böhmische
König in der Schlacht bei Mohàcs. Nun wurden auch noch
die Kräfte Ferdinands durch außenpolitisches Engagement
gebunden. Er musste seine Erbansprüche durchsetzen, seine Anwartschaft auf die ungarische Krone und gleichzeitig
auch die Türken im Auge behalten. Ferdinand wurde
durch das böhmische Erbe zum unmittelbaren Nachbarn
des Zentrums der Reformation: Wittenberg lag von der
böhmischen Grenze weniger als 60 Kilometer entfernt. In-

nenpolitische Schwierigkeiten ergaben sich vor allem daraus, dass die Grundherren der zu Böhmen gehörenden Lausitz das Reformationsrecht für sich in Anspruch nahmen. Sowohl der böhmische König Ludwig als dann auch Ferdinand waren viel zu sehr mit der Türkenabwehr beschäftigt, um dagegen mit landesherrlicher Autorität einzuschreiten. Diese doppelte Schwächung Ferdinands nutzten die Wittelsbacher aus und erhoben, unterstützt durch den Papst, Anspruch auf die römische Königswürde. Dieser Konflikt dauerte schließlich bis tief in die 1530er Jahre und machte ein gemeinsames habsburgisch-bayerisches Vorgehen gegen die Reformation zunächst unmöglich.

Trotz der drängenden Religionsfrage verlief der Reichstag in gewohnten Bahnen. Jagdvergnügungen, abendliche Festessen und Turniere standen wie üblich auf der Tagesordnung. Während der Reichstagsverhandlungen wurde Erzherzog Ferdinand Vater: Diese Nachricht war ein großes Fest wert. Bemerkenswert ist eine Episode am Rande: Die hessischen und die sächsischen Reichstagsvertreter ritten in einheitlicher Kleidung ein. Schon für den auf Speyer verschobenen Reichstag von 1525 hatte der sächsische Kurfürst den Plan gefasst, dass die evangelischen Stände in einheitlicher schwarzer Kleidung auftreten sollten »auf dem rechten Ärmel die Buchstaben VDMJE mit weißem Parchent gestickt«, wie er den Herzögen von Braunschweig-Lüneburg brieflich vorschlug. Für den Speyerer Reichstag belegen Berichte dieses Auftreten aber nur für Hessen und Sachsen. Die Buchstaben standen für »Verbum Dei Manet In Aeternum«, wozu ein Mitglied der bayerischen Reichstagsvertretung sarkastisch anmerkte »etliche legen's aus ›bleibt im Ärmel‹«. Ob lediglich ein Spleen oder der Versuch, die Gruppe der evangelischen Stände gleichsam durch uniforme Erscheinung zu konstituieren: Die Fraktionierung schritt fort.

Die Frage der kirchlich-religiösen Reform wurde auf dem Reichstag nur halbherzig angegangen, obwohl sich

viele Ausschusssitzungen und Instruktionen der Gesandt-
schaften mit dieser Frage beschäftigten und sie mit den
programmatischen Forderungen der Bauern neue Viru-
lenz gewonnen hatte. Auf dem Reichstag wurden sowohl
Beschwerden der weltlichen Stände gegen die geistlichen
diskutiert als auch umgekehrt. Die Geistlichen klagten
über Neuerungen in den kirchlichen Zeremonien, Beeinträchtigung der geistlichen Jurisdiktion, Angriffe auf die
Rechtsstellung der Geistlichen, Schmälerung der geistlichen Einkünfte und Übergriffe auf das Kirchengut. Damit
klagten sie in Form der althergebrachten Gravamina gegen
die Reformation! Genau das Umgekehrte taten die Städte
in ihren Beschwerdeartikeln. Sie beschwerten sich, dass
die Stadtbewohner durch Bettelmönche so überlaufen
würden, dass die sozial Schwachen in ihrer Existenz bedroht seien. Sie schlugen deshalb vor, die Klöster »abster-
ben [zu] lassen« und das Klostergut in einen Kasten ein-
zuziehen. Die Geistlichen seien häufig völlig unqualifi-
ziert und vergnügten sich mit Huren. Deswegen sollten
sie heiraten können. In weltlichen Streitereien sollten die
Geistlichen auch vor weltliche Gerichte gezogen werden
können. Außerdem gebe es zu viele Feiertage, dies beein-
trächtige die Stadtbevölkerung in ihrer Arbeit. Kirchen-
bräuche und Zeremonien müssten reichseinheitlich geordnet werden; denn allein die Anordnung, die alten Zustände wiederherzustellen, bringe gar nichts, da auch diese
uneinheitlich gewesen seien. Wenn aber schon keine Ein-
heitlichkeit im Reich zu erzielen sei, dann solle man das
Ganze den Städten und Obrigkeiten überlassen. Die Städte formulierten mit diesen Beschwerdeartikeln ein Reformprogramm, das ganz auf der Linie der reformatorischen Forderungen lag, ohne dass sie damit aber direkt
Partei für Luther ergriffen hätten.

Der Reichsabschied von Speyer 1526 enthält bemerkenswerte Passagen, die vor Augen führen, dass der
Reichstag ganz unter dem Eindruck des Bauernkrieges

stand. Er führt die Bauernunruhen auf den »Zwiespalt in der Religion« zurück. Die Obrigkeiten wurden aufgefordert, milde mit den Aufständischen umzugehen, ihre Anliegen »gnädiglich« zu hören und ihre Untertanen mehr »Gnad und Gütigkeit, dann die Schärf und Ungnad« spüren zu lassen. Bei künftigen Aufständen sollten sich die Stände gegenseitig zu Hilfe kommen und benachbarte Territorien und Städte sich gegenseitige militärische Hilfe zur Niederschlagung solcher Aufstände zukommen lassen. Durch die Verbindung der Bauernunruhen mit den reformatorischen Neuerungen wurde die Verbindung von Friedenswahrung und Bekämpfung der Neuerungen – zumindest unterschwellig – lanciert. Die Reformation musste nicht deswegen bekämpft werden, weil sie in bestimmten Punkten irrte, sondern weil sie eine Keimzelle der Unruhe war und den Frieden im Reich bedrohte. So wurden die Neugläubigen politisch in die Enge getrieben: Sie mussten unter Beweis stellen, dass die Reformation nicht der Beginn von Unruhe und Anarchie war, sondern im Gegenteil der Garant für eine neue stabile Ordnung. Die Neugläubigen argumentierten andrerseits, dass der Kaiser nicht auf eine Wiederherstellung der alten Zustände dringen dürfe, weil dann mit Sicherheit neue Unruhen zu erwarten seien und damit der Friede gestört werde. Man gewinnt den Eindruck, dass in der Folgezeit der »Aufruhr des gemeinen Mannes« sowohl von den Alt- als auch von den Neugläubigen als politisches Argument instrumentalisiert wurde. Es wäre auf jeden Fall eine falsche Schlussfolgerung, hinter diesem Argument jeweils eine konkrete Aufruhrgefahr zu vermuten und damit z. B. die Verbreitung und Verankerung der lutherischen Lehre in der Bevölkerung zu belegen. Der Bevölkerung ging es um die Beendigung der Missbräuche, die seit dem Mittelalter bekannt waren und die abzustellen die Reformation eine gute Gelegenheit bot. Zwingend notwendig war sie dafür aber nicht.

Reformen ohne Reformation

Nach dem Reichstag wandte sich der Mainzer Erzbischof Albrecht von Brandenburg an seine Suffragane, um seinen Entschluss mitzuteilen, in seinem »Erzstift eine Reformation der Geistlichen halber zu machen«, und appellierte an die Bischöfe, in ihren Diözesen dasselbe zu tun. Die Initiative ist zu sehen als eine Reaktion auf die Diskussion über die Gravamina der deutschen Nation auf dem gerade zu Ende gegangenen Reichstag. Albrecht verstand, dass gegen die Reformation nicht vorgegangen werden konnte, wenn die seit dem Spätmittelalter diskutierte und von allen Seiten als notwendig anerkannte Kirchenreform nicht endlich konsequent angegangen wurde. Mit der Untätigkeit auf diesem Gebiet gab man alle Argumente gegen die Reformation aus der Hand. Albrecht scheute sich aber, die Suffragane zu einer Versammlung einzuladen, denn, so argumentierte er, wenn die weltlichen Fürsten davon erführen, seien sie sich sicher, dass diese Versammlung gegen sie gerichtet sei. Diese Bedenken Albrechts verweisen auf ein grundlegendes Dilemma der innerkirchlichen Reform. Packten die Geistlichen diese Reform an, fühlten sich die weltlichen Herrschaftsträger übergangen und häufig auch in ihren Rechten beeinträchtigt. Ging die weltliche Seite die Reformen an, machte sie damit – ob gewollt oder nicht – deutlich, dass die Geistlichen reformunwillig waren.

Dieses grundsätzliche Dilemma der Kirchenreform hatte sich bereits 1523 in der Salzburger Kirchenprovinz gezeigt. Papst Hadrian VI. hatte Ferdinand ein Drittel des Jahreseinkommens der Geistlichkeit seiner Herrschaftsgebiete für die Türkenabwehr zur Verfügung gestellt, ohne dass er die betroffenen Geistlichen zuvor gefragt hätte. Ferdinand versuchte, die Stimmung auszuloten und fragte den Erzbischof von Salzburg um seine Meinung. Dieser lehnte eine Zwangsabgabe ab, stellte aber eine frei auszuhandelnde Abgabe des Klerus in Aussicht mit der Auflage, von Ferdinand dann auch Unterstützung »wider die lutherischen Irrungen« zu bekommen. Ehe die Verhandlungen noch weitergehen konnten, hatten die Suffragane des Erzbischofs wie auch der Klerus des Herzogtums Württemberg bereits eine solche freiwillige Abgabe abgelehnt. Zudem kassierte Papst Clemens VII. im November die finanziellen Zugeständnisse seines Vorgängers an Ferdinand, was den Widerstand nur verstärkte, als er sich schließlich doch entschloss, sie wieder zu genehmigen.

Hadrian VI. hatte außerdem den bayerischen Landesherren das Privileg verliehen, in Fällen von bischöflicher Nachlässigkeit die Strafgerichtsbarkeit über Geistliche auszuüben. Dieses Privileg traf die Geistlichen wie ein Schock: War das der Anfang vom Ende der geistlichen Gerichtsbarkeit, die Auslieferung an die Laiengewalten? Die Empörung war groß, dass solche Zugeständnisse gemacht wurden, ohne die Bischöfe zuvor zu hören. In eine ähnliche Richtung gingen weitere Maßnahmen der bayerischen Landesherren. Im Oktober rief der Salzburger Erzbischof schließlich die Suffragane seiner Diözese zusammen, um zu beratschlagen, wie der zunehmenden Gefährdung der geistlichen Jurisdiktion und Immunität zu begegnen sei. Die Klagen über die Schmälerung der geistlichen Jurisdiktion waren zum damaligen Zeitpunkt mehrheitlich noch Klagen gegen nicht-evangelische Landesherren. Auch die altgläubigen Landesherren schränkten die bischöfliche Gewalt ein und erlaubten sich Übergriffe auf die bischöfliche Jurisdiktion. Dies als Element der reformatorischen Neuerungen zu kritisieren, musste daher der altgläubigen Seite schwer fallen.

Die Suffragane der Erzdiözese Mainz versammelten sich schließlich in eigener Initiative in Landau und erließen Reformstatuten (ACR I, S. 406–418). Die Statuten wurden nachweislich auch in den Diözesen diskutiert, nicht aber umgesetzt, weil man vor Ort der Auffassung war, Alleingänge nützten gar nichts, es müsse der »clerus universaliter in Germania« reformiert werden.

Nachhaltige innerkirchliche Reforminitiativen kamen auch in anderen Diözesen nicht zustande. Der Episkopat wurde nur auf äußeren Druck tätig. So erklären sich die relativ intensiven Reformbemühungen im Erzbistum Salzburg durch den politischen Druck, den hier Habsburg und Bayern ausübten. In den Erzbistümern Mainz und Trier gab es hingegen bis 1540 jeweils nur eine einzige Zusammenkunft aller Bischöfe, im Erzbistum Köln überhaupt keine. Am weitesten gediehen die Reformbemühungen in Bayern, wobei die Initiative vom Herzog ausging. Hier tagten seit 1522 in relativ dichten Intervallen Reformkonvente. Auch in der alten Kirche konnte demnach die Kirchenreform nur mit Beteiligung der weltlichen Herrscher überhaupt angegangen werden.

Hessen und Sachsen als Zentren der Reformation

Nach dem Tod Friedrichs des Weisen trat 1525 Johann der Beständige dessen Nachfolge an. Die klare Entscheidung Johanns für die Reformation fand ihren sinnfälligen Ausdruck darin, dass er die berühmte Reliquiensammlung seines Vorgängers – die dieser immerhin 1523 noch einmal ausgestellt hatte – auflöste. Die Schmuck- und Edelmetallanteile wurden verkauft, alles andere vernichtet. Politisch fand die Entscheidung für die Reformation Ausdruck in der antihabsburgischen Politik Sachsens nach 1526.

1527–28 führte der sächsische Kurfürst Johann der Beständige die erste protestantische Visitation durch. Visitationen waren eine alte kirchliche Einrichtung, die vorsah, dass in gewissen Abständen die Pfarreien von Aufsichtspersonen besucht wurden, um einen Eindruck vom Zustand der Kirchen und der Gemeinden, ihren religiösen

Bildnis des Landgrafen Philipp von Hessen.
Holzschnitt von Hans Brosamer, um 1534

Auffassungen und Praktiken und ihrer Seelsorge zu gewinnen. Für die Reformation bedeutet diese Visitation den ersten systematischen Versuch, die Verbreitung und Verankerung der neuen Lehre in den Gemeinden, die personelle Versorgung mit neugläubigen Klerikern wie überhaupt die gesamte Infrastruktur der neuen Kirche zu überprüfen und damit eine institutionalisierte Kommunikation zwischen den Gemeinden und der weltlichen Herrschaft herzustellen. Melanchthon schrieb für dieses Unternehmen eine Anleitung, den *Unterricht der Visitatoren*. Diese Anleitung wurde zum Grundmuster aller nachfolgenden protestantischen Visitationen. Luther verfasste ein Vorwort zu diesem Handbuch, in dem er die Theorie des »Notepiskopats« entwickelte. Die für die Visitation Zuständigen seien die Bischöfe, kämen diese – aus welchen Gründen auch immer – ihrer Visitationspflicht nicht nach, sei es an den weltlichen Herrschern, diese Aufgabe der Bischöfe als sogenannte Notbischöfe wahrzunehmen. Die sächsische Visitation und die sächsische Kirchenverfassung wurden damit zum Prototyp einer lutherischen Landeskirche, an dem sich alle weiteren territorialen Reformationen orientierten, selbst wenn sie sich schließlich davon absetzten.

In der Landgrafschaft hatte der junge Landgraf Philipp 1518 die Regierung übernommen. 1521 als noch nicht 17-Jähriger trat er in Worms zum ersten Mal auf einem Reichstag auf. Damals bereits urteilte der päpstliche Nuntius Aleander über ihn, er sei ein mächtiger Herr und – obwohl noch sehr jung – von glänzenden Gaben und übelster erzlutherischer Gesinnung. Obwohl sich Philipp erst 1524 nach einem Gespräch mit Melanchthon offiziell zur neuen Lehre bekannte, hatte Aleanders Eindruck wohl dennoch nicht getrogen. Ein Kasseler Kanzleischreiber hatte einem mit Philipp auf den Reichstag gereisten Kollegen schon den Rat mitgegeben: »Verseht ihrs und bescheisst euch in der Weisheit, dass ihr etwas wider Luther handelt, so kommet nit wieder, wir schlagen alle für tolle Hunde tot.« 1526 nach dem Speyrer Reichstag führte Philipp die Reformation in seinem Land ein. Im selben Jahr wurde auf der Homberger Synode eine Kirchenordnung für Hessen entworfen. Diese sah einen Aufbau der hessischen Kirche mit stark gemeindeautonomen Zügen vor. Sie wurde von Luther abgelehnt. Die hessische Reformation erfolgte schließlich in enger Anlehnung an das sächsische Vorbild. Zwischen Hessen und Sachsen bestanden seit dem 14. Jahrhundert enge Beziehungen, die über einige bedeutende Heiratsverbindungen im 16. Jahrhundert verfestigt worden waren.

Mit der Reformation konnten die alten Gedanken einer hessischen Landeskirche verwirklicht werden. Schon 1523 hatten Bauern aus Balhorn an den Landgrafen geschrieben und einen Prediger der neuen Lehre erbeten mit dem Zusatz: »Euer fürstlich Gnaden sollen unser Papst und Kaiser sein.« Aus dem Vermögen der säkularisierten Klöster gründete Philipp 1527 die Universität Marburg als erste protestantische Universität. Aus dieser Vermögensmasse wurden zudem Versorgungsstätten für adelige Töchter finanziert, Schulen errichtet und schließlich vier Landeshospitäler für Arme und Kranke auf dem Lande eingerichtet. Dieses Kapital schuf demnach die Möglichkeit für eine umfassende neue Innenpolitik im hessischen Territorium.

Parallele Entwicklungen in der Schweizer Eidgenossenschaft

Fast zeitgleich mit der evangelischen Bewegung in Mittel- und Norddeutschland kam es auch zur Reformation in der Schweiz. In Zürich war seit 1518 Huldrich Zwingli (1484–1531), ein humanistisch gebildeter Gelehrter, als Geistlicher am Großmünster angestellt. Zwingli stammte aus gehobenen sozialen Verhältnissen. 1506 wurde er Pfarrer in Glarus, ohne ein eigentliches theologisches Studium absolviert zu haben. Wichtig wurde für Zwingli das Studium der Schriften des Erasmus von Rotterdam, das ihn zur Heiligen Schrift als Zentrum der kirchlichen Erneuerung führte. Auch er stellte die Bibel über die traditionellen kirchlichen Autoritäten. Anders als bei Luther war der Ausgangspunkt aber nicht ein individuelles religiöses Erlebnis. 1518 holten ihn die Züricher Chorherren als Pfarrer ans Großmünster, die bedeutendste Züricher Kirche. Seine Predigten waren von der gängigen Kirchenkritik der Zeit geprägt, zum Bruch kam es in seinem Fall über die Frage der Verbindlichkeit kirchlicher Fastenvorschriften. Im März 1522 fand während der österlichen Fastenzeit in Zürich ein demonstratives Wurstessen im Hause eines Buchdruckers statt. Zwingli billigte diese Demonstration wie grundsätzlich alle Verstöße gegen die kirchlichen Fastengebote in seinen Predigten, die bald danach in Druck gingen. Die Stadtregierung zeigte sich in dieser Situation zunächst verunsichert und rief die kirchlichen Autoritäten an. Es kam zu einem Konflikt der Züricher Stadtregierung mit dem Bischof von Konstanz, zu dessen Diözese Zürich gehörte. 1522 erklärte Zwingli den Bischof von Konstanz mit Berufung auf die Heilige Schrift für unzuständig und legte der Stadtregierung nahe, sich seiner Amtsgewalt zu entziehen. Damit war die städtische Obrigkeit in Zürich auch zur geistlichen Obrigkeit und zur zuständigen Instanz für die Kirchenreform geworden. Zwingli legte sein Priesteramt nieder und übernahm eine von der Stadtregierung eigens für ihn geschaffene Predigerstelle. Am 29. Februar 1523 setze die Stadtregierung eine Disputation über die von Zwingli aufgeworfenen Fragen an. Der Konstanzer Generalvikar Johann Fabri bestritt die von Zwingli dargelegten Kompetenzen der weltlichen Obrigkeit, Zwingli selbst trug in 67 Thesen das Programm seiner Reformation vor. Zwingli vertraute der Stadtregierung die Überwachung des kirchlichen Lebens der Stadtbürger an und empfahl ihr, den

Gottesdienst und die Kirchenverfassung nach der Heiligen Schrift neu zu ordnen. Er gab den Klosteraustritt und die Priesterehe frei und übertrug die bischöfliche Banngewalt auf die politische Obrigkeit. Die Stadtregierung stellte sich hinter Zwingli und machte den Pfarrern in der Stadt und dem dazugehörenden Landgebiet die evangelische Predigt zur Pflicht. Die Reformation setzte sich durch diese Anordnung von oben rasch durch. Die Reste des katholischen Kirchenwesens wurden in den nächsten drei Jahren stufenweise beseitigt (Messe, Klöster, Bilder). Gottesdienst und Abendmahl wurden in betont nüchterner Form gefeiert. Das Kirchengut wurde säkularisiert und für sozialpolitische Aufgaben der Stadt verwendet. 1525 wurde am Großmünster eine Schule gegründet, aus der sich die spätere Theologische Fakultät entwickelte. Ebenfalls 1525 wurde ein Sitten- und Ehegericht eingerichtet. Die Ehegerichtsbarkeit – ständiger Streitpunkt zwischen geistlicher und weltlicher Gerichtsbarkeit – ging nun auf den Rat der Stadt über. Damit wurde auch der Sakramentscharakter der Ehe beseitigt.

Zwingli fand Anklang und Sympathien bei den oberdeutschen Reichsstädten. Diese wünschten ebenso wie der Landgraf Philipp von Hessen eine Vereinigung des deutschen und des schweizerischen Protestantismus. Luther und Zwingli aber waren sich in einer wichtigen Frage nicht einig: im Abendmahlsverständnis (Luther: Das Abendmahl ist ein Heilsmittel. Christus ist in Brot und Wein real in seiner menschlichen Gestalt präsent. Zwingli: Das Abendmahl ist kein Heilsmittel. Im Sakrament ist nur die göttliche, nicht die menschliche Natur Christi präsent). Der Landgraf lud daher 1529 zu einem Religionsgespräch nach Marburg ein, das aber keine Annäherung zwischen Luther und Zwingli brachte und damit auch keine Vereinigung des deutschen und schweizerischen Protestantismus. Ja mehr noch, es spaltete den deutschen Protestantismus, der in der Folgezeit immer eine oberdeutsche, d.h. an

Zwingli angenäherte Gruppe unterschied und wenig später
mit dem Auftreten Calvins endgültig eine zweite Spielart
des Protestantismus, den Calvinismus oder das Reformiertentum zulassen musste.

Zürich wurde in der Folgezeit von anderen Kantonen
der Schweizer Eidgenossenschaft beschuldigt, mit seinen
Maßnahmen die geistliche wie weltliche Ordnung zu zer-
stören. Danach kam es zur konfessionellen Spaltung der
Schweiz. Zwingli nahm nach 1529 in der Schweiz den
Kampf gegen die katholisch gebliebenen Kantone auf. Der
Schikanen der Züricher Stadtregierung nach einiger Zeit
überdrüssig, erklärten die fünf katholischen Urkantone im
Oktober 1531 Zürich den Krieg. Am 11. Oktober stießen
die Züricher Truppen mit dem Aufgebot der fünf Orte bei
Kappel zusammen und wurden geschlagen. Unter den
Opfern dieser Schlacht war auch der Reformator Zwingli.
Die Schweizer Reformation verlor damit ihren Protago-
nisten. Der Konfessionsstand wurde 1531 im Kappeler
Landfrieden so festgeschrieben, wie er sich annähernd bis
heute gehalten hat. In der Schweiz gab es seit 1531 katholische und zwinglianisch-protestantische Kantone. Nachfolger Zwinglis wurde Heinrich Bullinger (1504–1575).

1549 vereinigten sich zunächst Zürich, dann alle protestantischen Kantone mit der von Genf ausgehenden
Reformationsbewegung Calvins und gewannen dadurch
Anschluss an den westeuropäischen reformierten Protestantismus.

Der Reichstag von Speyer 1529:
der Protest der Protestanten

Wie sehr die schwebende Religionsfrage den Frieden im
Reich bedrohte, zeigt ein Vorkommnis des Jahres 1528.
Der herzoglich-sächsische Vizekanzler Otto von Pack
hinterbrachte den evangelischen Reichsständen, katholi-

sche Reichsfürsten hätten in Breslau ein Offensivbündnis zur Ausrottung der Ketzer beschlossen. Daraufhin begann Landgraf Philipp von Hessen sofort mit der Vorbereitung militärischer Aktionen gegen die geistlichen Fürstentümer Würzburg und Mainz, die erst im letzten Augenblick gestoppt werden konnten. Dieses Ereignis hatte dem Kaiser und Erzherzog Ferdinand noch einmal deutlich vor Augen geführt, welches Bedrohungspotenzial in der ungeklärten Religionsfrage lag.

Über das Vorgehen waren sich die Brüder dennoch nicht einig. Karl V. war zu dieser Zeit auf einem eher abwartenden Kurs, Ferdinand wollte handeln und machte eine eigene Proposition für den neuen Reichstag, den er vor allem für die finanzielle Unterstützung durch die Stände im Krieg gegen die Türken benötigte. In der Proposition wurden alle Neuerungen in Religionssachen bis zu einem Konzil verboten. Dagegen protestierten die evangelischen Stände am 19. April 1529, am 22. April sandten sie diesen Protest in Form einer feierlichen Appellation an Kaiser und Konzil. Von dieser Protestation leitet sich der Name »Protestanten« ab, eine bemerkenswerte Namensgebung, wenn man sich den Kreis der protestierenden »evangelischen Stände« einmal genauer ansieht. Fünf Fürsten und 14 Reichsstädte (Heilbronn, Isny, Kempten, Konstanz, Lindau, Memmingen, Nördlingen, Nürnberg, Reutlingen, St. Gallen, Straßburg, Ulm, Weißenburg und Windsheim) unterschrieben die Protestation. Mit Kurfürst Johann von Sachsen und Landgraf Philipp von Hessen waren die politischen Führer der Reformation darunter, die anderen drei Fürsten gehörten aber nicht zur politischen Führungsriege des Reichs: Markgraf Georg von Brandenburg-Ansbach, Herzog Ernst von Braunschweig-Lüneburg und Fürst Wolfgang von Anhalt. Angesichts der anfänglichen Sympathien für Luther war der Kreis der Stände, die 1529 unterschrieben, erstaunlich klein.

Die Protestation wurde nicht in den Reichsabschied aufgenommen. Der hielt in der Religionsfrage fest, dass binnen eines Jahres ein »frei christlich General Concilium« auf Reichsboden stattfinden oder, wenn ein solches Konzil nicht zustande käme, »ein gemein Versammlung aller Stände teutscher Nation« einberufen werden und in Anwesenheit des Kaisers tagen sollte. Außerdem wiederholte er wörtlich die Passage des Abschieds von 1526 mit dem Kommentar, dass dieser Artikel »zur Entschuldigung allerlei erschrecklicher neuen Lehren und Secten« habe herhalten müssen. Deswegen wurden die Gültigkeit des Wormser Edikts unterstrichen und die Stände angehalten, ihre Untertanen auf dessen Einhaltung zu verpflichten. Allerdings räumte der Abschied ein, dass die Stände, »bei denen die anderen Lehren entstanden«, nicht ohne die Gefahr von Aufruhr und Empörung bei den Untertanen wieder zu den alten Zuständen zurückkehren könnten, und verpflichtete sie folgerichtig lediglich, bis zum Konzil weitere Neuerungen zu verhindern und zuzulassen, dass Personen, die der katholischen Messe beiwohnen wollten, dies ungehindert tun konnten.

Der Reichsabschied von Speyer 1529 kann demnach – anders, als die Proposition es noch formuliert hatte – nicht einfach als die »Aufhebung« des Speyerer Abschieds von 1526 bewertet werden. Er war ein Versuch, die Ausbreitung der neuen Lehre durch ein kaiserliches Landfriedensgebot zum Stillstand zu bringen und ihr nicht durch die Formulierung eines scheinbaren Rechtstitels wie in Speyer 1526 geschehen, weiteren Auftrieb zu geben. Aber er ging davon aus, dass die alten Zustände nicht wiederherzustellen waren. Der Abschied zielte auf das Künftige, nicht auf die Vergangenheit. Die Stände sicherten sich wechselseitig zu, dass keiner den anderen »des Glaubens halber vergewaltigen, dringen oder überziehen, noch auch seiner Rent, Zins, Zehenden und Güter entwehren soll«, noch die Untertanen in Richtung eines anderen Glaubens beeinflussen soll.

Damit stellte auch der zweite Speyerer Abschied die Religionshoheit der Stände ins Zentrum, ihre Verantwortung dafür, dass aus der Glaubensfrage keine Erschütterung der weltlichen Ordnung wurde. Daneben wandte er sich auch vorsichtig der Frage des Kirchengutes zu und deutete eine gewisse Bestandssicherung an. Alles in allem wurde die Regelung der Glaubensfrage aber ausgesprochen verhalten angegangen. Der Eindruck verstärkt sich, wenn man demgegenüber die auch im Abschied enthaltenen Bestimmungen gegen die Wiedertäufer näher betrachtet. Die Sekte der Wiedertäufer sollte ohne Nachsicht bekämpft werden, bei rigoroser Anwendung der im »gemeinen Recht« dafür vorgesehenen Todesstrafe. Man sieht hier deutlich, dass die Wiedertäufer keinen Rückhalt bei den Ständen hatten, sondern eine Bewegung ohne politische Verankerung in der Reichsverfassung waren. Es gab keine Reichsstände, die sich für die Wiedertäufer aussprachen und damit ermöglicht hätten, dass man aus politischer Rücksichtnahme auf diese Stände eben auch der Sekte freundlicher entgegengekommen wäre. Außerdem gab es für die Verfolgung der Wiedertäufer bereits eine rechtliche Grundlage im gemeinen Recht. Da die Wiedertäufer den Eid ablehnten, der zur Begründung des Herrscher-Untertanen-Verhältnisses als Huldigungseid unerlässlich war, betrachtete man sie als umstürzlerisches Potenzial, das man im Sinne der Friedens- und Ordnungssicherung ausschalten musste.

Die Verfolgung der Lutheranhänger basierte darauf, seine Lehre als ketzerisch zu beurteilen; nur wer diese Auffassung teilte, war im Grunde zur Verfolgung Luthers bzw. zur Umsetzung des Wormser Edikts verpflichtet. Da aber die Lehre Luthers gerade darin bestand, die Autorität des Papstes in der Beurteilung seiner Lehre zu bestreiten, war man hier in einer Zwickmühle. Denn dem Kaiser war es aus politischen Gründen unmöglich, sich für die ungebrochene Autorität des Papstes einzusetzen, vielmehr kam ihm die

Tatsache, dass Luther diese Autorität in Frage stellte, gar nicht unrecht. Unmöglich war es ihm aber auch, sich offen gegen den Papst zu stellen, da mit ihm das Fundament seines Kaisertums erschüttert worden wäre. In der Frage der Bekämpfung der Wiedertäufer waren Kaiser und Reich sich einig, in der *causa Lutheri* hingegen waren Kaiser und Reich und die Stände untereinander verschiedener Auffassung.

Trotz der scheinbaren Niederlage der Protestanten verbuchte Karl V. das Ergebnis des Reichstages nicht als großen Erfolg, was ein sehr prosaischer Brief an seine Schwester belegt. Die Symbolkraft der Speyerer Protestation darf aber nicht darüber hinwegtäuschen, dass erst der Reichstag von Augsburg ein Jahr später das Religionsproblem zu einem das rechtliche und politische Ordnungsgefüge des Reichs ernsthaft bedrohenden Problem anwachsen ließ. Dazu trug wesentlich bei, dass Philipp von Hessen nach dem Speyerer Reichstag ein konfessionelles Bündnis aller evangelischen Stände vorbereitete.

Der Reichstag von Augsburg 1530: die konfessionelle Spaltung nimmt ihren Anfang

Nachdem Karl V. mit Frankreich und dem Papst Frieden geschlossen hatte und die Türken vor Wien wieder abgezogen waren, konnte der Kaiser nach langen Jahren wieder einen Reichstag in eigener Person abhalten. Er glaubte an die Möglichkeit einer Einigung mit den Protestanten, die er dringend brauchte, um die politischen Kräfte des Reichs gegen die latente Türkengefahr im Osten zu vereinigen und zu mobilisieren. Er versprach sich bei diesem Reichstag zudem sehr viel von der Wirkung, die sein persönliches Erscheinen und damit die unmittelbare Wirkung der kaiserlichen Würde und Macht, noch aufgewertet durch die unmittelbar vor dem Reichstag am 24. Februar in Bologna vollzogene Kaiserkrönung, haben würde. Karl V.

sah sich als Schiedsrichter zwischen den beiden Religionsparteien, die er glaubte wieder zusammenführen zu können. Karl V. fehlten weitgehend die Kenntnisse über die fundamentalen Umbrüche, die es während seiner Abwesenheit im Reich gegeben hatte. Er verstand letztlich nicht, dass schon lange nicht mehr nur die religiöse Kontroverse die Parteien entzweite, sondern vor allem die Änderungen der kirchlichen Organisationsstruktur des Reichs Kern der Auseinandersetzungen waren.

Die Ausschreibung des Reichstages zum 8. April 1530 erging noch vor der Kaiserkrönung am 21. Januar von Bologna aus. Sie war in sehr versöhnlicher und freundlicher Sprache abgefasst und ging erstmalig nicht vom Wormser Edikt aus, sondern wählte einen neuen Ansatz für die Einigung der Religionsparteien, indem eine Lösung gesucht werden sollte, wie hinsichtlich »der Irrung und Zwiespalt [...] in dem heiligen Glauben und der christlichen Religion« vorgegangen werden sollte. Dabei sollte aller Zwist der letzten Jahre beiseite gelegt werden und vorurteilsfrei eine Einheit der Religion angestrebt werden, denn wie »alle unter einem Christus sind und streiten«, so sollten auch »alle in einer Gemeinschaft der Kirche und Einheit leben«. Diese versöhnliche Haltung hatte Karl auf Anraten des Großkanzlers Mercurino di Gattinara eingenommen. Ob sie 1530 wirklich noch eine realistische Chance hatte, wie gemeinhin angenommen wird, muss überdacht werden. Zwiespalt gab es 1530 nicht nur zwischen den Altgläubigen, sondern bereits auch unter den Neugläubigen. Eine Einheit der christlichen Kirche wiederherzustellen war damit ungleich schwieriger geworden als noch zehn Jahre zuvor. Zudem verbanden sich mit der Religionsfrage sehr unterschiedliche politische Interessen der deutschen Fürsten. Johann von Sachsen sprach sich für eine kompromissbereite Politik gegenüber dem Kaiser aus. Er erwartete vom Kaiser die Belehnung mit der Kurwürde. Landgraf Philipp von Hessen bezog eine völlig andere Position. Er wollte keinen Rückzug in der Religionsfrage, die er in den letzten Jahren erfolgreich für seine antihabsburgische Politik hatte instrumentalisieren können. Vom Reichstag befürchtete er eine Verurteilung der Zwinglianer und damit eine Spaltung der Protestanten. Er sprach daher Kaiser und Reich die Zuständigkeit in der Religionsfrage ab und appellierte einmal mehr an das Konzil. Die Kompromissbereitschaft der protestantischen Seite wurde vom Kaiser und seinem Beraterstab überschätzt. Zu viel war in den Jahren seit dem Wormser Reichstag passiert, zu sehr hatte sich die evangelische Bewegung politisch verfestigt, als dass durch kaiserliche Zugeständnisse die Fürsten bereit gewesen wären, sich auf den Status vor den reformatorischen Ereignissen zurückzubegeben.

Viel später als vorgesehen trat der Reichstag zusammen. Diese Zeit nutzten die Wittenberger Theologen, um den eigenen religiösen Standpunkt zu formulieren, damit sie für Gespräche vorbereitet und gegen Vorwürfe gewappnet waren. Über einige Zwischenstufen, die von Luther und anderen protestantischen Theologen kritisch gegengelesen wurden, entwarf so schließlich Philipp Melanchthon die *Confessio Augustana*. Luther, der wegen seiner Ächtung nicht persönlich auf dem Reichstag anwesend war, kommentierte von der Coburg aus Melanchthons letzten Entwurf wohlwollend, stellte aber zugleich heraus, dass die *Confessio Augustana* ein strategisches Werk sei, das auf Einigung ziele: Er könne so leise nicht treten, vermerkte er vieldeutig in Briefen an Kurfürst Johann (15. Mai 1530) und an Justus Jonas (21. Juli 1530). Hätte der Reichstag Erfolg gehabt, wäre diese Äußerung Luthers wahrscheinlich im Nachhinein als großes Lob für Melanchthon gedeutet worden; so wie die Dinge aber liefen, blieb seither diese Bezeichnung an Melanchthon haften wie Pech, und noch von heutigen Historikern wird er als »Leisetreter« oder auch vornehmer als »Sanftsohliger« bezeichnet.

Die Eröffnung des Reichstages zeigte in symbolischer Weise die Schwierigkeiten, die einer Lösung der Religionsfrage im Weg standen. Beim feierlichen Einzug hob sich der Kaiser durch seine spanische Kleidung von allen Übrigen ab. Er gab mit seiner Kleidung den Kritikern Recht, die schon bei seiner Wahl befürchtet hatten, dass Karl in erster Linie Spanier sei und somit Spanien im Mittelpunkt seiner Interessen stehen werde und nicht das Reich. Neben der Ungeschicklichkeit in der Kleiderfrage brüskierte der Kaiser die protestantischen Stände noch vor der Eröffnung der Verhandlungen mit dem Ansinnen, eine Zusicherung zu geben, die evangelischen Predigten in ihren Gebieten abzustellen. Außerdem sollten sie an der Fronleichnamsprozession teilnehmen. Beide Ansinnen wiesen sie zurück.

Allein die Tatsache, dass der Reichstag keineswegs ausschließlich der Religionsfrage galt, sondern dass andere wichtige Punkte auf der Tagesordnung standen wie die erste Reichspolizeiordnung, die Fortführung der Beratungen über die Strafgerichtsordnung des Reichs, die Beratungen über das Reichsregiment und das Reichskammergericht, die Monopole und nicht zuletzt die Beratungen über die Türkenhilfe, schweißte den Reichstag dennoch zusammen. Es ist ein wichtiges Charakteristikum der Reichstagsverhandlungen der Reformationszeit, dass der religiöse Dissens zu keiner Zeit so machtvoll wurde, die Verhandlungen völlig zu blockieren. Die Stände kooperierten auf den Reichstagen dauerhaft und ergebnisorientiert.

Am 25. Juni 1530 las der kursächsische Kanzler die *Confessio Augustana* in deutscher Sprache vor. Luther schrieb wenige Tage später an Melanchthon, man habe nun genug nachgegeben. Am 3. Juli übergab Zwingli seine *Fidei ratio* an Karl V., am 9. Juli vier Reichsstädte (Straßburg, Lindau, Memmingen, Konstanz) die *Tetrapolitana*. Die Protestanten sprachen nicht mehr mit einer Stimme. Karl V. demonstrierte indessen seine Macht. Es war üblich, dass der Kaiser, wenn ein neuer Fürst in einem Territorium die Regierung übernommen hatte, diesen beim nächsten Reichstag belehnte. Johann der Beständige von Sachsen wartete seit 1525 vergeblich auf die Belehnung mit der Kurwürde. Die Gerüchte, dass der Kaiser plane, die Kurwürde an Herzog Georg von Sachsen zu geben, die seit Jahren immer wieder auftauchten, wurden lauter. Sie hatten aber keine einschüchternde Wirkung, sondern stärkten im Gegenteil den Zusammenhalt der Evangelischen. Vielleicht mit Ausnahme des unmittelbar von dieser angedrohten Maßnahme Begünstigten rief dieses Verhalten des Kaisers sogar den Widerstand aller Stände auf den Plan, weil es als nicht hinzunehmender Eingriff in die ständischen Rechte angesehen werden musste. Daher war die Maßnahme eher zur Steigerung der ständischen Solidarität geeignet.

Am 3. August 1530 wurde die Gegenschrift zur *Confessio*, die *Confutatio* verlesen. Eine schriftliche Fassung davon bekamen die Evangelischen nicht. Dennoch: Die hier vorgetragene Rechtfertigungslehre unterschied sich kaum mehr von der protestantischen. Johann Eck (1486–1543), der Mitverfasser war, akzeptierte Luthers »sola fide«. Nur wollte er es aus pädagogischen Gründen für das Volk relativieren, um nicht das Missverständnis zu erwecken, gute Werke seien nicht notwendig, und sich damit jeder erzieherischen Einflussnahme auf das Volk zu begeben. Melanchthon teilte diese Bedenken, auch er sah die Gefahr, dass die protestantische Rechtfertigungslehre einer laxen Ethik Vorschub leisten könnte. Daher war es im Grunde unnötig, dass Melanchthon schließlich am 22. September 1530 seine *Apologie* vorlegte, die die protestantischen Positionen in der Rechtfertigungslehre schärfer akzentuierte und damit den Dissens wieder vergrößerte. Sie wurde vom Kaiser gar nicht erst angenommen.

Vom theologischen Standpunkt aus betrachtet, lag die Einigung 1530 ganz nahe. Man erreichte nur in ganz weni-

Verlesung der Augsburgischen Konfession. Kupferstich, Anfang
17. Jh., nach einer zeitgenössischen Vorlage (um 1530)

gen Punkten keinen Konsens – wenn es wirklich um die
theologische Einigung gegangen wäre, sie wäre auf diesem
Reichstag zu erzielen gewesen. Aber die Spaltung war
längst keine religiös-theologische mehr, sie war eine poli-
tisch-rechtliche. 1526 war die Grundlage dafür formuliert,
1529 akzentuiert worden. Es waren in wichtigen Territorien des Reichs wie z.B. im Kurfürstentum Sachsen und in
Hessen, dazu in zahlreichen Reichsstädten völlig neue
Kirchenverfassungen entstanden. Daher verhandelte der
Reichstag im Grunde genommen über den völlig falschen
Gegenstand. Melanchthon schrieb am 29. August an Luther: »Wir ziehen uns großen Tadel von Seiten der unse-
ren zu, weil wir den Bischöfen die Jurisdiktion zurückge-
ben. Denn der Pöbel, der an die Freiheit gewöhnt ist und
einmal das Joch der Bischöfe abgeschüttelt hat, lässt sich
ungern jene alte Last wieder auferlegen, und vor allem
hassen die Reichsstädte jene Herrschaft. Um Lehre und
Religion kümmern sie sich nicht, nur um Herrschaft und
Freiheit sind sie besorgt.« Melanchthon sah demnach ganz
deutlich, dass eine theologische Einigung von den evangelischen Ständen gar nicht mehr gewünscht war, denn die
politisch-rechtlichen Folgen der Reformationsentschei-
dung waren nicht ohne weiteres wieder rückgängig zu
machen.

Am Ende des Reichstages musste grundsätzlich geklärt
werden, ob aus der vom Kaiser und von der Reichstags-
mehrheit vertretenen Unrechtmäßigkeit der lutherischen
Lehre reichsrechtliche Konsequenzen gezogen werden
sollten, d.h. ob der Glaubenskrieg gegen die Anhänger
der neuen Lehre im reichsrechtlichen Sinne der Exekution
des Landfriedens gegen die Abweichler eröffnet werden
sollte, oder ob die Protestierenden bis zu einem Konzil
reichsrechtlich durch eine entsprechende Friedenszusage
geschützt werden sollten. In dieser Alternative fand die
Problematik, die aus der Verknüpfung der Religionsfrage
mit der Reichsfriedensproblematik erwachsen war, ihre

für die Reichspolitik bis 1555 grundlegende Ausprägung
(A. P. Luttenberger). Im Reichsabschied vom 19. November 1530 wurde ein detaillierter Katalog verworfener und
gültiger Glaubensinhalte aufgestellt und, verbunden mit
dem Verbot jeglicher religiöser Neuerung, bis zum Konzil
für das ganze Reich für verbindlich erklärt. Die Vorstellungen der Protestanten fanden im Reichsabschied keinen
Niederschlag mehr. Altgläubige Untertanen neugläubiger
Obrigkeiten wurden unter den besonderen Schutz des
Reiches gestellt – und damit die obrigkeitlichen Rechte
neugläubiger Herrscher ausgehöhlt. Verfügt wurde zudem
die Restitution aller entfremdeten Kirchengüter und der
Anspruch der Geistlichen auf ihre althergebrachten Rechte und ihre Einkünfte. Der Bruch dieser Bestimmungen
sollte am Kammergericht eingeklagt werden können. Damit standen die Protestanten, die Anhänger der Augsburgischen Konfession wie auch die Zwinglianer, außerhalb
der Reichsfriedensordnung. Geschützt wurde mit dem
Augsburger Reichsabschied erstmals ausdrücklich der Bestand der alten Kirchenverfassung gegen die neue protestantische Kirchenorganisation und ihre unvermeidlichen
Auswirkungen auf die Ordnung des Reichs.

Mit dem Reichstag von 1530 verließ die Reformation
endgültig die Ebene religiöser Auseinandersetzungen.
Letztmalig wurden auch die Gravamina auf dem Reichstag verhandelt, bezeichnenderweise beteiligten sich nur
noch die altgläubigen Stände, da die Neugläubigen den
Gravamina-Weg seit dem Reichstag zu Speyer 1526 verlassen und die Kirchenreform auf andere Weise in Angriff
genommen hatten. Als Ergebnis lagen schließlich die
Concordata der geistlichen und weltlichen Beschwerung
vor. Diese gelten als Abschluss der zehnjährigen Grava-
mina-Debatte auf den Reichstagen der Reformation. Sie
sind zugleich eine Bilanz dessen, was die altgläubigen
Stände von einer katholischen Gesamtreform unter kai-
serlicher Führung und mit päpstlicher Zustimmung er-

warten konnten. Bedeutsam sind sie, weil sie die Reformbedürftigkeit der weltlich-geistlichen Beziehungen feststellten, aber nie umgesetzt wurden und so die Unmöglichkeit dieser Reform erneut bewiesen. Die Reform konnte schließlich erst als katholische Reform auf dem Trienter Konzil in Angriff genommen werden. Ausgetragen wurde fortan eine politisch-verfassungsrechtliche Debatte, die sich als Konsequenz aus dem Religionsstreit ergeben hatte. Die Infragestellung der Autorität des Papstes hatte die Frage aufkommen lassen, wer an seiner Stelle die zentrale Leitungskompetenz wahrnehmen sollte. Die Infragestellung der Kompetenz der Bischöfe für die Kirchenreform hatte die Frage aufkommen lassen, wer an ihrer Stelle dafür zuständig sein sollte. Die Infragestellung des kirchlich-kanonischen Rechts hatte die Frage aufgeworfen, welches Recht an seine Stelle treten sollte. Gestritten wurde fortan über die Kirchenverfassung. Das aber war eine politische Frage.

Luther schrieb als Reaktion auf den Reichsabschied seine *Warnung D. Martin Luthers an seine lieben Deutschen* (gedruckt 1531), in der er versuchte, die Unrechtmäßigkeit der Ausgrenzung der Protestanten aus der Friedensordnung des Reichs durch eine Diskussion des Begriffs »Aufruhr« aufzuzeigen. Mit diesem Begriff wollten die Gegner nach Luther »alle Welt schrecken und fangen«. Aufruhr sei aber nicht, wenn »einer wider das Recht tut«, denn dann müssten alle Übertretungen des Rechts Aufruhr heißen. Ein Aufrührer sei vielmehr jemand, der »Obrigkeit und Recht nicht ertragen will, der selbst Herr sein und Recht erlassen will« wie z.B. Thomas Müntzer.

Nach 1530 stand ein politischer Ausgleich auf der Basis des Landfriedens im Zentrum der Diskussion; dogmatische Fragen wurden zumindest von Seiten der Protestanten nicht mehr als zielführend betrachtet. Zu dem von den Protestanten angestrebten Ausgleich gehörte die Einstellung der am Reichskammergericht anhängigen Religions-

prozesse und die Einbeziehung der Protestanten in den
Landfrieden bis zu dem angekündigten Konzil.

Dennoch gingen nach 1530 die Religionsgespräche weiter. Sie vermittelten zumindest den Eindruck, als könne
der politische Konflikt doch noch einmal von der Wurzel
her beigelegt werden, indem nämlich der religiöse Dissens
beseitigt wurde. Ob es jemanden gab, der daran wirklich
noch glaubte, ist fraglich.

Der Widerstand formiert sich

Am 5. Januar 1531 wurde Ferdinand I. zum römischen
König gewählt und am 11. Januar gekrönt. Vorausgegangen war eine Wahlabrede der Kurfürsten vom November
1530, die Ferdinand mit einer Million Fuggerschem Kapital erkauft hatte. Nur der sächsische Kurfürst ließ sich
nicht kaufen und protestierte am 29. November 1530 gegen die bevorstehende Wahl Ferdinands. Er sah den ständischen Einfluss auf die Kaiserwahl schwinden und das
erbliche Kaisertum der Habsburger als drohende Gefahr
aufziehen. Unterstützt wurde er in seiner Haltung von anderen protestantischen Fürsten sowie von Bayern und
Frankreich. Mit der Wahl Ferdinands war nicht nur die
Nachfolge Karls V. geregelt, sondern mit dem designierten Nachfolger auch ein legitimierter Stellvertreter des
Kaisers ernannt worden. Das Reichsregiment wurde damit
entbehrlich. Die Reformation verlor mit dem Ende des
Reichsregiments ein wichtiges Kommunikationszentrum.
Diese Lücke füllten ab 1531 die Versammlungstage des
Schmalkaldischen Bundes.

Konfessionelle Bündnisse hatte es bereits in den 1520er
Jahren gegeben. Im Juli 1524 schlossen sich in Regensburg
Erzherzog Ferdinand, der Erzbischof von Salzburg, die
beiden Bayernherzöge Wilhelm IV. und Ludwig X. und
die Bischöfe von Bamberg, Trient, Speyer, Straßburg,

BB

PROXIMVS·A·SVMMO·FERDNANDVS·CAESARE·CARLO
REX·ROMANORVM·SIC·TVLIT·ORA·GENAS
AET·SVAE·XXIX
ANN·M·D·XXXI

Bildnis des Erzherzogs Ferdinand.
Kupferstich von Barthel Beham, 1531

Augsburg, Konstanz, Basel, Freising, Regensburg, Passau und Brixen zur Durchführung des Wormser Edikts in der Regensburger Einung zusammen, 1525 fanden sich der Herzog von Sachsen, der Herzog von Braunschweig-Wolfenbüttel und die Kurfürsten von Mainz und Brandenburg zum Dessauer Bündnis zusammen, 1526 gingen Hessen und Kursachsen das Defensivbündnis von Torgau ein. Sie alle waren nur kurzlebig, weil sie rasch von den sich ändernden politischen Interessen überholt wurden. Anders war das beim Schmalkaldischen Bund, der am 27. Februar 1531 geschlossen wurde. Die Initiative ging von Hessen und Kursachsen aus; beide Länder erhielten die Führungsrolle im Bund. Hinzu kamen Herzog Philipp von Braunschweig-Grubenhagen, Herzog Ernst von Braunschweig-Lüneburg, Fürst Wolfgang von Anhalt, die Grafen Gebhardt und Albrecht von Mansfeld sowie die Städte Straßburg, Ulm, Konstanz, Reutlingen, Memmingen, Lindau, Biberach, Isny, Magdeburg, Bremen und Lübeck. Der Schmalkaldische Bund war zunächst einmal ein Verteidigungsbündnis gegen potenzielle militärische Bedrohungen, die sich aus dem Reichsabschied von 1530 ergeben konnten. Die Bündnismitglieder garantierten sich gegenseitig Hilfe zur Gegenwehr in allen die Religion belangenden Angelegenheiten. Wie wenig diese Religionsangelegenheiten scharf zu fassen waren, haben neuere Forschungen gezeigt. Im diskursiven Verfahren konnte letztlich jede Angelegenheit zu einer religiösen erklärt werden: Religionsangelegenheiten waren Belange, die der Bund als solche definierte (Gabriele Haug). Durch diese flexible Definition seiner Zuständigkeit war der Schmalkaldische Bund gleichsam der natürliche Verbündete aller antihabsburgischen Kräfte im Reich und in Europa. Der Bund unterhielt gesandtschaftliche Beziehungen zu Frankreich und England und stand im engen Kontakt zu Bayern.

Bereits im Nachklang des Augsburger Reichstages war die Frage der Rechtmäßigkeit von Bündnissen zum Schutz der Religion für den Fall diskutiert worden, dass sie sich gegen den Kaiser richteten. Luther hatte sich zunächst gegen ein Widerstandsrecht gegen den Kaiser ausgesprochen. Im Zusammenhang mit der Bundesgründung wurde diese Diskussion neu entfacht. Luther beugte sich schließlich den hessischen und sächsischen Politikern und Juristen, die aus dem positiven Recht ableiteten, dass es eine eigenständige Amtsgewalt der Reichsfürsten gebe. Da die Fürsten selbst Obrigkeiten seien, hätten sie damit auch ein Widerstandsrecht gegen den Kaiser, zumal die Fürsten durch erbliche Nachfolge legitimiert seien, der Kaiser hingegen durch Wahl. Bei seiner Wahl habe er Pflichten übernommen; wenn er die nicht halte, sei er kein Kaiser mehr, sondern ein »Friedbrecher«. Das Widerstandsrecht wurde somit als ein ständisches Recht definiert. Amtlosen Untertanen hingegen wurde nicht das Recht zugestanden, gegen eine ungerechte Herrschaft vorzugehen, da das Widerstandsrecht von seinen Befürwortern im 16. Jahrhundert fast durchgängig als Bestandteil der »regulären Institutionenkontrolle« (Eike Wolgast) definiert wurde. Für die Formulierung dieser Theorie hatte sich besonders Martin Bucer stark gemacht. Luther lehnte für diese Position eine theologische Verantwortung ab und erklärte das so begründete Widerstandsrecht zu einer rein juristischen Frage. Die Stände profilierten sich mit dieser Begründung des Widerstandsrechts als Garanten der Friedensordnung des Reichs: Sie waren gleichsam verpflichtet, gegen den Kaiser als »Friedbrecher« einzuschreiten, um damit den Bestand des Landfriedens zu sichern. Einmal mehr zeigte sich die legitimatorische Bedeutung der juristischen Figur »Landfrieden« für politische Aktionen.

In den Jahren nach 1530 konnte sich der Kaiser wieder einmal nicht um die konsequente Durchführung der Reichstagsbeschlüsse kümmern. Er war außenpolitisch gefordert und daher nach wie vor auf die Unterstützung der Stände angewiesen. Trotz der gelungenen Nachfolgeregelung konnten Karl und Ferdinand die Stände nicht ausschalten; sie brauchten die finanzielle Unterstützung für die Kriege gegen Frankreich und gegen die Osmanen. Die Stände spielten diese Abhängigkeit voll aus: Auf dem Reichstag zu Regensburg machten die protestantischen Stände im April 1531 klar, dass sie kein Geld für die Türkenhilfe aufbrächten, wenn sie weiterhin wegen ihres Bekenntnisses von Reichsacht und Reichsexekution bedroht seien.

Im Oktober schloss Bayern ein förmliches Bündnis (Saalfelder Bündnis) mit dem Schmalkaldischen Bund, das sich vor allem gegen das römische Königtum Ferdinands und generell gegen das habsburgische Übergewicht im Reich richtete. Der König von Frankreich sagte den Schmalkaldischen Bundesgenossen für mögliche militärische Operationen seine finanzielle Hilfe zu (Vertrag von Scheyern, 26. Mai 1532). Um von den Ständen die Bewilligung der Türkenhilfe zu bekommen, war Ferdinand auf dem Reichstag zu Regensburg von 1532 zu weitgehenden Zugeständnissen bereit. Bayern versuchte dies noch zu hintertreiben, weil ihm an einem tragfähigen Kompromiss zwischen Ferdinand und den Ständen nicht gelegen war. Unter Verantwortung des Kanzlers Leonhard von Eck betrieb Bayern spätestens seit diesem Zeitpunkt eine destruktive und intrigante Politik, die darauf gerichtet war, die Religionsfrage als Konfliktpotenzial zu erhalten und damit die habsburgische Position zu schwächen. Trotz der bayerischen Haltung erreichten die Stände am 23. Juli 1532 den »Nürnberger Anstand«. Er hob die Beschlüsse des Augsburger Reichstages von 1530 gleichsam auf: Der Landfrieden wurde auf die evangelischen Stände ausgedehnt und die Religionsprozesse am Reichskammergericht suspendiert. Die Bestimmungen sahen ausdrücklich vor, dass dies auch für neu hinzukommende evangelische Stände gelten solle. Die Reformation wurde demnach als ein noch fortschreitender Prozess betrachtet. Erstmalig gab es damit auch einen Rechtstitel für die Einziehung der Kirchengüter. Mit dieser Vereinbarung wurde zum ersten Mal die Linie des Wormser Ediktes verlassen. Die Vorbehalte des Kaisers gegen seine eigenen Zusagen sind erkennbar daran, dass der Nürnberger Anstand nicht offiziell auf dem Reichstag, sondern zwischen den maßgeblichen evangelischen Reichsständen und den vermittelnden Kurfürsten von Mainz und der Pfalz geschlossen wurde. Zudem wurde der Friede nur zwischen den Reichsständen geschlossen, der Kaiser blieb ausgenommen. Damit bestand für Karl V. die Möglichkeit, den Nürnberger Anstand rechtskräftig bestehen zu lassen, oder ihn – je nach Lage der Dinge – auch zu verändern, aufzuheben oder zu verlängern.

Der Nürnberger Anstand nahm in vielen Punkten bereits den Augsburger Religionsfrieden von 1555 vorweg, Luther pries ihn als göttliche Bestätigung der Reformation. Die Zugeständnisse an die Protestanten ermöglichten es Ferdinand, ein beachtliches Heer von 80000 Mann gegen die Türken aufzustellen. Der protestantisch-bayerischen Koalition wurde mit dem Nürnberger Anstand der Boden entzogen.

Außerdem gelang es auf dem Reichstag endlich, die Strafgerichtsordnung für das Reich, die seit 1497/98 auf der Agenda gestanden hatte und über die seit 1521 intensiv verhandelt worden war, unter Dach und Fach zu bringen. Die *Constitutio Criminalis Carolina*, die *Peinliche Gerichtsordnung Kaiser Karls V.*, gab fortan unter anderem mit der Festsetzung eines Strafhöchstmaßes einen Rahmen für die Strafgerichtsbarkeit ab, den die Territorien ausfüllen mussten. Bemerkenswerterweise wurde trotz der schwelenden Religionsfrage wie schon in die Reichspolizeiordnung von 1530 auch in die *Carolina* das Delikt der Ketzerei nicht aufgenommen.

In den Jahren nach 1532 konzentrierte man sich auf protestantischer Seite darauf, den Nürnberger Anstand zu verteidigen, schien er doch eine Rechtsgrundlage auch für künftige reformatorische Maßnahmen zu bieten. Obwohl am Reichskammergericht eine intensive Diskussion darüber entbrannte, ob Besitzrechte an Kirchengütern zu den Glaubensfragen gehörten, die unter die Suspendierungsklausel des Nürnberger Anstandes fielen, bestand von ständischer Seite wenig Interesse, diese Fragen auf Reichstagen zu klären: Es dauerte neun Jahre, bis wieder ein offizieller Reichstag stattfand.

Die Restitution des Herzogtums Württemberg: antikaiserliche Politik mit der Reformation

Am Rande des Nürnberger Reichstages von 1532 hatten bayerische und hessische Unterhändler über die »Württembergfrage« beraten: Es ging um die Beendigung der habsburgischen Herrschaft im Herzogtum Württemberg und die Restitution der württembergischen Dynastie, die 1519 vertrieben worden war. Insbesondere stellte sich angesichts der Zeitumstände die Frage, ob der neue württembergische Herrscher alt- oder neugläubig sein sollte.

Herzog Ulrich von Württemberg, der 1503 die Nachfolge seines Vaters angetreten hatte und mit Sabine von Bayern verheiratet war, erstach 1515 aus persönlichen Motiven den Ritter Hans von Hutten, einen Cousin Ulrich von Huttens. Der Kaiser verhängte wegen dieses Deliktes die Reichsacht – die Wahlkapitulation, die vor der Verhängung der Reichsacht ein Verhör zwingend vorschrieb, unterzeichnete der Nachfolger Kaiser Maximilians bekanntlich erst 1519. Sabine begab sich in den Schutz ihrer Brüder nach Bayern, die in den folgenden Jahren für die Einsetzung des Sohnes Christoph als Nachfolger im Herzogtum arbeiteten. 1519 überfiel Ulrich unter einem Vorwand mit Schweizer Söldnern die Reichsstadt Reutlingen, um sie dem Herzogtum einzuverleiben; Bayern ging darauf mit Unterstützung des

Schwäbischen Bundes gegen ihn vor und vertrieb ihn 1519 aus seinem Herzogtum. 1520 übertrug der Schwäbische Bund die Regierung im Herzogtum Württemberg Erzherzog Ferdinand. Ulrich hielt sich nach seiner Vertreibung im württembergischen Nebenbesitz Mömpelgard auf und versuchte während des Bauernkriegs vergeblich, sich mit Hilfe der aufständischen Bauern wieder in den Besitz seines Herzogtums zu bringen.

Die habsburgische Besetzung des Herzogtums wurde von den Reichsständen äußerst kritisch beäugt. Während die Habsburger im Westen des Reichs bislang nur über sehr verstreuten Besitz verfügten, hatten sie mit dem geschlossenen Herzogtum einen strategisch wichtigen Brückenkopf im Reich und eine Landbrücke zu den vorderösterreichischen Besitzungen inne. So war die »Württembergfrage« wiederholt Gegenstand der Reichstagsverhandlungen.

Landgraf Philipp von Hessen übernahm die Führungsrolle in der Restituierung des angestammten Herrscherhauses. Zunächst gewährte er Ulrich, der mit ihm entfernt verwandt war, 1526 Asyl in Kassel. Frankreich unterstützte Philipp und Ulrich finanziell, als eine habsburgischbayerische Einigung zustande zu kommen drohte. Das Ende des Schwäbischen Bundes im Februar 1534 erlaubte im Mai desselben Jahres die Lösung der Württembergfrage. Innerhalb von zwei Wochen eroberte Landgraf Philipp mit Truppen des Schmalkaldischen Bundes das Herzogtum; am 13. Mai 1534 war mit der Schlacht bei Lauffen das Ende der habsburgischen Herrschaft gekommen.

Obwohl Herzog Ulrich im Kaadener Vertrag (29. Juni 1534) zunächst die »Afterlehensherrschaft« der Habsburger anerkennen, d.h. eine gewisse eingeschränkte Selbständigkeit seines Herzogtums hinnehmen musste, war für Sachsen und Hessen mit dem Kaadener Vertrag, der auch den Nürnberger Anstand bestätigte, eine ausreichende Schwächung der Habsburger gewährleistet, so dass sie die Königswahl Ferdinands anerkannten; ihnen folgten die übrigen Mitglieder des Saalfelder Bündnisses. Bayern suchte ab diesem Zeitpunkt die Annäherung an Habsburg, am 11. August 1534 wurde ein förmlicher Ausgleichsvertrag geschlossen, indem auch Bayern die Königswahl Ferdinands anerkannte.

1536 trat Ulrich dem Schmalkaldischen Bund bei, was eine wichtige regionale Ausweitung des Einflussbereichs des Bundes bedeutete. Christoph, der Sohn Herzog Ulrichs, wuchs an den katholischen Höfen in Bayern und Wien auf. 1538 begann er sich der Reformation zuzuwenden. 1542 kam es zum Ausgleich mit seinem Vater. Dennoch war Christoph, als er 1550 die Nachfolge Ulrichs in Württemberg antrat, zunächst ein Fremder im eigenen Land. Sehr schnell konnte er sich aber mit einer Reihe von kirchlichen Maßnahmen in seinem Land, die einen mustergültigen Aufbau eines evangelischen Kirchenwesens darstellten und in vielen Territorien später Nachahmer fanden, das Vertrauen der Eliten und der Bevölkerung erwerben.

Die ganze Tragweite dieses Vorgangs lässt sich nur ermessen, wenn man bedenkt, dass lange Zeit auch die Option einer katholischen Restitution unter bayerischer Führung diskutiert wurde. Mit Württemberg wurde – offiziell erst 1534 – ein großes Flächenterritorium im Südwesten protestantisch. Es konnte eine Schutzfunktion über die in diesem Raum besonders zahlreichen, mehrheitlich zur Reformation tendierenden Reichsstädte ausüben.

Die Reformation schließt sich ab: das Täuferreich zu Münster

Die Täuferbewegung, die an mehreren Stellen im Reich wie auch im benachbarten Europa episodenhaft vorkam (vgl. oben S. 136), fand ihren Höhepunkt im Täuferreich von Münster. Da das Täuferreich als Wiederholung des

Bauernkrieges angesehen wurde, erklärt sich der Konsens vor allem der protestantischen Obrigkeiten. Was in Münster geschah, brachte das explosive Thema der Reformation auf den Punkt. Welche Konsequenzen konnte das von Luther in den Anfangsjahren der Reformation propagierte allgemeine Priestertum aller Gläubigen haben? Führte es letztlich nicht zu Anarchie und Unordnung? Zwar war Luther einer Auslegung der Heiligen Schrift im Sinne eines sozialen Programms von Beginn an entschieden entgegengetreten; dennoch konnte sie damit nicht ausgeschlossen werden. Erstmals war dieser Konflikt im Bauernkrieg ausgetragen worden; damit wurden 1534/35 unweigerlich die Erinnerungen an die Ereignisse von 1524/25 wachgerufen; es wurde eine Traditionslinie von den sozial-revolutionären Forderungen Thomas Müntzers zu denen des Täuferreichs von Münster hergestellt.

Der Bauernkrieg hatte als Ergebnis die enge Anlehnung der Reformatoren an die weltlichen Obrigkeiten gebracht; die Vorgänge in Münster machten die Richtigkeit dieser Entscheidung deutlich und verfestigten die obrigkeitliche Bindung der Reformation. In Münster wurde genau wie im Bauernkrieg eine gezielte Zerstörung von Repräsentationen der hergebrachten Ordnung, d.h. von Rechtsdokumenten aller Art betrieben. Dagegen setzten die Protagonisten von Münster eine Ordnung, die ihre Legitimation aus der Heiligen Schrift zu beziehen glaubte. Die Heilige Schrift wurde in diesem spezifischen *sola-scriptura*-Verständnis als einziges Dokument anerkannt, das ordnungsgestaltende Kraft für sich beanspruchen konnte.

Die etablierte Reformation und ihre Vertreter sahen in diesen Ableitungen eine generelle Bedrohung der göttlichen wie der weltlichen Ordnung. Als Philipp von Hessen gegenüber den Akteuren in Münster äußerte, sie gefährdeten alles, was bis dahin Recht gewesen sei, hielt man ihm entgegen, man wisse nicht, worauf er sich beziehe, wenn er von einem rechtlichen Zustand spreche; denn schließlich habe er Bischöfe und in Württemberg den habsburgischen Herrscher abgesetzt und Klöster geplündert. Auch diese Maßnahmen waren aus der Heiligen Schrift begründet worden – wo also sollte die Grenze gezogen werden? Das Täuferreich von Münster war im Verständnis seiner Akteure eine konsequente Weiterführung reformatorischer Gedanken, den Reformatoren und vor allem den protestantischen Obrigkeiten musste es daher – wie bereits im Bauernkrieg – auf eine Begrenzung der Reichweite von Reformation ankommen.

Die Niederschlagung des Täuferreichs brachte schließlich auch Protestanten und Katholiken als Mitglieder des Reichs näher zusammen. Zwar wiesen sie sich gegenseitig die Schuld an den Vorgängen zu, aber der Wille, einen erneuten Aufstand des gemeinen Mannes zu verhindern, einte sie. Das Täuferreich war zugleich auch ein Ereignis, mit dem der katholischen Seite deutlich vor Augen geführt wurde, wie notwendig innerkirchliche Reformen waren, wollte man nicht wiederum ähnliche Auswüchse riskieren.

Wichtiger als die konfessionellen Differenzen war zudem das gemeinsame politische Ziel, den habsburgischen Einfluss einzudämmen. Daraus erklärt sich, dass die Reichsfürsten keine Hilfe bei der habsburgischen Statthalterin der Niederlande suchten, obwohl die räumliche Nachbarschaft dies nahegelegt hätte. Die Vorgänge in Münster machten damit genauso wie der Bauernkrieg deutlich, dass die weltliche Obrigkeit dafür gebraucht wurde, die Reformation nicht in Anarchie enden zu lassen. Am 24. Juni 1535 wurde das Wiedertäuferreich in Münster zerschlagen.

1534: ein Schlüsseljahr der Reformation

Das Jahr 1534 war mit Ereignissen gesättigt, deren Bedeutung weit über den in dieser Darstellung behandelten Zeitraum hinausreicht. Nicht nur war 1534 mit Württemberg das erste Territorium im Südwesten des Reichs protestantisch geworden, am 15. August 1534 gelobte Ignatius von Loyola (um 1491–1556) auf dem Montmartre mit sechs Gefährten Armut, Keuschheit und eine Wallfahrt nach Jerusalem und tat damit den ersten Schritt hin zur Gründung des Jesuitenordens. Noch 1538 versuchte Ignatius von Loyola vergeblich, dem Papst die Dienste seiner Gesellschaft anzubieten; dieser begegnete ihm mit Skepsis und verdächtigte ihn sogar der Häresie. Wenig später aber, am 27. September 1540, bestätigte der Papst die im Frühjahr 1539 vollzogene Ordensgründung durch eine Bulle. Erleichtert wurde ihm dieser Schritt dadurch, dass neben Armut und Keuschheit auch der Gehorsam gegen den Papst zu einem Ordensziel erklärt worden war. Im selben Jahr wurde Ignatius zum Ordensoberen gewählt. Es gelang ihm in kurzer Zeit, eine straffe Ordensorganisation mit Niederlassungen in Spanien, Italien, Frankreich und Deutschland aufzubauen. Hauptförderer des Ordens in Deutschland waren Kardinal Otto von Augsburg und die bayerischen Herzöge, in deren Auftrag Petrus Canisius (1521–1597), seit 1549 Professor an der Universität Ingolstadt, als Seelsorger wirkte. In den 50er und 60er Jahren des 16. Jahrhunderts wurden Jesuitenkollegien in Wien (1552), Ingolstadt (1556), München (1559), Trier (1560) und Dillingen (1563) gegründet. Der Jesuitenorden wurde zum Träger der katholischen Reform.

Am 13. Oktober 1534 wurde Paul III. als Nachfolger Clemens' VII. zum Papst gewählt. Er verfolgte dynastische Pläne in Oberitalien, wollte das Herzogtum Mailand für seinen Sohn gewinnen und war damit ein »natürlicher« politischer Gegner des Kaisers. Verhandlungsangeboten des Papstes begegnete der Kaiser daher mit Skepsis; sein Reichsvizekanzler Matthias Held hatte ihm geraten, er solle die »Neutralitätskünste und sonstigen Prozeduren seiner Heiligkeit« nicht länger hinnehmen, denn dieser Papst werde nie etwas tun, was dem Kaiser nutze, es sei denn, er werde dazu gezwungen. Bei der Doppelstellung des Papstes als Oberhaupt der katholischen Kirche und weltlicher Souverän des Kirchenstaates war es unmöglich, dass der Papst in Streitfragen, die Italien betrafen, über den Parteien und über den Konflikten hätte stehen können, denn zu unmittelbar wurden hier seine eigenen politischen Interessen berührt.

Gleichzeitig widmete sich der neue Papst aber auch ernsthaft der Konzilsfrage. Bereits im Frühjahr 1535 kündigte er durch Nuntien in Frankreich, Deutschland und Spanien das Konzil an, das nach langen politischen Auseinandersetzungen schließlich 1545 in Trient begann und nach mehreren Unterbrechungen im Jahre 1563 als katholisches Reformkonzil zu Ende ging. Das Trienter Konzil wie auch die Gründung des Jesuitenordens sind wichtige Säulen der Kirchenreform, die nach der Anerkennung der konfessionellen Differenzierung der Kirche nach 1555 zur katholischen Reform transformiert und schließlich zu einem wichtigen Impuls der katholischen Konfessionalisierung wurde.

1534 löste sich auch König Heinrich VIII. von England endgültig von der römischen Kirche und etablierte die anglikanische Staatskirche, ohne diese dogmatisch zu reformieren, was erst viel später unter Königin Elisabeth I. (1563–1603) dauerhaft geschah. Ebenso begann 1534 mit der »Bekehrung« Calvins dessen Wirkung als dritter »großer Reformator« neben Luther und Zwingli. Genf, wo Calvin die meiste Zeit seines Lebens tätig war, wurde neben Wittenberg und Zürich zum dritten Zentrum der Reformation in Europa. Calvin nahm im Abendmahlsstreit zwischen Luther und Zwingli eine mittlere Position ein.

Signifikant für den Calvinismus war die radikale Reform
des Kultus. Die Messe wurde abgeschafft, der Gottesdienst bestand nur noch aus Predigt, Gebet und Gesang.
Die Feiertage wurden mit Ausnahme der drei hohen Feste
und der Sonntage beseitigt. Alle Altäre, Bilder, Orgeln,
selbst Kreuze und Kerzen wurden aus den Kirchen ver-
bannt. Der Calvinismus trat seinen Siegeszug erst nach
1555 an. Er fand große Verbreitung in der Schweiz, in
Frankreich, am Niederrhein und in der Pfalz, in England
und den Niederlanden. Seine entscheidende Bekenntnisschrift ist der Heidelberger Katechismus von 1563.

1534–44: das entscheidende Jahrzehnt
der Reformation

Die Jahre 1536/37 waren geprägt durch die Verknüpfung
der europäischen Konflikte. Im Westen ging der franzö-
sisch-habsburgische Krieg weiter, Frankreich hatte ein
Bündnis mit den Osmanen geschlossen, deren erneuten
Vorstoß man 1537 im Reich fortwährend befürchtete.

Im Reich sorgte die sukzessive Erweiterung des
Schmalkaldischen Bundes für Konfliktstoff: 1536 traten
Württemberg, Pommern, Anhalt-Dessau sowie die Städte
Augsburg, Kempten, Frankfurt, Hannover und Hamburg
dem Bund bei. Damit wurde die Basis des Bundes erheb-
lich erweitert, zumal in den folgenden Jahren weitere
Reichsfürsten und Städte hinzukamen.

Zur Stärkung der protestantischen Position trug auch
die Wittenberger Konkordie von 1536 bei. Es kam zu einem Kompromiss im innerprotestantischen Streit um das
Abendmahlsverständnis. Dieser war vor allem wegen
Württemberg wichtig geworden, da im Süden des Herzogtums der Einfluss der schweizerischen Reformation
und deren Abendmahlsverständnis, im Norden aber eine
streng lutherische Auffassung vorherrschte.

Die Religionsfrage wurde indes immer mehr auf die Eigentumsfrage fokussiert. Es ging auf der politischen Bühne um die Kirchengüterfrage und damit um die materielle Basis der Reformation. Der Nürnberger Anstand hatte verfügt, dass alle Religionsprozesse am Reichskammergericht eingestellt werden sollten; dies setzte eine eindeutige Definition dessen, was denn ein »Religionsprozess« sei, voraus. 1535 hatte der sächsische Kurfürst König Ferdinand unmissverständlich dargelegt, dass das Reichskammergericht als oberstes Zivilgericht des Reichs für Dinge, die den Glauben und das Gewissen angingen, gar nicht zuständig sei. Folgerichtig seien »Religionsprozesse« Prozesse um Besitzfragen und um nichts anderes. König Ferdinand lenkte ein und versprach, dass das Reichskammergericht alle Prozesse einstellen werde, die die Evangelischen als Religionsprozesse betrachteten. Das Reichskammergericht folgte dieser Anweisung König Ferdinands aber nicht, sondern betrieb die Prozesse gegen die Evangelischen wegen Einziehung der Kirchengüter weiter. Das Gericht war wohl mit Recht der Überzeugung, dass es damit trotz aller gegenläufiger Mandate den eigentlichen Wünschen des Königs, mehr aber noch des Kaisers entsprach. Das unnachgiebige Vorgehen des Reichskammergerichts führte aber bei einigen zwar zur katholischen Seite neigenden, aber ausgleichsbereiten Reichsfürsten wie z. B. Kurfürst Joachim II. von Brandenburg zu einer noch stärkeren Kompromissbereitschaft gegenüber den protestantischen Fürstenkollegen.

Am 2. Juni 1536 berief der Papst das Konzil auf den 23. Mai des folgenden Jahres nach Mantua ein. Zur Vorbereitung des Konzils bat der sächsische Kurfürst Johann Friedrich die Wittenberger Theologen um eine gemeinsame Stellungnahme zu den Kernstücken der protestantischen Lehre. Luther verfasste daraufhin 1537 die »Schmalkaldischen Artikel«, darauf – wie er sich äußerte – »ich stehen muss und stehen will bis in meinen Tod, ob Gott will und weiß, darinnen nichts zu ändern noch nachzugeben«. Die Schmalkaldischen Artikel lieferten eine ausführliche, systematisch begründete Darstellung des Bekenntnisstandes der Evangelischen. Während die *Confessio Augustana* noch die Gemeinsamkeiten zwischen den Religionsparteien betont hatte, zielten die Schmalkaldischen Artikel darauf ab, die Unterschiede zu konturieren. Dies zeigte sich auch in der scharfen Frontstellung gegen Rom. Äußerungen, dass es für den päpstlichen Anspruch, Haupt der Christenheit zu sein, keine Begründung gebe, machten es einmal mehr fraglich, dass bei der grundsätzlich unterschiedlichen Auffassung über das, was ein Konzil war und welche Stellung der Papst dazu einzunehmen hatte, ein Konzil wirklich zustande kommen würde. Melanchthon, der die Schmalkaldischen Artikel wie weitere 42 Theologen unterschrieb, distanzierte sich zur Aufrechterhaltung des politischen Handlungsspielraums ausdrücklich von den scharfen Einlassungen der Schmalkaldischen Artikel gegenüber dem Papsttum, indem er zu seiner Unterschrift hinzufügte: »Ich *philippus Melanthon* halt dise obgestalte artikel auch fur recht und Christlich, Vom Babst aber halt ich, so ehr das Euangelium wolte zulassen, das yhm, umb fridens und gemeiner Einikeit willen der Jenigen Christen so auch unter yhm sind und kunfftig sein möchten, sein Superioritet uber die Bischoue die ehr hatt *Iure humano*, auch von uns zu zu lassen sey« (WA 50, S. 253).

Der Schmalkaldische Bund lehnte das Konzil ebenso ab wie der französische König Franz I., weil Mantua im Machtbereich des Kaisers lag. Nachdem die Eröffnung zweimal verschoben worden war, wurde am 21. Mai 1539 das Konzil auf unbestimmte Zeit vertagt. Mit dieser Konzilspolitik schwächte der Papst die Position des Kaisers; folgerichtig entschloss sich Karl V., eine Religionsvergleichung auf einer »Nationalversammlung« ohne päpstliche Beteiligung zu suchen.

Die Auseinandersetzungen um das Konzil bzw. um das Gremium, das den Religionsstreit schließlich verhandeln sollte, war bestimmt von einer schwer zu lösenden Interdependenz der religionspolitischen, kaiserlich-imperialen, libertär-reichsständischen und europäischen Interessen.

Der Kaiser sah nach der Ablehnung des Konzils durch die Schmalkaldener seine Herrschaft im Reich gefährdet. Sein Kanzler Matthias Held sollte als Gegenmaßnahme einen katholischen Bund im Reich vorbereiten, der aber nur in sehr rudimentärer Form am 10. Juni 1538 zustande kam, weil sich etliche katholische Fürsten in Schutzbündnissen mit Protestanten befanden. So hatten z.B. die Erzbischöfe von Mainz und Trier, der Bischof von Würzburg und der Kurfürst von der Pfalz mit Hessen auf 20 Jahre ein solches Bündnis geschlossen. Das antihabsburgische Ressentiment unter den Ständen wuchs. Landgraf Philipp schrieb an Bucer, die Habsburger versuchten das Reich in Zwietracht zu halten, um es beherrschen zu können. Zunehmend fühlten sich auch die geistlichen Fürsten durch Habsburg bedroht, die sich seit der Säkularisation des Hochstifts Utrecht 1537, die Karl V. zur Arrondierung seines niederländischen Besitzes vollzogen hatte, in ihrem Bestand nicht mehr gesichert sahen.

Am 19. April 1539 wurde zwischen den Schmalkaldenern und dem Kaiser der Frankfurter Anstand geschlossen, der im Wesentlichen die Bestimmungen des Nürnberger Anstandes von 1532 bestätigte. Allerdings sollte die Abmachung nur unter dem Vorbehalt Bestand haben, dass die Protestanten keine weiteren Kirchengüter säkularisierten und keine neuen Mitglieder in den Bund aufnahmen.

Nachdem im Sommer 1539 nach dem Tode Herzog Georgs das Herzogtum Sachsen unter seinem Nachfolger Heinrich protestantisch geworden und damit eine wichtige antireformatorische Bastion gefallen war, geriet die Reformation durch die Doppelehe Landgraf Philipps von Hessen 1540 in eine schwere Krise. Philipp hatte vor

diesem Schritt Gutachten führender Theologen, darunter
Luther, Bucer und Melanchthon, eingeholt. Philipp er-
presste die Zustimmung der Wittenberger Theologen mit
der Ankündigung, dass er im Falle der Verweigerung der
Zustimmung einen Dispens vom Papst erwirken wolle,
dann würde er aber »näher an dem Kaiser hangen, denn
diesem Bund [dem Schmalkaldischen Bund] nützlich«.
Luther und Melanchthon gaben ihm den Rat, die zweite
Ehe zu verheimlichen, denn daraus folge »keine besondere Rede oder Ärgernis, denn es ist nicht ungewöhnlich,
dass Fürsten Concubinas halten«. Die Doppelehe ließ
sich aber nicht verheimlichen; es entstand daraus in zweifacher Hinsicht eine schwere Krise für die Reformation:
Philipp von Hessen verlor seinen politischen Handlungsspielraum, weil er sich durch die zweite Ehe des Delikts
der Bigamie strafbar gemacht hatte, auf das seit der *Carolina* von 1532 die Todesstrafe stand, und Luther und Melanchthon hatten sozusagen ihren moralischen Kredit ver-
spielt, weil sie um des politischen Kalküls willen anschei-
nend schnell bereit waren, christliche Grundsätze aufzugeben.

Im Juni 1540 begann eine Reihe von Religionsgesprächen. Das erste Gespräch in Hagenau wurde nach einem
Monat ergebnislos abgebrochen, im November dann in
Worms unter dem Vorsitz Granvellas fortgesetzt, im Mai
des folgenden Jahres in Regensburg während des dort ta-
genden Reichstages wieder aufgenommen, bis es dann im
Mai 1541 endgültig scheiterte. Auch bei den Religionsgesprächen ging es mittelbar um die Frage der Kirchengüter.
Da nach kanonischem Recht die Kirchengüter allein der
christlichen Kirche gehörten, musste erörtert werden, ob
die protestantische Konfession »christlich sei oder nit«.
Die Religionsgespräche galten damit auch der rechtlichen
Basis der Kirchengütersäkularisation.

Auf dem Reichstag wurde der Nürnberger Anstand
und damit auch die Suspendierung der Religionsprozesse

vor dem Reichskammergericht verlängert; dennoch wurde
auch die Rechtsverbindlichkeit des Reichsabschiedes von
1530 bekräftigt. Karl V. hob durch eine den Protestanten
geheim gegebene Deklaration diesen Widerspruch wieder
auf, wonach der Reichsabschied von 1530 »in causa religionis« aufgehoben sein sollte. Den Lutheranern wurde
ein Sonderstatus eingeräumt, der sich vor allem auf die
Nutzung des Kirchengutes bezog und damit die materielle Grundlage der Reformation sicherstellte. Das Kirchengut, so sicherte Karl V. zu, dürfe zwar nicht aufgehoben,
aber zur Finanzierung von Geistlichen, Schulen und kari-
tativen Einrichtungen verwendet werden. Mit dieser geheimen Vereinbarung bestätigte er gleichsam Beschlüsse
des Schmalkaldener Bundestages von 1540, der sich in der
Kirchengüterfrage genauso festgelegt hatte. Außerdem
sicherte er zu, dass auch Evangelische künftig als Beisitzer beim Reichskammergericht zugelassen werden sollten.
Eine zweite geheime Deklaration bestätigte demgegenüber die Forderungen der Altgläubigen und ließ den
Reichsabschied damit zur Farce werden. Es zeigte sich,
dass es Karl V. bei diesem Reichstag vor allem darum
ging, seine politische Handlungsfähigkeit in der seit 1538
virulenten Geldern-Frage zu erhalten, weshalb er beiden
Religionsparteien alles versprach.

Der Konflikt um Geldern wird von der neueren Forschung als ein wichtiger Schlüssel zum Verständnis der
Reichs- und Reformationsgeschichte von 1538–43 betrachtet. Nach dem Tod des letzten Herzogs von Geldern,
Karl von Egmont, 1538, der 1477 mit Hilfe Frankreichs
im Rahmen der Auseinandersetzungen um das burgundische Erbe das Herzogtum bekommen hatte, sprachen sich
die geldrischen Stände für den Herzog von Kleve als
Nachfolger aus. Der Erwerb Gelderns hätte dem Herzog
von Kleve zusammen mit seinen Ländern Jülich, Kleve,
Mark und Ravensberg eine beherrschende Stellung im
Nordwesten des Reichs ermöglicht, zumal Geldern eine

direkte Verbindung zwischen den Landesteilen Kleve und Jülich hergestellt hätte. Dagegen standen die habsburgischen Interessen in der Nachbarschaft ihres niederländischen Länderbesitzes. Karl V. reklamierte Geldern als Bestandteil des burgundischen Erbes für sich, um seinen niederländischen Herrschaftsbereich abzurunden. Nach einer kurzen militärischen Auseinandersetzung, für die sich der Kaiser durch den wegen seiner Doppelehe eingeschränkten Handlungsspielraum des Landgrafen Philipp die Nichteinmischung des Schmalkaldischen Bundes hatte sichern können, musste der Herzog von Kleve im Vertrag von Venlo 1543 alle Ansprüche auf Geldern aufgeben. Karl nutzte die Schwäche der protestantischen Fürsten, um seine Stellung im Nordwesten des Reichs zu festigen; gleichzeitig bereitete er mit der Arrondierung seines niederländischen Besitzes die spätere Ablösung der Niederlande vom Reich vor.

Auf dem Speyerer Reichstag (19. Februar – 11. April 1542) bestätigte Ferdinand die geheimen Abkommen des Kaisers vom letzten Reichstag und machte die rechtliche Unklarheit damit vollkommen. Gleichzeitig wagte der Kölner Erzbischof Hermann von Wied einen Reformationsvorstoß. Damit schien zum ersten Mal die Gefahr real zu werden, die von potenziellen Übertritten geistlicher Kurfürsten zum Protestantismus für das habsburgische Kaisertum wegen der Verschiebung der Stimmenmehrheit im Kurkollegium ausgehen konnte.

Im Sommer vertrieb der Schmalkaldische Bund Herzog Heinrich von Braunschweig-Wolfenbüttel aus seinem Territorium, weil er gegenüber den evangelischen Städten Goslar und Braunschweig hart vorgegangen war. Im Dezember 1542 lehnten die Mitglieder des Schmalkaldischen Bundes die Zuständigkeit des Reichskammergerichts für alle ihre Rechtsstreitigkeiten ab, da es nicht paritätisch besetzt sei: Die konfessionelle Spaltung führte zur Spaltung der rechtlichen Einheit des Reichs. Auf dem im Januar 1543 in Nürnberg eröffneten Reichstag verlangten sie einen garantierten Rechtsstatus: Der Reichstag wurde ohne protestantische Beteiligung im April beendet.

Der Reichstag von Speyer 1544: päpstlicher Protest gegen die Annäherung von Kaiser und Ständen

Der im Februar in Speyer eröffnete und am 10. Juni mit dem Reichsabschied beendete Reichstag hatte zum Ergebnis die Legalisierung des Protestantismus in seinem 1541 erreichten Entwicklungsstand ohne Einbeziehung des Papstes, d.h. allein auf der Grundlage des reichsrechtlichen Arrangements zwischen Kaiser und Ständen. Die Religionseinheit sollte zwar nach wie vor wiederhergestellt werden, weil sie als Basis der politischen Ordnung und damit als unabdingbare Voraussetzung für die Aufrechterhaltung des Landfriedens galt. Es ging aber nicht mehr um religiöse Wahrheitsfindung. Die Ziele waren politischer, nicht religiöser Natur. In Aussicht gestellt wurde ein Nationalkonzil, den Protestanten wurde der Besitz der Kirchengüter zugesichert einschließlich der aus diesem Besitz resultierenden Einnahmen, auch wenn diese von Nicht-Protestanten geleistet werden mussten; abermals wurden die Suspendierung der Religionsprozesse am Reichskammergericht versprochen und die Berufung protestantischer Beisitzer am Reichskammergericht in Aussicht gestellt. Der Papst war über diesen Reichsabschied empört und beriet mit seinen Kardinälen über mögliche Reaktionen. Diese bestanden schließlich in einem »Tadelsbreve«, das zunächst in sehr scharfem Ton, dann aber in der gültigen Fassung vom 24. August in abgemilderter Form die Kritik des Papstes und der Kurie zusammenfasste und an Karl V., Ferdinand, die Bischöfe und die katholischen Fürsten versandt wurde. Bei der Zustellung des Breve passierten einige Missgeschicke: Nicht nur bekamen nicht alle Adressierten das Breve zur gleichen Zeit, sondern es kursierte neben der authentischen Fassung auch die schärfere Erstfassung. Allem Anschein nach wurde bei den Protestanten sogar zuerst diese Fassung bekannt; sie gelangte von Venedig über Augsburger Agenten an Hessen und Sachsen. Der sächsische Kurfürst ließ das Breve im Januar 1545 über seinen Kanzler Luther und Melanchthon zukommen. Beiden war dabei eine ganz bestimmte Rolle zugewiesen: Luther sollte eine Gegenschrift auf das Breve verfassen: »Denn wir tragen keinen Zweifel, er werde ihm wohl recht zu thun wissen. Dasselbige könnte man alsdann in Druck geben und ausgehen lassen, welches bei männiglich der deutschen Nation ein groß Ansehen würde haben.« Der sächsische Kurfürst baute demnach zur Erreichung seiner politischen Ziele Luther als Autor, die Rezipienten seiner Schriften und ihre Reaktionen und Befindlichkeiten in seine Vorgehensweise strategisch ein. Dies wird noch klarer, wenn der kursächsische Kanzler Brück in seinem Antwortschreiben dem Kurfürsten empfiehlt, mit der Anstachelung Luthers zu warten, »bis man siehet, daß das Päpstliche Concilium mit der Büberei fortgehet und fortschreitet. Alsdann will von nöthen seyn, daß er mit der Baum-Axt weidlich zuhaue, darzu er denn durch die Gnade Gottes einen höhern Geist hat denn andere Menschen.« Auch Zeitpunkt und Stil der Veröffentlichung waren demnach eine strategische Größe. Einen Brief des Kurfürsten an »Doctor Martinus« hielt Brück dabei für das richtige Mittel, um Luther klar zu machen, »daß er lustig werden soll«. Dieser Brief war aber überflüssig, weil Brück inzwischen festgestellt hatte, dass Luther nicht getrieben zu werden brauche, denn er war schon bei der Arbeit. Um den 25. März 1545 war Luthers letzte große Schrift fertig: *Wider das Bapstum zu Rom, vom Teuffel gestifft.* Sie gipfelt in der Aussage, dass die teuflische Päpsterei das letzte Unglück auf Erden sei und wichtiger noch in dem Befund: »Die Deudschen haben das Römische reich nicht von deinen gnaden, Sondern von Carolo Magno und von den Keisern zu Constantinopel« (vgl. WA 54, S. 198 f. und S. 298 f.). Die Schrift fand eine rapide Verbreitung, war nachweislich bereits Mitte April beim Trienter Konzil und bei Bucer in Straßburg. Dem hessischen Landgrafen und dem sächsischen Kurfürsten gefiel die Schrift, andere waren aber entsetzt über die Grobheiten und Gehässigkeiten. Im Mai schrieb der Kurfürst schließlich an seine Räte, er wisse wohl, dass diese Schrift böse sei, »aber gedachter Doctor Martinus hat einen sonderlichen Geist, der lässt ihm hierin noch sonst kein Maß geben«. Gerade auf diese Maßlosigkeit aber hatte der sächsische Kurfürst gesetzt; er wusste, wie Luther schreiben würde und er wollte genau eine Schrift mit diesem Tenor von ihm haben.

Luthers Schrift sagte das, was die Politiker in dieser Deutlichkeit nicht hätten formulieren können; selbst Ferdinand meinte, dass zwar einige Sätze davon gestrichen werden müssten, sonst aber sei die Schrift akzeptabel: Die Regelung der kirchlichen Angelegenheiten sollte Sache des Reiches sein. Man war nicht bereit, sich von Rom Vorschriften machen zu lassen.

Die Reichstage von Worms 1545 und Regensburg 1546: Waffen statt Worte

Seit 1544 hatte Karl durch den Frieden mit Frankreich und den Osmanen außenpolitisch den Rücken frei und bereitete die militärische Lösung des Glaubensstreites vor. Vorrangig musste er noch an einem Netz tragfähiger Bündnisse knüpfen. So wurde im Frühjahr 1545 in Worms ein Reichstag eröffnet, der im Grunde nur eine politische Bühne für Bündnisgespräche des Kaisers darstellte. Seine Entscheidung, den Religionskonflikt anzugehen und zu lösen, war längst gefallen. Am 24. Mai 1545 trug der Kai-

ser dem päpstlichen Gesandten ein förmliches Kriegs-
bündnis gegen die Protestanten an. Dennoch gab es auch
für diesen Reichstag einen förmlichen Reichsabschied, in
dem ein Religionsgespräch in Regensburg in Aussicht gestellt wurde. Dieses Gespräch kam im Januar 1546 zunächst zustande, wurde aber bereits im März abgebrochen. Am 18. Februar 1546 starb Martin Luther. Der sich
anschließende Reichstag in Regensburg wurde am 5. Juni
1546 eröffnet und am 24. Juli mit einem Reichsabschied
verschoben. Er diente wiederum als diplomatische Bühne
für die Kriegsvorbereitungen, dem Kaiser gelang es, die
vorbereiteten Bündnisse in trockene Tücher zu bringen.
Am 7. Juni unterzeichnete er den Vertrag mit dem Papst
und noch am selben Tag ein Bündnis mit Bayern, in dem
der bayerische Herzog im bevorstehenden Krieg Neutralität zusicherte. Dies honorierte der Kaiser durch die Zusage territorialer Zugewinne, eine vage Option auf die pfälzische Kurwürde und durch die Heirat des bayerischen
Erbprinzen mit seiner Nichte, der Tochter König Ferdinands. Zeitgleich sicherte Bayern in konsequenter Fortführung seiner skrupellosen Interessenpolitik auch dem
Schmalkaldischen Bund seine Loyalität zu und täuschte
Neutralität vor. Am 19. Juni kam der Vertrag des Kaisers
mit Herzog Moritz von Sachsen zustande: Auch er sicherte Neutralität zu, allerdings war er taktisch nicht so klug
wie seine bayerischen Kollegen, denn er schien dies zunächst umsonst tun zu müssen. Ebenso knüpften auch die
mindermächtigen Fürsten Markgraf Hans von Küstrin
und Albrecht Alkibiades an ihre Bündnisverpflichtungen
gegenüber dem Kaiser nur vage Forderungen. Das Netz
schien dem Kaiser dicht genug geknüpft, um am 20. Juli
die Reichsacht über Sachsen und Hessen zu verhängen.
Als rechtliche Begründung für die Reichsacht diente
die Vertreibung Herzog Heinrichs von Braunschweig-
Wolfenbüttel im Sommer 1542 durch den Schmalkaldischen Bund, die vom Kaiser als Landfriedensbruch etiket-

tiert wurde. Den strategischen Charakter dieses Vorgangs klar vor Augen, schrieb der Kaiser recht offen an seine Schwester, dass dieser rechtliche Vorwurf nicht lange darüber hinwegtäuschen würde, dass es um etwas ganz anderes, nämlich um die Religion ginge. Kurzfristigen Erfolg versprach er sich von der Achterklärung aber dennoch, da er glaubte, dass die Protestanten dadurch gespalten würden. Die Kriegsziele des Kaisers lagen in der Zerschlagung des Schmalkaldischen Bundes und der Unterwerfung der protestantischen Stände unter das Konzil. Darüber hinaus stellte er ernsthafte Überlegungen an, ob der militärische Erfolg es nicht erlaubte, die Kaiserkrone erblich zu machen.

Weil sie um die militärische Bedrohung wussten, erschienen die protestantischen Fürsten auf dem Reichstag aber nicht, sondern nutzten die Zeit, sich ihrerseits zu formieren. Herzog Ulrich von Württemberg, die protestantischen Städte Oberdeutschlands, der Kurfürst von Sachsen und der hessische Landgraf starteten bereits im Juni militärische Werbungen. Im November 1546 versprach der Kaiser Moritz von Sachsen die Kurwürde, worauf dieser in Kursachsen einfiel. Durch die militärische Bedrohung im Osten löste sich das Schmalkaldische Heer in Oberdeutschland auf. Auch der Kaiser schien geschwächt: Papst und Trienter Konzil betrieben eine deutlich antikaiserliche Politik, da die militärischen Erfolge des Kaisers dem Papst unheimlich erschienen und nicht in sein außenpolitisches Konzept passten. Folgerichtig kündigte der Papst bereits im Februar 1547 das Bündnis mit dem Kaiser auf und verlegte zudem im März das Trienter Konzil nach Bologna, das zum Kirchenstaat gehörte. Damit geriet die kaiserliche Religionspolitik in eine schwierige Situation, da der Kaiser jetzt nicht mehr vorbehaltlos zur Unterwerfung unter das Konzil auffordern konnte. Der Papst wollte eine erfolgreiche Religionspolitik Karls im Reich verhindern. Aus politischen Gründen konnte dem Papst

IMAGO ILLVSTRISSIMI PRINCIPIS MAVRICII
DVCIS SAXONIAE, ELECTORIS, LANDGRAVII TVRINGIAE,
Marchionis Misniæ, & Burggrauij Meideburgensis.

Bildnis des Kurfürsten Moritz von Sachsen.
Holzschnitt von Lukas Cranach d. J., um 1553

nicht aufrichtig an einer Beilegung des Religionsstreites im Reich gelegen sein, denn das hätte Karl V. als Kaiser stark gemacht. Damit zeigte sich deutlich, wie berechtigt die vorreformatorische und reformatorische Kritik am Papsttum im Hinblick auf die Verbindung von geistlicher und weltlicher Macht war: Der Papst als weltlicher Herrscher beschnitt sich selbst die Handlungsspielräume, die er als Haupt der Kirche für die Rückgängigmachung der religiösen Spaltung benötigt hätte. Nur ein politisch unabhängiger Papst hätte in der Glaubensfrage etwas bewirken können. So aber unterstrich er durch sein politisch verständliches Verhalten die Berechtigung an der Fundamentalkritik der Institution Papsttum.

Auch ohne die Unterstützung des Papstes aber war der Kaiser militärisch erfolgreich. Am 4. Juni 1547 wurde Moritz von Sachsen mit der sächsischen Kur belehnt. Zunächst hatte sich die Lage nicht gut für ihn entwickelt, große Teile seines Landes waren durch den sächsischen Kurfürsten besetzt worden. Dann aber gelang den kaiserlichen Truppen der Übergang über die Elbe und sie eilten Moritz zu Hilfe. Der sächsische Kurfürst wurde gefangen genommen. Er musste die Kurwürde und weite Teile seines Territoriums abtreten. Moritz von Sachsen wurde am 4. Juni zum neuen Kurfürsten ausgerufen: Die Unterstützung des Kaisers hatte sich für ihn ausgezahlt. Im selben Monat kapitulierte der hessische Landgraf und geriet ebenfalls in Gefangenschaft. Damit waren die politischen Führer des Protestantismus aktionsunfähig.

Im August 1547 anerkannten die Böhmen erstmals nach 1526 das erbliche Thronfolgerecht der Habsburger. Die Böhmen fanden sich aber mit dem Verlust ihres Wahlrechtes nicht ab, was sie im Vorfeld des Dreißigjährigen Krieges durch die Nichtanerkennung der Habsburger als böhmische Könige und die spektakuläre Wahl des Pfälzer Kurfürsten zum böhmischen König mit weitreichenden historischen Folgen demonstrierten.

Kaiserliche Politik nach dem militärischen Erfolg: der »geharnischte« Reichstag von Augsburg 1548

Karl bemühte sich, seinen militärischen Sieg über die Schmalkaldener nun auch in politische Zugeständnisse der Stände auf dem Reichstag umzusetzen. Am 1. September 1547 eröffnete er in Augsburg noch im Harnisch offiziell den Reichstag mit dem Ziel, »dem Heiligen Reich deutscher Nation zu beständigem wirklichem Frieden, Ruhm und Einigkeit« zu verhelfen. Er rief die Stände auf, an der Reformierung des Kammergerichts, des Münzwesens, der Reichspolizeiordnung und der Erhaltung des Landfriedens mitzuwirken. Mit der Landfriedensproblematik war die Religionsfrage angesprochen. Auf dem Reichstag, auf dem eine gemeinsame Beratung der evangelischen und katholischen Reichsstände wiederum nicht durchzusetzen war, kam nach zähen Verhandlungen als Ergebnis die an eine Bedingung geknüpfte Anerkennung des Trienter Konzils heraus: Angehörige der Augsburger Konfession sollten nach Trient geladen und dort gehört werden. Der Kaiser erbat sich von Bayern einen Ratschlag, wie man sich mit den Neugläubigen bis zu einem allgemeinen Konzil verständigen könne. Was er bekam, war ein Plan zur Zwangsrekatholisierung des Reichs. Bayern appellierte an den Kaiser, seinen militärischen Erfolg zur endgültigen Regelung der Glaubensfrage zu nutzen und die militärisch besiegten Stände wieder zur alten Religion zurückzuführen. Dazu gehörte nach Auffassung der bayerischen Stellungnahme auch die Restituierung des Kirchengutes. Der Kaiser erkannte deutlich die Absicht, die in dieser Haltung Bayerns lag: Ohne Bayern beim Namen zu nennen, entgegnete er, das Motiv für solche Vorschläge liege allein darin, dass sie »kaiserliche Majestät der päpstlichen Heiligkeit, den Ständen und der ganzen Welt gern verhasst machen wollten«. Anfangs hätten diese Personen noch vorgeschlagen, jeden bei seinem Glauben zu lassen, nun, da ein Vergleich wahrscheinlich geworden sei, schwenkten sie um und wollten »aus dem Grund ausreißen und vertilgen«. Am 15. Mai ließ der Kaiser das *Interim* verkündigen, ohne sich darüber zuvor mit dem Papst verständigt zu haben. Seit dem Sieg von Mühlberg war Karl V. endgültig entschlossen, die Religionsfrage ohne den Papst zu regeln. In allen protestantischen Territorien sollte der katholische Kultus wieder eingeführt werden, der Laienkelch und die Ehen bereits verheirateter Priester wurden erlaubt. Zur Rückgabe säkularisierter Kirchengüter machte das *Interim* indes keine Aussage. Da Bayern das Interim ablehnte, weil ihm die Zugeständnisse an die Protestanten zu weit gingen, erhielt das *Interim* schließlich allein für die neugläubigen Reichsstände Gültigkeit. Am 9. Juli 1548 verpflichtete der Kaiser mit der *Formula Reformationis* auch die katholischen Reichsstände zur Kirchenreform. Die Seelsorge sollte grundlegend reformiert werden, der Klerus sollte sich regelmäßig auf Synoden treffen und austauschen, die kirchlichen Verhältnisse sollten durch regelmäßige Visitationen überprüft werden. *Interim* und *Formula Reformationis* krankten daran, dass sie nicht von der zuständigen kirchlichen Autorität erlassen waren, sondern einen problematischen Eingriff des Kaisers in den innerkirchlichen Bereich darstellten. Damit wuchs nicht nur der Widerstand des Papstes gegen die kaiserliche Politik, sondern auch die Befürchtungen der Reichsstände, dass der Kaiser allzu mächtig werden und damit die »fürstliche Libertät« gefährden könne.

Die Reaktion der Reichsfürsten: Fürstenkrieg und Passauer Vertrag 1552

Letztmals schien sich auf dem Reichstag von Augsburg 1550/51 die Hoffnung zur Einigung in der Religionsfrage auf ein Konzil zu richten: Der »konzilsfreundliche«

Reichsabschied vom 14. Februar 1551 führte am 1. Mai 1551 zur Rückverlegung des Konzils nach Trient. Wichtige protestantische Reichsstände sandten Delegationen nach Trient: Melanchthon hatte für Sachsen die *Confessio Saxonica* vorgelegt, Johannes Brenz für Württemberg die *Confessio Virtembergica*. Die Gesandten wurden aber lediglich einmal gehört und nicht in eine offizielle Sitzung eingeladen. Nach dieser provokativen Behandlung der sächsischen und württembergischen Vertreter war die Beteiligung der Protestanten an einem Konzil endgültig gescheitert. Mehr noch, gerade die Provokation steigerte das Selbstbewusstsein der Protestanten: Ein Konzil unter Leitung des Papstes kam für die Protestanten als Gremium zur Beilegung des Religionsstreites fortan nicht mehr in Frage. Das Trienter Konzil wurde nach 1551 damit zu einem »katholischen Reformkonzil«.

Der französische König hatte das Konzil ohnehin boykottiert, nun bot er sich erneut als Bündnispartner der protestantischen Reichsfürsten gegen das habsburgische Kaisertum an. Die Vermittlungsrolle spielte dabei Moritz von Sachsen, der zwischen Kaiser und Fürsten mit doppelter Loyalität ein taktisches, letztlich überaus erfolgreiches Manöver betrieb, das ihm den Beinamen »Judas von Meißen« eintrug.

Wegen der besonders hartnäckigen Verweigerungshaltung der Stadt Magdeburg bei der Durchführung des *Interims* hatte Karl V. die Reichsacht über die Stadt verhängt. Moritz gelang es als Parteigänger des Kaisers im Schmalkaldischen Krieg, den Auftrag zur Ausführung der Acht und damit die Verfügungsgewalt über erhebliche militärische und finanzielle Mittel zu bekommen. Gestützt auf dieses Potenzial arbeitete Moritz zeitgleich an einem antihabsburgischen Bündnis unter Einbeziehung Frankreichs, das schließlich im Januar 1552 im Vertrag von Chambord besiegelt wurde. Das Bündnis richtete sich bemerkenswerterweise gegen den Kaiser, nicht aber gegen Ferdinand.

Moritz machte sich die Auseinandersetzung zwischen dem Kaiser und seinem Bruder zunutze, die zum einen aus der Erbfolgeregelung und der dabei erneut zutage tretenden Konkurrenz zwischen der deutschen und der spanischen Linie der Habsburger resultierte, zum anderen ihren Grund in der anhaltenden Diskussion über die Prioritäten in der Außenpolitik hatte: Konzentration der beschränkten finanziellen Mittel auf die kriegerischen Auseinandersetzungen mit Frankreich – favorisiert vom Kaiser, oder aber auf die Türkenabwehr im Osten – favorisiert von Ferdinand. Durch den Vertrag von Chambord band Moritz Ferdinand früh in die endgültige Regelung der Religionsfrage im Reich ein. Frankreich bezahlte den Reichsfürsten Subsidien für den Krieg gegen Karl V. und bekam dafür Metz, Toul, Verdun und Cambrai zugesprochen. Nach militärischen Erfolgen des Fürstenbundes begannen im Juni 1552 auf dem Fürstenkongress in Passau Verhandlungen zwischen den Reichsständen und Ferdinand. Die Kompromissbereitschaft war auf beiden Seiten groß, denn das Reich stand einmal mehr einer massiven Bedrohung durch die Türken gegenüber, die umso alarmierender war, als sich der französische König – wieder einmal – mit den Türken verbündet hatte. Bei den Verhandlungen ging es um die Freilassung Philipps von Hessen und des Kurfürsten von Sachsen sowie um die gegenseitige Anerkennung des konfessionellen Status im Reich auf dem Stand des Jahres 1552 und die Garantie einer unparteiischen Urteilsfindung des Reichskammergerichts. Die politische Lösung des Religionskonflikts war die Ausdehnung des Landfriedens auf beide Religionsparteien, nicht mehr der Versuch, den Religionsstreit beizulegen und die Einheit der Religion wiederherzustellen. Binnen eines halben Jahres sollte ein Reichstag zur endgültigen Regelung der Religionsfrage einberufen werden. Später als geplant wurde am 5. Februar 1555 schließlich der Augsburger Reichstag eröffnet. Kaum ein namhafter Reichsstand war persönlich anwesend, vielmehr handelte es sich um eine Juristenversammlung. Die politische Entscheidung der Religionsfrage war bereits gefallen, jetzt ging es nur noch darum, ihr eine juristisch verbindliche Form zu geben. Der Kaiser hatte bereits 1554 alle kaiserlichen Vollmachten auf seinen Bruder übertragen, weil er an dem Religionsfrieden, der für ihn das Scheitern seiner Religionspolitik bedeutete, nicht mitwirken wollte. 1556 trat er folgerichtig zurück und begab sich in die Einsamkeit des in der Estremadura in Spanien gelegenen Klosters Yuste.

Die Ausdehnung des Landfriedens auf die Protestanten: der Augsburger Religionsfriede 1555

Der Augsburger Religionsfriede ist Bestandteil des Abschiedes eines Reichstages, auf dem neben der Religionsfrage auch noch andere Tagungspunkte verhandelt wurden. Der Augsburger Religionsfriede gilt als eines der wichtigen Verfassungsdokumente der deutschen Geschichte. Er brachte *de jure* keine Entscheidung in der Religionsfrage, klammerte diese vielmehr aus und vertagte sie. Dies war gleichsam der Kunstgriff, der das Zustandekommen des Augsburger Religionsfriedens überhaupt ermöglichte. Er schuf eine politische Friedensordnung auf der Basis des religiösen Zwiespaltes durch eine rechtlich garantierte Koexistenz der beiden Religionsparteien. Das Religionsproblem wurde also juristisch und nur juristisch angegangen. Die politische Friedensordnung knüpfte an die seit 1495 bestehende Ordnung an und änderte an ihr das, was die Auseinandersetzungen der letzten 60 Jahre als veränderungsbedürftig markiert hatten. Außerdem wurden rechtliche Regelungen gefunden für die durch den religiösen Dissens neu entstandenen Konflikte. Das Verfassungsdokument von 1555 ergänzt somit die Ordnung von 1495 um die in juristische Regelungen gepackte historische Erfahrung. Der Augsburger Religionsfriede wurde auf Dauer geschlossen; nur die Wiedervereinigung der Religionsparteien sollte ihm ein Ende setzen können, indem sie ihn überflüssig machte.

Der Religionsfriede gab beiden Konfessionen denselben Schutz; katholische und protestantische Stände wurden als Bestandteile des politischen Reichssystems deklariert und in die Rechtsordnung des Reichs integriert. Konfessionelle Konflikte konnten fortan demnach nicht mehr als Landfriedensbruch deklariert und reichsrechtlich verfolgt werden. Vielmehr bildete die Rechtsordnung des Reichs ein Dach für die beiden Konfessionen, um Dogma und Bekenntnis, kirchliche Verwaltung und Seelsorge sowie religiöse Unterweisung der Untertanen ohne Bedrohung von außen angehen bzw. verfestigen zu können.

Diese Garantie galt für die Reichsstände, sie waren die Rechtspersonen, auf die sich der Friede erstreckte. Kurfürsten, Fürsten und Grafen, ob geistlich oder weltlich, erhielten eine Garantie ihrer persönlichen Freiheit, ihrer Rechtsstellung, ihres Eigentums und ihrer Herrschaftsrechte gegen jede Beeinträchtigung aus Religionsgründen. Das Recht, über die Religionsausübung bestimmen zu können, wurde also an die Ausübung von Herrschaftsrechten geknüpft. Erst später wurde dies mit der Formel »cuius regio, eius religio« auf den Punkt gebracht.

Die Untertanen fanden demnach nur mittelbar Eingang in den Religionsfrieden: Ihnen wurde das Recht zugestanden, aus Glaubensgründen zu emigrieren und zwar mit ihrer Familie unter Garantie ihres Eigentums, Verkauf ihres Hab und Guts und eines Ablösungsrechts der Leibeigenschaft (§ 24).

Es liegt auf der Hand, dass die Bestimmungen über die Garantie der Herrschafts- und Eigentumsrechte nicht rückwirkend in Kraft treten konnten, denn dies hätte notwendigerweise die gesamten Veränderungen des konfessionellen Status im Reich wie auch die Säkularisation des

Kirchengutes seit den 1520er Jahren rückgängig gemacht.
Als Schlüsseljahr zur Feststellung des *status quo* wurde das
Jahr des Passauer Vertrages, also 1552, genommen. Alles,
was bis zu diesem Jahr in Verfügungsgewalt der evangelischen Stände gewesen war, sollte auch bei ihnen bleiben.
Eine rigorose Beschränkung auf dieses Schlüsseljahr hätte
aber weitere Reformationen im evangelischen Sinne unmöglich gemacht. Daher setzte man hinter das Jahr 1552
noch die beiden Worte »oder seithero« (§ 19), genauso, wie
in § 15 die Festlegung des Bekenntnisstatus, des Kults, der
Kirchengebräuche und -ordnungen durch die Formulierung »so sie aufrichten oder nochmals aufrichten möchten« in die Zukunft verlängert wurde. Auf diese Art schuf
man zwar Stoff für zahlreiche Prozesse beim Reichskammergericht, fand aber gleichzeitig so auch Formulierungen,
die eine Einigung 1555 überhaupt erst möglich machten.

Die geistliche Jurisdiktion der römisch-katholischen
Kirche über die Augsburgischen Konfessionsverwandten
wurde suspendiert (§ 20). Eine gravierende Einschränkung
des Reformationsrechtes war allerdings für die geistlichen
Fürsten vorgesehen. Nach § 18 (zum »Geistlichen Vorbehalt«) sollte ihnen persönlich freistehen, zum Augsburgischen Bekenntnis überzutreten, was dann aber den Verlust ihrer Herrschaftsrechte und ihrer Kirchenämter und
Pfründen nach sich zog. Diese Bestimmung sollte den Bestand der Reichskirche sichern, da damit ausgeschlossen
wurde, dass das reichsunmittelbare Kirchengut in protestantische Verfügungsgewalt gelangen, d.h. geistliche Fürstentümer protestantisch werden konnten. Der geistliche
Vorbehalt wurde wegen dieser weitreichenden Konsequenzen von den evangelischen Ständen als untragbare
Diskriminierung abgelehnt. Ihre Zustimmung zum Vertragswerk erreichte Ferdinand dennoch durch eine geheime Nebenabrede (*Declaratio Ferdinandea*), die in das offizielle Vertragswerk nicht aufgenommen, deren Einhaltung
aber dennoch oder vielmehr gerade deswegen von den

evangelischen Ständen in der Folgezeit vehement angemahnt wurde: In den katholischen geistlichen Fürstentümern sollte der Bekenntnisstand des landsässigen Adels und der Städte garantiert werden, d.h. auch dann, wenn diese evangelisch waren. Diese Bestimmung war als Kompensation für den Geistlichen Vorbehalt gedacht; sie hätte in letzter Konsequenz zur Protestantisierung der geistlichen Fürstentümer von unten führen können. Sie barg daher für die folgenden Jahre sehr viel Konfliktpotenzial.

In den 1555 gemischt-konfessionellen Reichsstädten sollten beide Konfessionen bei ihrer bisherigen Konfessionsausübung bleiben können, eine Bestimmung, die vor allem den seitdem wieder größer gewordenen katholischen Minderheiten in evangelischen Reichsstädten zugute kam.

Eingeschlossen wurden in den Religionsfrieden nur die Angehörigen der Augsburgischen Konfession sowie die der römischen Kirche. Alle anderen Religionsgruppen wurden explizit ausgeschlossen. Damit war im Grunde schon klar, dass die religiösen Auseinandersetzungen weitergehen würden, denn der Begriff »Augsburgische Konfessionsverwandte« war unscharf. Er definierte eine offene Gruppe, in die in der Folgezeit je nach politischer Notwendigkeit einzelne Reichsstände ein- bzw. ausgeschlossen werden konnten.

Der Reichsabschied enthielt neben dem Religionsfrieden eine Revision der Kammergerichtsordnung und eine Exekutionsordnung, die die Durchsetzung des Landfriedens, d.h. die Vollstreckung der Urteile des Reichskammergerichts sicherstellen sollte. Zum Kammergericht wurden, einer zentralen Forderung der Evangelischen entsprechend, nun auch Protestanten als Assessoren und Richter zugelassen. Die paritätische Besetzung des Reichskammergerichts wurde allerdings erst in der zweiten Hälfte des 17. Jahrhunderts festgelegt.

Die Reichsexekutionsordnung ordnete die Reichskreise neu, übergab ihnen größere Vollmachten wie z.B. die

Exekution der Urteile des Reichskammergerichts, straffte die Organisation der Reichskreise und verbesserte ihre Kooperation untereinander. Die politische Bedeutung der Reichskreise hing aber auch in der Folgezeit von der politischen Stärke ihrer Mitglieder ab. Während zum Beispiel der Schwäbische Kreis eine wichtige politische Kraft des Alten Reichs war, blieben andere nahezu bedeutungslos.

Der Augsburger Religionsfriede zementierte die religiöse Spaltung, machte sie aber zugleich politisch handhabbar. Er ist kein Dokument religiöser Toleranz, sondern ein Dokument des politischen Umgangs mit religiöser Differenz. Sein Ziel war es, trotz dieser Differenz politischen Frieden zu sichern. Seine friedenssichernde Funktion scheiterte schließlich daran, dass der politische Umgang mit religiöser Differenz in seiner Reichweite beschränkt wurde. Die Weigerung, auch die calvinistisch-reformierte Konfession in die Friedenssicherung des Reichs einzubeziehen, wurde zur wirkungsmächtigen Hypothek dieses Friedens. Dieser Konflikt mündete in den Dreißigjährigen Krieg und fand erst im Westfälischen Frieden von 1648 durch die gleichberechtigte Anerkennung der drei Konfessionen im Reich eine neue politische Lösung.

II
Aspekte

1
Politische Akteure

Dass die Reformation in Wittenberg ihren Anfang nahm, lag daran, dass Luther an der Universität Wittenberg lehrte. Dass die Reformation in Wittenberg schließlich ihr Aktionszentrum ausbildete, dass Wittenberg lange Jahre die »Heimat« der Reformation in Deutschland blieb, lag an den politischen Strukturen. Wittenberg mit seiner 1502 gegründeten Universität stand für die Konkurrenz der sächsischen Linien seit der Landesteilung von 1485. Landesteilungen spielen für die Reformation insofern eine wichtige Rolle, als die Entscheidung für oder gegen die Reformation immer auch eine Entscheidung des »Andersseins« bedeutete. Daher konnte diese Entscheidung in Fällen von Landesteilungen ein geeignetes Mittel sein, um sich von der Politik der jeweils anderen Linie abzusetzen. Sachsen ist das prominenteste Beispiel dafür, keineswegs aber das einzige: Braunschweig-Wolfenbüttel und Braunschweig-Lüneburg mit jeweils verwirrend vielen Nebenlinien, später Baden-Baden und Baden-Durlach, Hessen-Darmstadt und Hessen-Kassel sowie die zahlreichen nassauischen Linien versuchten sich gegeneinander auch durch die konfessionelle Ausrichtung abzugrenzen.

Friedrich der Weise war ein Herrscher von hoher Reputation. Als Kurfürst gehörte er der politischen Führungsriege des Reichs an, in den bewegten Jahren der Diskussion um die Nachfolge Kaiser Maximilians wurde er sogar als dessen Nachfolger gehandelt und konnte sich erlauben, dieses Angebot abzulehnen. Politik konnte in der ersten Hälfte des 16. Jahrhunderts nicht am sächsischen Kurfürsten vorbei gemacht werden. Schwerer hatte es da sein Cousin Georg, der die andere der beiden sächsischen Linien regierte. Er war nicht an der Kaiserwahl beteiligt, insofern seinem sächsischen Verwandten und Nachbarn gegenüber deutlich im Nachteil. Friedrich der Weise wusste seine Reputation auch nach außen zu vermitteln: Er hatte eine eindrucksvolle Reliquiensammlung, die er ständig vergrößerte, und er bestellte Lukas Cranach den Älteren zu seinem Hofmaler. 1502 stiftete er die Universität Wittenberg, ein verständlicher und notwendiger Schritt, da die Universität Leipzig bei der Landesteilung bei der anderen Linie verblieben war. Um die neue Universität schnell zu einer ersten Adresse zu machen, legte er auf die Besetzung der Professuren großen Wert und stattete die Universität finanziell gut aus. Möglich wurde ihm das durch die ertragreichen Schneeberger Silberminen. So ist es erklärlich, dass die Universität Wittenberg in den folgenden Jahren Gelehrte anzog und Wittenberg zeitweise alle prominenten Köpfe der Reformation zu beherbergen schien. Die Kleinräumigkeit dieser Stadt gehört dabei zur Spezifik der deutschen Reformation. Luther und Melanchthon waren fast direkte Nachbarn, die Werkstatt von Cranach lag keine zwei Gehminuten entfernt.

Im Oktober 1511 setzte sich Johann von Staupitz (um 1468–1524) dafür ein, den damals noch unbekannten Luther an die Universität zu holen. Dieser musste zunächst promovieren, die Kosten dafür trug Friedrich der Weise. Als Gegenleistung verpflichtete sich Luther, zeit seines Lebens die theologischen Vorlesungen in Bibelkunde an der Universität zu halten.

Friedrich der Weise hat nie mit Luther gesprochen, ist nicht einmal mit ihm zusammengetroffen. Den Kontakt hielt aber indirekt sein Hofkaplan Georg Spalatin (1484–1545), der ein enger Vertrauter Luthers war. Friedrich der

Weise setzte sich energisch für eine schonende Behandlung Luthers ein, obwohl er bis kurz vor seinem Tod am katholischen Glauben festhielt. Er hätte sich wohl auch kaum erlauben können, das Zugpferd seiner neuen Universität nicht vor einer drohenden Verurteilung zu schützen. Friedrich der Weise nutzte die Sache Luthers dazu, die Macht der Reichsstände, vor allem der Kurfürsten, gegenüber dem Kaiser zu stärken. Er war dazu geradezu prädestiniert als einer, der auch zur Kandidatur aufgefordert worden war. Auf seine Initiative ging die Aufforderung an den Kaiser zurück, Luther auf den Reichstag nach Worms zu laden. Auf dem Sterbebett reichte ihm Spalatin das Abendmahl in beiderlei Gestalt. Sein Nachfolger bekannte sich von Beginn seiner Regierung an zum Protestantismus, was im Verkauf der Reliquiensammlung sinnfälligen Ausdruck fand. Sachsen bezog im Zuge der Reformation die Bistümer Naumburg und Merseburg in sein Territorium ein, so dass diese in den 1560er Jahren erloschen. Das exemte Bistum Meißen wurde 1539 der sächsischen Administration unterstellt. Das Ende dieser Bistümer bedeutete das Ende der Kirchenprovinz Magdeburg. Die Reformation hatte im Nordosten des Reichs so viel Erfolg, dass die Reichskirche auf den Westen und Süden des Reichs zurückgedrängt wurde.

Die rücksichtslose Bistumspolitik Johann Friedrichs zerrüttete das Verhältnis zu Moritz von Sachsen. In Naumburg-Zeitz setzte Johann Friedrich seinen Kandidaten durch; er ließ das Wurzener Stiftsgebiet besetzen; 1545 setzte er gegen ältere Ansprüche der albertinischen Linie einen seiner Söhne für die Nachfolge im Erzstift Magdeburg/Hochstift Halberstadt durch. Die Reaktion Moritz' bestand in einer Annäherung an den Kaiser, um die Kurwürde für seine Linie zu erreichen, was 1547 auch geschah. Nicht nur die Kurwürde, sondern auch große Gebietsteile des Kurfürstentums kamen an die albertinische Linie. Die ernestinische Linie behielt nur die Ämter Wei-

mar, Jena, Saalfeld, Weida, Gotha und Eisenach und einige
andere kleinere Gebiete. 1558 wurde für die ernestinische
Linie mit der Universität Jena eine neue Landesuniversität
gegründet.

Georg, der Landesherr des Herzogtums Sachsen, hatte
gegenüber Friedrich dem Weisen den Vorteil, eine vor-
zügliche Ausbildung genossen zu haben; er war eigentlich
für die geistliche Laufbahn bestimmt gewesen, beherrschte
die lateinische Sprache und hatte sich auch mit theologischen Fragen auseinandergesetzt, was es ihm erlaubte, den
theologischen Debatten zu folgen und sie zu verstehen.
Die früheste Kontroversdebatte der Reformation, die Leipziger Disputation von 1519, fand unter seiner Ägide statt.
Luther ließ sich in dieser Disputation dazu hinreißen – er
folgte keinem strategisch-taktischen Plan –, Johann Hus
zu verteidigen, seine Lehre als nicht häretisch zu erklären
und damit gleichzeitig die Feststellung zu treffen, dass
sich das Konstanzer Konzil bei der Verurteilung des Johann Hus geirrt habe. Georg erkannte die Reichweite dieser Äußerungen, kommentierte sie entsprechend und betrachtete Luther von dieser Äußerung an als Feind. Seit
der Leipziger Disputation führte Herzog Georg von Sachsen den Kampf gegen Luther und seine Anhänger. Er forderte die energische Umsetzung des Wormser Edikts und
verbot in seinem Landesteil die Verbreitung von Luthers
Schriften und seiner Übersetzung des Neuen Testaments.
Er beauftragte den Leipziger Theologen Hieronymus
Emser (1477–1527) mit einer Korrektur der lutherischen
Übersetzung und gab diese mit einer Vorrede heraus. In
Luther sah er nur den meineidigen Mönch und schmäh-
süchtigen Agitator. Er gab ihm schließlich die Schuld an
den bäuerlichen Unruhen der Jahre 1524/25.

Georg war gleichzeitig aber auch derjenige Fürst, der
sich am nachhaltigsten für eine Reform der Kirche stark
machte. Er hegte große Skepsis gegenüber dem Papst und
übte scharfe Kritik an der Kurie, die seiner Meinung nach

die Interessen der Christenheit ihren nepotistischen Zwecken unterordne. Er versuchte von der Kurie das Zugeständnis zu erreichen, selbst zu visitieren und unbotmäßige Priester zu bestrafen und bereitete damit im Grunde die Hinwendung des Herzogtums Sachsen zum Protestantismus, die nach seinem Tod 1539 erfolgte, schon vor.

Im Juli 1525 schloss Georg mit Albrecht von Brandenburg – dem Kurfürsten von Mainz –, Kurfürst Joachim I. von Brandenburg und den Herzögen Erich von Braunschweig-Calenberg und Heinrich von Braunschweig-Wolfenbüttel das Bündnis von Dessau zum Schutz der alten Kirche und zur Ausrottung der lutherischen Lehre. Dies wird umso verständlicher, wenn man sich vor Augen führt, dass beide sächsischen Landesteile in enger räumlicher Nachbarschaft lagen, somit Kontakte der Untertanen untereinander durch Handwerk, Handel und andere Geschäftsbeziehungen an der Tagesordnung waren und damit auch ein ständiger kommunikativer Austausch stattfand.

Nachfolger Friedrichs des Weisen wurde 1525 sein Bruder Johann I. der Beständige, der seit 1486 bereits Mitregent als Landesherr, nicht aber als Kurfürst war. Johann war von Beginn seiner Alleinregierung an bekennender Anhänger Luthers.

Neben den sächsischen Fürsten ist Landgraf Philipp von Hessen der wichtigste Fürst der Reformationszeit. Seit dem 14. Jahrhundert gab es enge politische Beziehungen zwischen Sachsen und Hessen, die immer wieder auch durch Heiratsbeziehungen gefestigt wurden. So war Herzog Georg von Sachsen Philipps Schwiegervater, Moritz von Sachsen sein Schwiegersohn. 1521 war Philipp als noch nicht 17-Jähriger auf dem Wormser Reichstag anwesend.

Zwischen 1521 und 1542 führte Philipp einen intensiven Briefwechsel mit Luther. Das Verhältnis der beiden umschreibt treffend eine Äußerung Philipps: »Predige Luther, so will ich derweil sehen, dass man die Pferde sattele!« Offiziell nahm Philipp erst 1524 nach einem persönlichen Gespräch mit Melanchthon die neue Lehre an. 1526 nach dem Speyrer Reichstag führte er die neue Lehre auch in seinem Land ein. Im selben Jahr wurde auf der Homberger Synode eine Kirchenordnung für Hessen entworfen. Diese sah einen Aufbau der hessischen Kirche mit stark gemeindeautonomen Zügen vor. Sie wurde von Luther abgelehnt. Die hessische Reformation erfolgte schließlich in enger Anlehnung an das sächsische Vorbild. Mit der Reformation konnten die alten Gedanken einer hessischen Landeskirche verwirklicht werden. Schon 1523 hatten Bauern aus Balhorn an den Landgrafen geschrieben und einen Prediger der neuen Lehre erbeten mit dem Zusatz: »Euer fürstlich Gnaden sollen unser Papst und Kaiser sein«.

1525 griff Philipp in den Bauernkrieg ein und schlug einen Aufstand hersfeldischer und fuldaischer Bauern nieder. Außerdem war er entscheidend an dem Sieg über den Mühlberger Haufen bei Frankenhausen beteiligt. Damit gilt er als »Retter des mitteldeutschen Territorialfürstentums«. Er ging aber milde gegen die Aufständischen vor und versuchte die Gründe für ihre Beschwerden zu ermitteln.

Im November 1525 schlossen Philipp und der sächsische Kurfürst als Reaktion auf das Dessauer Bündnis den Torgauer Bund.

Aus dem Vermögen der säkularisierten Klöster gründete Philipp 1527 die Universität Marburg als erste protestantische Universität. Aus dieser Vermögensmasse wurden zudem Versorgungsstätten für adelige Töchter finanziert, Schulen errichtet und schließlich vier Landeshospitäler für Arme und Kranke auf dem Lande eingerichtet. Dieses Kapital schuf demnach die Möglichkeit für eine umfassende neue Innenpolitik im hessischen Territorium. Dafür hatte Philipp umfangreiche Investitionen getätigt. Das notwendige Kapital für die Abfindung der Klosterinsassen – rund 800 Personen in 37 Klöstern – bezifferte er auf einen Kapitalwert von 50 000 Gulden. Diese Zahlen zeigen deutlich, warum eine Rückgängigmachung der Säkularisation der Kirchengüter so gut wie unmöglich war.

Nach dem Speyrer Reichstag von 1529 arbeitete Philipp an einem größeren Bündnis. Er versuchte, den Streit zwischen Zwingli und Luther beizulegen, um die drohende Spaltung des Protestantismus zu verhindern.

Da der Reichsabschied von 1530 in konsequenter Umsetzung auf eine Vernichtung der evangelischen Gemeinden und Kirchen hinausgelaufen wäre, initiierte Philipp die Gründung des Schmalkaldischen Bundes, an der sich zunächst sechs Fürsten und zehn Städte unter Führung Hessens und Sachsens beteiligten. Frankreich konnte als Bundesgenosse gewonnen werden, Verbindungen gab es auch zu England, Dänemark und Ungarn. Auch katholische Reichsfürsten sahen ihre »fürstliche Libertät« bedroht. Deswegen stand auch Bayern dem Bund nahe.

Seinen politischen Handlungsspielraum verlor Philipp durch die Doppelehe, die er am 4. März 1540 schloss. Er war verheiratet mit Christine von Sachsen, Tochter Herzog Georgs von Sachsen. Zusätzlich heiratete er das Edelfräulein Margarethe von der Saale. Für diesen Schritt hatte er sich zuvor die Zustimmung Luthers und Melanchthons eingeholt. Eine Doppelehe war ein schweres Vergehen und konnte mit dem Tode bestraft werden. Philipp war daher auf die Gnade des Kaisers Karl V. angewiesen, der sich dafür politisches Entgegenkommen erkaufen konnte. So schlossen Landgraf und Kaiser 1541 den Regensburger Vertrag. Philipp gab damit zwar die neue Lehre nicht preis, aber der Kaiser bekam die Zusicherung, dass der Schmalkaldische Bund im Krieg um das Herzogtum Geldern nicht gegen den Kaiser intervenieren würde.

Nach der Niederlage im Schmalkaldischen Krieg unterwarf sich Philipp am 19. Juni 1547 dem Kaiser, wurde aber dennoch gefangen gesetzt. Die hessische Kirche behielt aber auch in der Zeit seiner Gefangenschaft ihren Bestand. Die Regierungsgeschäfte führte während dieser Zeit sein Sohn Wilhelm.

Am 8. September 1555 ließ Philipp Ferdinand übermitteln: »Und möchten wir für uns wohl leiden, dass eine jede Sekte, sie sei was Religion sie sei, eigene Kirchen hätte und wollten, dass es dermaßen durch das ganze Deutschland gehalten würde«. 1558 schrieb er an Kurfürst August von Sachsen, ein Verteidigungsbündnis der evangelischen Stände sei wichtig, denn es »möchte ein Schwert das andere in der Scheide halten. Ohne das aber wird man den einen heut, den anderen darnach hinweg reißen.« In Fragen der großen Politik hielt er sich aber nach 1555 zurück; er starb am 31. März 1567.

Das politische Gewicht des sächsischen Kurfürsten und des hessischen Landgrafen in der Reichspolitik suggerieren eine breite politische Basis der Reformation. In Wirklichkeit wechselten bis 1555 zwar etliche Reichsstädte, aber erstaunlich wenige Fürsten offiziell in das protestantische Lager. Die Unterschrift unter die Speyrer Protestation leisteten lediglich fünf Fürsten und 14 Reichsstädte. Zu den Fürsten zählten der sächsische Kurfürst Johann – Friedrich der Weise war 1525 gestorben –, Landgraf Philipp von Hessen, Markgraf Georg von Brandenburg-Ansbach-Kulmbach, Herzog Ernst von Braunschweig-Lüneburg und Fürst Wolfgang von Anhalt. Letzterer war seit 1508 an der Regierung; er hatte Luther 1521 auf dem Reichstag kennengelernt und beschlossen, in den von ihm regierten anhaltinischen Gebieten um Bernburg und Köthen die Reformation einzuführen. Erst 1525 bekannte er sich aber öffentlich zur Reformation. Weil sein Land hoch verschuldet war, war er als geheimer Staatsrat des sächsischen Kurfürsten Johann des Beständigen, der sein Schwager war, tätig; die Regierungsgeschäfte in seinem Land führte seine Mutter. Wolfgang stand also in sächsischen

Diensten und damit auch unter sächsischem Einfluss, als er die Protestation unterschrieb.

Auffällig ist die regionale Verteilung: Die Fürsten kamen allesamt aus dem Nordosten des Reichs, während die Reichsstädte im Südwesten lagen. Neben Johann von Sachsen und Philipp von Hessen gehörten die anderen drei nicht zur ersten Riege der Reichsfürsten. Sie regierten Länder mit sehr schwierigen Herrschaftsverhältnissen: klein, sehr stark zersplittert, die Herrschaftsbefugnisse unter mehrere Linien aufgeteilt.

Dieselben fünf Fürsten, die die Protestation unterschrieben hatten, überreichten auf dem Augsburger Reichstag 1530 dem Kaiser die *Confessio Augustana* zusammen mit den Reichsstädten Nürnberg und Reutlingen – nachträglich unterschrieben noch während des Reichstags Weißenburg, Heilbronn, Kempten und Windsheim. Die vier oberdeutschen Städte Straßburg, Konstanz, Memmingen und Lindau unterzeichneten wegen der Kontroverse in der Abendmahlsfrage ein eigenes Bekenntnis, die *Confessio Tetrapolitana*. Frankfurt a. M., Ulm, Isny und Schwäbisch Hall blieben ohne festgelegte Bekenntnishaltung, obwohl sie die Protestation unterschrieben.

Das nächste Ereignis, das die Gruppe der der Reformation zugeneigten Fürsten klar umschreibt, ist die Gründung des Schmalkaldischen Bundes 1530/31. Zu den fünf Fürsten, die die *Confessio Augustana* überreicht hatten, gesellten sich die Grafen Gebhart und Albrecht von Mansfeld und Herzog Philipp zu Braunschweig-Lüneburg-Grubenhagen. (Ernst von Braunschweig-Lüneburg war inzwischen Ernst von Braunschweig-Lüneburg-Celle, Wolfgang von Anhalt Wolfgang von Anhalt-Bernburg-Köthen.) Als Städte waren zunächst Magdeburg und Bremen beteiligt, bald darauf die bekannten 14 Städte mit Ausnahme Kemptens und Heilbronns und zusätzlich Straßburg. 1535 kamen von den Fürsten Johann, Georg und Joachim von Anhalt-Dessau, Herzog Ulrich von

Württemberg und die Herzöge Barnim und Philipp von Pommern dazu. 1537 trat Graf Philipp von Nassau-Saarbrücken bei.

Trotz dieser auffälligen Sogwirkung des Schmalkaldischen Bundes blieb der Kreis der protestantischen Fürsten vor allem regional beschränkt. Der Bund umwarb zahlreiche Fürsten in anderen Regionen des Reichs – im Norden z.B. die Grafen von Ostfriesland und Oldenburg sowie den Herzog von Mecklenburg, im Westen die Herzöge von Kleve, Geldern, Jülich und Berg sowie den Grafen von Mark, im Südwesten den Fürsten von Pfalz-Zweibrücken, im Südosten den Markgrafen von Ansbach. Es gelang ihm aber nicht, sie zum Beitritt zu bewegen.

Alle protestantischen Fürsten erreichten für ihre Territorien eine Arrondierung und Festigung. In dem sehr zersplitterten anhaltinischen Territorium wurden nach 1526 die Klöster säkularisiert und deren Besitz unter Inanspruchnahme des Rechtstitels der landesherrlichen Klostervogtei dem Land zugeschlagen. Braunschweig-Lüneburg und Braunschweig-Wolfenbüttel, jeweils in mehrere Linien aufgeteilt, profitierten gleichermaßen von der Hildesheimer Stiftsfehde von 1519 bis 1523, an deren Ende das Gebiet des Hochstifts Hildesheim aufgeteilt wurde. Johannes IV., seit 1504 Bischof von Hildesheim, hatte versucht, die bischöfliche Landeshoheit im Stiftsgebiet zu festigen. Der landsässige Adel, auf dessen Kosten diese Initiative ging, hatte daraufhin Hilfe bei den benachbarten welfischen Herzögen gesucht, die die Versuche des Hildesheimer Bischofs ohnehin kritisch beäugten Schließlich kam es zu einer militärischen Auseinandersetzung. Im Quedlinburger Rezess von 1523 musste der Bischof auf den größten Teil des Stifts zugunsten seiner Gegner verzichten. Die Welfen konnten auf Kosten des Stifts ihre Territorien arrondieren, das Hochstift Hildesheim aber, auf ein Viertel seines ursprünglichen Territoriums reduziert, hatte aufgehört, ein eigenständiger

Machtfaktor innerhalb der norddeutschen Landesherr-
schaften zu sein.

Einer der Profiteure der Hildesheimer Stiftsfehde war
Heinrich der Jüngere von Braunschweig-Wolfenbüttel
(1489–1568). Er hatte 1514 die Regierung angetreten und
blieb sein ganzes Leben dem katholischen Glauben und
dem Kaiser verbunden, der ihn mit den Erwerbungen der
Hildesheimer Stiftsfehde belehnt und ihm geistliche und
weltliche Vogteirechte übertragen hatte. Heinrich blieb
zwar katholisch, betrieb in seinem Land aber eine energische, an den weltlich-politischen Erfordernissen orien-
tierte Kirchenpolitik. Er zog Kirchengüter ein oder be-
steuerte sie. Er höhlte die Diözesanverfassung im Bistum
Hildesheim aus und beseitigte sie in Halberstadt, führte
Visitationen durch und legte Verzeichnisse der Kirchengüter an. In vielen Fällen übte er das Patronatsrecht aus
und übertrug die geistliche Gerichtsbarkeit den weltlichen
Gerichten.

1531 trat die Stadt Braunschweig dem Schmalkaldischen
Bund bei. Die Einwohner Braunschweigs wehrten sich ge-
gen ihren katholischen Landesherrn. Dieser unterstützte
1538 den Zusammenschluss der katholischen Reichsfürs-
ten gegen den Schmalkaldischen Bund. Daher wurde sein
Fürstentum mit Unterstützung der Städte Goslar und
Braunschweig, die schon 1528 evangelische Prediger berufen hatten und auf die er wegen ihrer lutherischen
Tendenzen Druck auszuüben versuchte, besetzt und innerhalb weniger Wochen der Reformation zugeführt.
Heinrich wurde inhaftiert. Erst der Sieg Karls V. in der
Schlacht von Mühlberg ermöglichte seine Rückkehr. Die
von ihm eingeleitete Rekatholisierung wurde nur von der
Stadt Braunschweig erfolgreich bekämpft. In der Schlacht
von Sievershausen sicherte er 1553 die Erbfolge im Fürstentum Calenberg-Göttingen für seinen Sohn Julius aus
der Wolfenbütteler Linie, der das Herzogtum wieder
evangelisch machte. Herzog Heinrich war zweimal ver-

heiratet. Seine Liaison mit Eva von Trott brachte ihm
Spott ein; sie bildete die Folie für Luthers Schrift *Wider
Hans Worst*.

Auch in den Herzogtümern Pommern und Mecklenburg kam es zu reformatorischen Maßnahmen. 1531 wurde in Pommern die freie Predigt des Evangeliums zugelassen, 1534 eine von Johannes Bugenhagen (1485–1558)
verfasste Kirchenordnung erlassen. 1539 wurden die Kirchengüter eingezogen und mit diesen Mitteln die Universität in Greifswald wieder eröffnet.

Das Kurfürstentum Brandenburg wurde 1535 in die
Kurmark und die Neumark geteilt; Landesherr der Neumark war bis 1571 Hans von Küstrin. Der größte Teil der
Kirchengüter wurde in Brandenburg in landesherrliche
Domänen umgewandelt, die Bistümer Brandenburg, Havelberg und Lebus eingezogen und vom Landesherrn als
Landesbistümer mit protestantischen Bischöfen besetzt.

Die Hohenzollern wurden vom Papst sehr schonend
behandelt, da sie über zwei Kurstimmen verfügten, die
Hohenzollern erpressten dafür Zugeständnisse, so erwarb
Kurfürst Joachim I. das Nominationsrecht für seine drei
Landesbistümer. Diese Zugeständnisse machten ab 1539
unter Joachim II. den reibungslosen Übergang des Kurfürstentums zur Reformation möglich.

Der zweite hohenzollernsche Kurfürst, Albrecht von
Mainz, strebte das Amt eines päpstlichen Legaten an. Um
Druck auf die Kurie auszuüben, legte er lange eine lutherfreundliche Haltung an den Tag: Er korrespondierte intensiv mit Erasmus und nahm Hutten in die Dienste seines Landes. 1521 erhob Albrecht in einem von Wolfgang
Capito entworfenen Schreiben dieselben Forderungen, die
Luther in der Adelsschrift erhoben hatte: eine von Rom
unabhängige Nationalkirche unter Primat des Mainzer
Kurfürsten und die Gewinnung des Adels durch die seinen jüngeren Söhnen vorzubehaltenden Stiftspfründen.

Eine besondere Problematik ergab sich daraus, dass

auch die altgläubigen Reichsstände eine staatliche Arron-
dierungspolitik betrieben, die die althergebrachten Rechte
der Kirche und ihrer Funktionsträger in Frage stellte und
damit auch den Maßnahmen der Neugläubigen Legitimation verlieh.

Der Kampf gegen die lutherische Lehre wurde für Bayern zum willkommenen Druckmittel, um bei der Kurie
lange gehegte kirchenrechtliche Wünsche durchzusetzen.
Den bayerischen Herzögen ging es bereits vor dem Auftreten Luthers darum, den Einfluss der Bischöfe in ihrem
Herzogtum einzudämmen. Gerne hätten sie ein Landesbistum errichtet, das mit den Grenzen des Herzogtums
deckungsgleich war. Daneben kämpften die Wittelsbacher
für ständische Libertät. Sie waren zusammen mit den Luxemburgern die beiden einzigen Adelsgeschlechter, die als
ernst zu nehmende Konkurrenz zu den Habsburgern um
das Kaisertum galten. Diesem nie ganz abgelegten Anspruch war die bayerische Konfessionspolitik verpflichtet.
Bayern fuhr während der Reformation eine klar antihabsburgische Linie. Wenn Bayern einmal auf der Seite des
Kaisers zu finden war, dann nur in ganz bestimmten politischen Situationen, die dieses Verhalten als politisch klug
und opportun erscheinen ließen. Zu keiner Zeit wechselte
Bayern aus konfessioneller Solidarität auf die Seite Habsburgs. 1522 initiierten die bayerischen Herzöge den Mühl-
dorfer Reformkonvent, der sich der Missstände in der Kirche annehmen sollte. Der Erzbischof von Salzburg fühlte
sich dadurch in seinen Kompetenzen eingeschränkt. Die
bayerischen Herzöge nahmen zudem Kontakt zum Papst
auf, um ein päpstliches Ketzerprivileg zu erhalten, das es
ihnen erlaubte, gegen Anhänger Luthers kirchenrechtlich
vorzugehen.

Die Kurie erkannte die politische Motivation hinter
dem bayerischen Verhalten in der Religionsfrage. Der
päpstliche Gesandte Gasparo Contarini analysierte zutref-
fend, den bayerischen Herzögen sei nur daran gelegen,

ihre eigene Macht zu stärken unter dem Vorwand, die wahre Religion zu verteidigen. 1522 erließen die Bayern ein hartes Religionsmandat; der Kaiser versuchte die bayerische Partei zu mäßigen, um die Protestanten nicht zu brüskieren, ungeachtet dessen wurde in Bayern ein zweites, noch härteres Religionsmandat erlassen.

Am 24. Oktober 1531 schloss Bayern mit Hessen und Kursachsen das Saalfelder Bündnis, das gegen die Königswahl Ferdinands gerichtet war. 1532 wurde Frankreich in dieses Bündnis einbezogen. 1546 verhandelte Bayern zum ersten Mal mit Habsburg über die pfälzische Kurwürde als mögliche Belohnung für eine Unterstützung Habsburgs gegen die Protestanten.

An der Person des bayerischen Kanzlers Leonhard von Eck (1480–1550) kann man gut sehen, wie die Religionsfrage politisch instrumentalisiert wurde. In skrupelloser und intriganter Weise spielte er die politischen Partner gegeneinander aus, nie durch einen Anflug von konfessioneller Solidarität in seinem Verhalten beeinflusst. Oberstes Ziel war die Festigung des bayerischen Staates, diesem Ziel ordnete er auch seine persönlichen Überzeugungen unter. So führte er einen gelehrten Briefwechsel mit Melanchthon. Er bejahte die lutherische Rechtfertigungslehre und erkannte viele andere der Kritikpunkte Luthers an der bestehenden Kirche als berechtigt an. Aus politischer Opportunität blieb er jedoch ein Lutherfeind.

Sowohl für die Entscheidung, bei der alten Lehre zu bleiben, als auch für die Entscheidung, sich der neuen Lehre zuzuwenden, können demnach bei den politischen Akteuren handfeste Interessen ausgemacht werden. Es gab keine Entscheidung für oder gegen die Reformation, die den politischen Interessen des jeweiligen Akteurs geschadet hätte. Reformation war Politik mit Religion und Theologie.

2
Theologische Akteure

Will man die Ausbreitung der Reformation im Reich wie in Europa verstehen, muss man die personelle Verflechtung der Theologen untereinander als eine Grundvoraussetzung mitbedenken. Die Kritik Luthers an der bestehenden Kirche wurde von vielen geteilt. Strittig war, wie man diese Missstände beseitigen konnte. Über diese Frage wurde eine intensive Diskussion unter den Theologen geführt. Erstes Mittel war der Briefwechsel unter den Theologen, der leider bislang noch nicht als kommunikatives Netzwerk untersucht worden ist – bei der Fülle der Briefe, die zwischen den verschiedenen Briefschreibern und -empfängern hin- und hergingen, ist dies ein aufwändiges, gewiss aber auch lohnendes Unternehmen. Die ersten Kontakte unter den Theologen wurden meist persönlich geknüpft und dann später brieflich fortgesetzt. Oft kannten sie sich bereits aus gemeinsamen Studienzeiten oder von der Teilnahme an Disputationen oder anderen akademischen Veranstaltungen.

Für die Anfänge der Reformation ist der Wittenberger Theologenkreis von großer Bedeutung. Von hier aus wurden die weitreichendsten Netzwerke geknüpft. Neben Wittenberg waren außerdem Zürich, Basel, Straßburg und Genf reformatorische Zentren. Zudem verdienen die Theologen der Landgrafschaft Hessen und des Herzogtums Württemberg wegen der besonderen Bedeutung dieser beiden Territorien in der Reformation besondere Beachtung. Die Reformatoren, die später in den Territorien und Reichsstädten wirkten, hatten meist unmittelbare oder zumindest mittelbare Kontakte zu wenigstens einem, meist aber mehreren dieser Zirkel.

Gegenüber der großen Zahl von bekannten und einflussreichen Reformatoren gab es nur erstaunlich wenige exponierte altgläubige Theologen.

Der Wittenberger Theologenkreis

Philipp Melanchthon (1497–1560) hatte in Heidelberg und Tübingen studiert und sein Magisterexamen abgelegt. In Tübingen war er durch Vorworte zu mehreren Schulbüchern, durch seine erste öffentliche Rede *De artibus liberalibus* und sein erstes selbst verfasstes Buch, eine griechische Grammatik, hervorgetreten. Melanchthon hatte also nicht als Theologe, sondern als Philologe begonnen, was vielleicht seine Flexibilität in theologischen Positionskämpfen erklärt. Der sächsische Kurfürst Friedrich der Weise bat einen der Tübinger Lehrer Melanchthons, den Humanisten Johannes Reuchlin (1455–1522), um eine Empfehlung für die Besetzung der neu gegründeten Professur für Griechisch und Hebräisch an der Universität Wittenberg. Gegen Luthers Votum fiel die Wahl schließlich der Empfehlung Reuchlins folgend auf Melanchthon. Schon vier Tage nach seiner Ankunft hielt er am 29. August 1518 seine Antrittsvorlesung über eine Studienreform. Das dort entwickelte Programm eines bibelnahen Humanismus fand sofort Luthers Beifall und begründete die künftige Freundschaft der beiden. In der Zeit von 1518 bis 1521 wandte sich Melanchthon mehr und mehr zur reformatorischen Theologie hin. Besonders deutlich kann diese Wendung daran erkannt werden, dass er 1519 Luther zur berühmten Leipziger Disputation begleitete, zum Baccalaureus biblicus promoviert wurde und damit fortan Mitglied zweier Fakultäten, der artistischen und der theologischen, war. Mit seinen *Loci communes* verfasste er 1521 die erste evangelische Dogmatik. In den Jahren 1525–28 arbeitete Melanchthon im Auftrag des sächsischen Kurfürsten an einer Kirchen- und Schulorganisation für das Kurfürstentum (*Unterricht der Visitatoren*). Von 1529 an trat Melanchthon als Vertreter Kursachsens und der evangelischen Stände auf Reichstagen (Speyer, Augsburg) und bei Religionsgesprächen (Marburg, Regensburg und Worms) hervor, was umso wichtiger war, da sich ein öffentliches Auftreten Luthers wegen seiner Bannung und Ächtung verbot. Als Verfasser der *Confessio Augustana* und deren *Apologie* hatte Melanchthon entscheidenden Anteil an der Formierung des protestantischen Bekenntnisses.

Neben Melanchthon verdient Georg Spalatin (1484–1545) besondere Erwähnung. Er kam bereits 1502 von der Universität Erfurt an die neu gegründete Universität Wittenberg. 1504/05 studierte er wieder in Erfurt, hauptsächlich Jura, und übernahm dort 1505 eine Hauslehrerstelle. Ende 1508 wurde er als Prinzenerzieher nach Torgau berufen. 1511 siedelte er nach Wittenberg über; zur gleichen Zeit erhielt er ein Kanonikat am St. Georgenstift in Altenburg. Als Geheimsekretär, geistlicher Berater und Hofprediger des sächsischen Kurfürsten nahm er eine einzigartige Vertrauensstellung ein, die es ihm erlaubte, Luther den Schutz des Landesherrn zu sichern. Zwischen Spalatin und Luther entwickelten sich seit 1514 freundschaftliche Beziehungen. Luther und Kurfürst Friedrich der Weise hatten keinen unmittelbaren Kontakt, standen aber durch Spalatin ständig in Verbindung. Als Vertrauter der sächsischen Kurfürsten nahm Spalatin an allen entscheidenden Reichstagen und Fürstentreffen teil. Sein Versuch, Friedrich den Weisen für die endgültige Durchsetzung der Reformation in Sachsen zu gewinnen, scheiterte jedoch. Spalatin ging nach Friedrichs Tod am 13. August 1525 als Pfarrer nach Altenburg, ohne allerdings seine politische und kirchenpolitische Tätigkeit aufzugeben. Auch den Kurfürsten Johann und Johann Friedrich diente er als Berater. 1528 übernahm er in Altenburg die neue Superintendentur mit vielfältigen Visitationsaufgaben im Dienste des Aufbaus der sächsischen Landeskirche.

Auch Nikolaus von Amsdorf (1483–1565) verband eine dauerhafte Freundschaft mit Luther. Amsdorf hatte zunächst in Leipzig studiert und wechselte dann als einer der ersten Studenten an der neuen Universität nach Wittenberg. Seit 1507 lehrte er dort Philosophie und Theologie und wurde 1508 Domherr am Allerheiligenstift in Wittenberg. Amsdorf begleitete Luther sowohl auf die Leipziger Disputation als auch auf den Wormser Reichstag. Als Luther Anfang Dezember 1521 heimlich nach Wittenberg kam, um mit seinen Freunden über den Fortgang der Kirchenerneuerung zu beraten, beherbergte ihn Amsdorf in seinem Haus. 1524 wurde Amsdorf Pfarrer und Superintendent in Magdeburg, wo er den Gottesdienst nach dem Vorbild Wittenbergs ordnete und eine evangelische höhere Schule gründete. Er führte 1528 und 1531 in Goslar und 1534 in Einbeck die Reformation durch und unterstützte 1539 Herzog Heinrich von Sachsen bei der Einführung der Reformation in seinem Herzogtum. Johann Friedrich ernannte Amsdorf zum Nachfolger des am 6. Januar 1541 verstorbenen Bischofs Philipp von Naumburg-Zeitz; am 20. Januar 1541 weihte ihn Luther im Naumburger Dom zum ersten evangelischen Bischof. Im Schmalkaldischen Krieg musste er 1547 aus seinem Bistum weichen. 1547–49 war Amsdorf Berater der Söhne des in der Schlacht von Mühlberg gefangen gesetzten Kurfürsten Johann Friedrich. 1552 wurde er Generalsuperintendent in Eisenach und führte 1554 die erste große Kirchenvisitation in den ernestinischen und thüringischen Landen durch. Amsdorf gehörte zu den Theologen, die unter der Führung des Matthias Flacius Illyricus (1520–1575) die »Adiaphoristen« bekämpften, die ohne Verletzung der Schrift den größten Teil der katholischen Kultusformen und Gebräuche als »Adiaphora« (d.h. Mitteldinge, die in der Bibel weder verboten noch erlaubt werden) übernehmen zu können glaubten. Amsdorf hatte Anteil an der Gründung der Universität Jena, die 1548 eröffnet und im Gegensatz zu dem philippistischen Wittenberg die Hochburg des strengen Luthertums wurde.

Mit Johannes Bugenhagen (1485–1558) verband Luther ebenfalls eine dauerhafte Freundschaft. Bugenhagen im-

matrikulierte sich 1521 an der Universität Wittenberg.
Auf Luthers Betreiben wählten Rat und Gemeinde ihn im
Herbst 1523 zum Stadtpfarrer. Im September 1535 trat er
in die Theologische Fakultät als Mitglied ein und wurde
1536 Generalsuperintendent. Bekannt ist Bugenhagen als
begabter Organisator des Kirchen- und Schulwesens in
verschiedenen Gegenden Norddeutschlands. 1542 richtete
er in dem vom Schmalkaldischen Bund eroberten Braunschweig-Wolfenbüttel als provisorischer Superintendent
des Landes das evangelische Kirchenwesen ein. Bugenhagen stand Luther, dessen Trauung er am 13. Juni 1525
vollzog, als Freund und Seelsorger nahe. Er blieb bis zu
seinem Tod in Wittenberg.

Als einer der Hauptmitarbeiter Luthers und Melanchthons gilt Justus Jonas (1493–1555). Er studierte in Erfurt und Wittenberg Jura, wurde 1518 Professor in Erfurt
und 1521 in Wittenberg. Als Jurist war er im Auftrag der
Fakultät an der Erarbeitung einer konsistorialen Kirchenverfassung für Kursachsen beteiligt. 1541 wurde Jonas
Prediger, 1544 Superintendent in Halle, von wo er aufgrund seiner kritischen Äußerungen gegen Karl V. im
Schmalkaldischen Krieg 1546 vertrieben wurde. Er wurde
1551 Hofprediger in Coburg, 1552 organisierte er das protestantische Kirchenwesen in Regensburg, 1553 wurde er
Superintendent in Eisfeld, wo er bis zu seinem Tod blieb.

Auch Caspar Cruciger (1504–1548) war ein enger Mitarbeiter Luthers wie auch Melanchthons. Cruciger hatte
als Student in Leipzig 1519 der Disputation zwischen
Martin Luther und Eck beigewohnt. Im Sommer 1521 zog
er wegen der Pest mit seinen Eltern nach Wittenberg, wo
er als Schüler Luthers und Philipp Melanchthons seine
Studien fortsetzte. Cruciger wurde 1525 Prediger und
Rektor der Johannisschule in Magdeburg und 1528 Professor der Theologie und Prediger an der Schlosskirche in
Wittenberg. 1529 nahm er an dem Religionsgespräch in
Marburg zwischen Luther und Huldrych Zwingli teil und

1540 war er anlässlich des Religionsgesprächs in Worms
Protokollführer. An der Durchführung der Reformation
im Herzogtum Sachsen 1539 war er zusammen mit Amsdorf maßgeblich beteiligt.

Auch Andreas Karlstadt (1480–1541) gehörte zum Wittenberger Kreis. Er hatte in Erfurt und Köln studiert und
war ab 1504/05 als Lehrer für Philosophie an der Universität Witterberg tätig. 1512 promovierte er als Dekan der
Universität den damals 29-jährigen Luther zum Doktor
der Theologie. Karlstadt reiste 1515, fünf Jahre nach Luther, nach Rom, erlangte dort den Doktor beider Rechte
und kehrte, Luther ähnlich, enttäuscht über die Verweltlichung in der Hauptstadt der Christenheit, nach Wittenberg zurück, beschäftigte sich intensiv mit Augustin und
stieß unabhängig von Luther zum Schriftprinzip vor. In
den Streit zwischen Luther und Eck griff Karlstadt mit einer umfangreichen Thesensammlung ein und trat zusammen mit Luther auf der Leipziger Disputation auf. In den
Jahren zwischen 1518 und 1521 publizierte Karlstadt eine
Flut von Traktaten, in denen er immer wieder das Schriftprinzip und das Unwesen des Ablasshandels thematisierte.
Zusammen mit Gabriel Zwilling und Philipp Melanchthon
versuchte er während Luthers Aufenthalt auf der Wartburg die Reformation in Wittenberg voranzutreiben; den
Anfang signalisierte er im Weihnachtsgottesdienst von
1521, den er ohne Priestergewand, unter Austeilung des
Abendmahls in der Gestalt von Brot und Wein und in
deutscher Sprache abhielt. Im Januar 1522 heiratete er.
Das Vermögen aus Stiftungen, Bruderschaften und Klöstern führte er zu Zwecken der Armenfürsorge zusammen;
außerdem nahm er die Beseitigung der Bilder in Angriff.
Als Luther im März 1522 nach Wittenberg zurückkehrte,
kam es zu gravierenden Auseinandersetzungen zwischen
Karlstadt und Luther. Luther hielt das Vorgehen Karl-
stadts für vorschnell, erklärte daher seine Reformen für
ungültig und bestand vor allem darauf, dass er selbst künf-

tig das Tempo der Reformen zu bestimmen habe. Karlstadt antwortete mit einer bissigen Schrift gegen Luther. 1523/24 kehrte Karlstadt Luther und der akademischen Tätigkeit den Rücken zu und widmete sich als Pfarrer ganz seiner Gemeinde im sächsischen Orlamünde. Er legte dabei den Doktortitel ab, verzichtete auf geistliche Kleidung, ließ Bilder und Orgeln entfernen, verwarf die Kindertaufe und bestritt die Realpräsenz Christi im Abendmahl. Auf Luthers Betreiben hin wurde Karlstadt im September 1524 schließlich aus Sachsen vertrieben. Wenig später aber verschaffte ihm Luther, als er der Teilnahme an den Bauernunruhen verdächtigt wurde, auf Widerruf seiner Abendmahlslehre hin politisches Asyl in Sachsen. Nach abermaligen Meinungsverschiedenheiten mit Luther flüchtete Karlstadt 1529 nach Holstein und Ostfriesland, wo er mit dem Täuferführer Melchior Hofmann (um 1498–1543) zusammentraf. 1530 musste er wegen dieser Kontakte erneut fliehen – diesmal nach Basel und Zürich. Zwingli verschaffte ihm zunächst die Stelle eines Diakons im Stadtspital und 1531 eine Pfarrstelle in Altstätten, im Kanton St. Gallen. Nach dem Tod Zwinglis in der Schlacht von Kappel 1531 musste Karlstadt die Gemeinde wieder verlassen. 1534 empfahl ihn schließlich Heinrich Bullinger (1504–1575) als Professor und Pfarrer an die Peterskirche nach Basel, wo er am 24. Dezember 1541 der Pest erlag.

Zürich

Huldrych Zwingli (1484–1531) studierte in Bern, Wien und Basel, wurde 1506 Magister der Philosophie und im selben Jahr Pfarrer in Glarus, 1519 Priester am Großmünster in Zürich. In seinen klaren, allgemein verständlichen Predigten legte er fortlaufend die Evangelien aus, was Einwohner und Rat von Zürich beeindruckte. 1522 veröffentlichte Zwingli seine erste reformatorische Schrift gegen die Fastengebote der römischen Kirche. Als die Dominikaner in Zürich Zwingli Ketzerei vorwarfen, lud der Große Rat alle interessierten Theologen auf den 29. Januar 1523 zu einer Disputation über Zwinglis Positionen, der im Oktober eine zweite folgte, in der es vor allem um die Bilderfrage ging. Jeweils unter großem öffentlichen Interesse wusste Zwingli seine Positionen überzeugend zu verteidigen. Nach einer dritten Disputation im Januar 1524 wurde auch die Messe abgeschafft, bis 1525 von Seiten des Rats weitere wichtige reformatorische Maßnahmen durchgeführt.

Auf dem Marburger Religionsgespräch wurde Zwingli von Luther schroff zurückgestoßen. Damit scheiterte der von Zwingli und Philipp von Hessen gemeinsam verfolgte Plan einer protestantischen Unternehmung gegen Kaiser und Papst an theologischen Differenzen. Zwingli arbeitete dennoch unverdrossen zusammen mit dem Landgrafen an dem Plan, die religiöse Einigung der Protestanten zur Zurückdrängung der Habsburger zu nutzen. Diese Pläne scheiterten aber bereits in Zwinglis engerem Umfeld. Nachdem durch den ersten Kappeler Frieden 1529 die drohende Gefahr eines Glaubenskriegs zwischen Zürich und den fünf katholischen Urkantonen zunächst gebannt schien, kam es doch 1531 zum Krieg zwischen Zürich und den katholischen Kantonen Luzern, Uri, Schwyz, Unterwalden und Zug. Am 11. Oktober 1531 unterlagen die Zürcher bei Kappel; Zwingli selbst fand in der Schlacht den Tod.

Heinrich Bullinger (1504–1575) studierte in Köln und wandte sich unter dem Einfluss von Luthers und Melanchthons Schriften der Reformation zu. 1522 kehrte er als Magister in seine Heimatstadt Bremgarten zurück und wurde 1523 Lehrer im Zisterzienserkloster Kappel. Er legte dort das Alte und Neue Testament aus und hielt vor den Mönchen Vorlesungen über Melanchthons *Loci*

Communes. Bullinger bewirkte damit die allmähliche Hinwendung Kappels zur Reformation. 1528 begleitete er Zwingli, mit dem er 1523 bekannt geworden war, zur Berner Disputation. Stift und Rat von Zürich wählten Bullinger 1531 einstimmig zum Nachfolger Zwinglis. Bullinger wurde der Reorganisator der durch Zwinglis Tod stark erschütterten schweizerischen Reformationskirche. Durch seinen *Consensus Tigurinus* führte Bullinger 1549 eine Verständigung zwischen Genf und Zürich über das Abendmahl herbei, der die übrigen Schweizer Kirchen beitraten.

Basel

Johannes Oekolampad (1482–1531) studierte ab 1499 an der Artistenfakultät in Heidelberg. Nach Ablegung des Magisterexamens ging er zum Jurastudium nach Bologna, kehrte jedoch bald nach Heidelberg zurück und wandte sich der Theologie zu. 1510 wurde er zum Priester geweiht. 1515 ging Oekolampad mit Wolfgang Capito nach Basel, Capito als Münsterprediger, er selbst als Gehilfe des Buchdruckers Johannes Froben bei der Drucklegung des Neuen Testamentes des Erasmus von Rotterdam. Nach kurzem Intermezzo wurde er 1518 Pönitentiar am Basler Münster, bald darauf Dompredikant in Augsburg. 1520 verließ er Augsburg, um sich als Mönch im Brigittenkloster Altomünster Klarheit über seine eigene theologische Position zu verschaffen. Da er mehr und mehr zu reformatorischen Positionen tendierte, musste er das Kloster verlassen. Über die Station der Ebernburg Sickingens kam er 1522 wiederum nach Basel, wo er sich endgültig niederließ. Ab 1523 schaltete er sich dort mit öffentlichen Vorlesungen zu kontroversen Themen in die theologischen Diskussionen ein. Wenig später wurde er, gestützt durch den Rat der Stadt, gegen den Willen der Universität und des

Fürstbischofs zum Professor ernannt. Bald ergaben sich intensive Kontakte zu Zwingli, Bucer und Luther. Mit Luther kam es ab 1525 zur Auseinandersetzung in der Abendmahlsfrage, in der Oekolampad eine ähnliche Auffassung wie Zwingli vertrat.

Trotz Oekolampads großem Einfluss verhielt sich der Rat der Stadt bei der endgültigen Einführung der Reformation zögerlich: 1529 erst wurde die Messe offiziell abgeschafft. Oekolampad begleitete 1529 Zwingli zum Marburger Religionsgespräch. In Zusammenarbeit mit Martin Bucer betrieb er die kirchliche Erneuerung der süddeutschen Städte Ulm, Memmingen und Biberach. Basel wurde zu einem Zentrum des Protestantismus und später berühmter Zufluchtsort ausländischer Glaubensflüchtlinge.

Straßburg

Martin Bucer (1491–1551) studierte in Heidelberg, war zunächst ein begeisterter Anhänger des Erasmus, wurde dann aber im April 1518 durch Martin Luthers Auftreten bei der Heidelberger Disputation ganz für Luther gewonnen. Als Hofkaplan des Pfalzgrafen Friedrich nahm er 1521 am Reichstag von Worms teil, kündigte dann aber die pfälzischen Dienste und zog zu Sickingen, der ihm die Pfarrei Landstuhl übertrug. 1523 war er evangelischer Prediger in Weißenfels im Elsass, Ende April 1523 ging er nach Straßburg, wo ihn die Bürgerschaft am 31. März 1524 zum evangelischen Pfarrer wählte. Bucer wurde bald die Seele der Straßburger Reformation und neben Jakob Sturm (1498–1553) der führende Mann, dem 1533 die endgültige Organisation des Straßburger Kirchenwesens im Gegensatz zu dem bedrohlich angewachsenen Täufertum gelang. 1528 lernte Bucer Zwingli, mit dem er seit 1523 brieflich verkehrt hatte, persönlich kennen und stand beim Marburger Religionsgespräch 1529 auf seiner

Seite. Mit Wolfgang Capito arbeitete er 1530 für den Reichstag zu Augsburg die *Confessio Tetrapolitana* aus. Bucer setzte sich intensiv für eine Einigung der über die Abendmahlsfrage zerstrittenen Protestanten ein. 1531 erreichte er die Aufnahme der oberdeutschen Städte in den Schmalkaldischen Bund und verhütete nach schier endlosen Verhandlungen 1536 durch die Wittenberger Konkordie seine Auflösung. Seit dem Tod Zwinglis war er das anerkannte Haupt der Oberdeutschen und wirkte 1531 entscheidend bei der Durchführung der Reformation in Ulm, Memmingen, Biberach und vor allem Augsburg mit. 1538 wurde er vorübergehend nach Hessen gerufen, um sich dort der drängenden Täuferfrage zu widmen. Er nahm im Juni 1540 in Hagenau, Ende 1540 in Worms und 1541 in Regensburg an den ergebnislos verlaufenden Religionsgesprächen teil. Bucer wurde nach dem Tod Capitos 1541 Superintendent der Straßburger Kirche und gleichzeitig Mitglied und 1544 Dekan des Thomaskapitels. 1542 folgte er dem Ruf des Erzbischofs Hermann von Wied nach Köln zur Durchführung der von ihm beabsichtigten Reform und arbeitete 1543 mit Philipp Melanchthon einige Schriften der Kölner Reformation aus (*Christliche und ware Verantwortung*, *Einfaltigs Bedencken*), die aber infolge politischer Ereignisse scheiterte. Nach dem unglücklichen Ausgang des Schmalkaldischen Krieges 1546/47 wurde Bucer der Führer der Widerstandspartei gegen das Augsburger Interim. Der Rat der Stadt nahm das Interim schließlich aus politischen Gründen dennoch an und beurlaubte Bucer 1549. Daraufhin folgte Bucer einem Ruf nach England. Er wurde Professor in Cambridge und arbeitete zusammen mit Erzbischof Thomas Cranmer an der Umgestaltung der englischen Kirche unter Edward VI.

Wolfgang Capito (1487–1541) besuchte die Lateinschule in Pforzheim, promovierte in Ingolstadt zum Magister und studierte in Freiburg i. Br. Medizin und Jura, später dann, geprägt durch ein persönliches Erlebnis, Theologie. 1512 promovierte er zum Doktor der Theologie und übernahm eine Stiftspredigerstelle in Bruchsal. 1515 wurde er Domprediger am Stift in Basel. Albrecht von Mainz berief ihn 1520 auf Empfehlung Ulrichs von Hutten zum Domprediger nach Mainz und ernannte ihn bald darauf auch zu seinem Kanzler. Capito hoffte darauf, dass Albrecht sich der Reformation zuwenden würde und war stets bemüht, zwischen ihm und Luther zu vermitteln. 1523 reichte er aber sein Entlassungsgesuch ein und ging nach Straßburg zu Martin Bucer. Seit 1524 war Capito Pfarrer an einer der Straßburger Kirchen. Im selben Jahr heiratete er in eine der angesehensten Familien der Stadt ein. Auf dem Reichstag zu Augsburg 1530 erarbeitete er mit Bucer die *Confessio Tetrapolitana*, 1536 unterzeichnete Capito mit Bucer die Wittenberger Konkordie; ebenso nahm er gemeinsam mit ihm an den Religionsgesprächen in Worms und Regensburg 1540/41 teil.

Genf

Johannes Calvin (1509–1564) studierte in Paris zunächst Theologie, dann Jura. Nach Abschluss seines juristischen Studiums in Orléans kehrte Calvin als Lizentiat der Rechte im Sommer 1533 nach Paris zurück. Im Oktober 1534 verließ Calvin wegen der Verfolgung der Protestanten Frankreich. Er ging zunächst nach Straßburg, dann nach Basel. In Basel vollendete Calvin seine *Institutio religionis christianae* (Unterricht in der christlichen Religion), die herausragende dogmatische Leistung des Reformationszeitalters. Diese klassische Darstellung der reformatorischen Lehre erschien zur Frankfurter Frühjahrsmesse 1536 in Basel mit einem »Vorwort an den allerchristlichsten König von Frankreich, durch das dieses Buch als Glaubensbekenntnis dargeboten wird«. In seiner Vorrede an Franz I. vom 23. August 1535 verteidigte Calvin seine vom König verfolgten Glaubensgenossen gegen die Anschuldigung revolutionärer Gesinnung. Im August 1536 traf Calvin in Genf ein, wo er nur eine Nacht bleiben wollte. Es kam aber anders: Calvin wurde zum Organisator des Genfer Kirchenwesens. Von der Verpflichtung auf das Bekenntnis schlossen sich viele aus, und die Durchführung strenger Kirchenzucht stieß auf starken Widerstand. Der Widerstand in Genf gegen Calvin verschärfte sich. Er siedelte daher nach Straßburg über. Auf Drängen Martin Bucers übernahm er das Predigtamt an der französischen Flüchtlingsgemeinde und hielt auch theologische Vorlesungen. Während seines Straßburger Aufenthalts kam Calvin mit der deutschen Reformation in enge Berührung durch die Religionsgespräche, mit denen Karl V. die konfessionelle Spaltung zu beseitigen suchte. Auf der Vorbesprechung 1539 in Frankfurt a. M. lernte Calvin Philipp Melanchthon kennen, mit dem er bis zu dessen Tod brieflich verkehrte. Calvin nahm 1540 an dem Religionsgespräch in Hagenau, 1540/41 in Worms und 1541 in Regensburg als Abgeordneter der Stadt Straßburg teil. Nachdem die anticalvinische Partei in Genf gestürzt worden war, kehrte Calvin 1541 nach längerem Zögern nach Genf zurück. Der Rat beauftragte noch an diesem Tag sechs Ratsmitglieder mit der Prüfung und Ausarbeitung der von Calvin beantragten und zu entwerfenden kirchlichen Gesetzgebung und nahm am 20. November 1541 die *Ordonnances ecclésiastiques* an, die von nun an das religiöse und kirchliche, das sittliche und soziale Leben der Bürger regelten. Danach gab es vier kirchliche Ämter: 1. die Pastoren für die Predigt und Seelsorge, 2. die Doktoren für den Unterricht, 3. die Ältesten für die Kirchenzucht, 4. die Diakone für die Armenpflege. Er schuf damit das Muster der calvinistisch-reformierten Kirchenverfassung. In seinem Bemühen um die Durchführung der *Ordonnances ecclésiastiques* stieß Calvin nach Erfolgen der Anfangszeit auf wachsenden Widerstand, den er aber schließlich überwand. So wurde Genf der Ausgangs- und Mittelpunkt einer neuen großen reformatorischen Bewegung.

Landgrafschaft Hessen

Adam Krafft (1493–1558) besuchte die Klosterschule in Fulda, die Lateinschule in Neuburg (Donau) und die Universität Erfurt (1512). 1519 lernte er bei der Leipziger Disputation Martin Luther und Philipp Melanchthon kennen. 1523/24 wirkte er als Prediger in Fulda, 1524 in Hersfeld. Im August 1525 berief ihn Philipp von Hessen zum landgräflichen Prediger und Visitator. 1526 begleitete er den Landgrafen auf den Reichstag nach Speyer; 1527 nahm er an der für die hessische Reformation entscheidenden Synode in Homberg teil. An Himmelfahrt 1527 hielt er in Marburg den ersten evangelischen Gottesdienst und wurde dort Professor an der neugegründeten – ersten protestantischen – Universität. 1529 nahm Krafft am Marburger Religionsgespräch teil. Krafft hatte an allen Maßnahmen zur Einrichtung der evangelischen Kirche in der Landgrafschaft Hessen maßgeblichen Anteil. In den Jahren 1538–41 wurde er durch Martin Bucer unterstützt.

Herzogtum Württemberg

Erhard Schnepf (1495–1558) studierte seit 1509 in Erfurt. 1511 wechselte er an die Universität Heidelberg, wo er 1513 zum Magister Artium promoviert wurde. Daraufhin begann er mit dem Studium der Jurisprudenz, wechselte aber dann auf Bitten seiner Mutter zur Theologie. Ob Schnepf im Frühjahr 1518 Luther auf der Heidelberger Disputation kennenlernte, wird zwar immer wieder behauptet, ist aber nicht gesichert. 1522 wurde Schnepf als evangelischer Prediger durch die österreichische Regierung aus Weinsberg vertrieben und wirkte danach bei einem evangelisch gesinnten Mitglied der Kraichgauer Reichsritterschaft. 1523 wechselte er in die Reichsstadt Wimpfen. Ende 1525 folgte er dem Ruf des Grafen Philipp von Nassau nach Weilburg und führte dort die Reformation durch. Im März 1527 rief ihn dann Landgraf Philipp von Hessen als Professor und Prediger an die neugegründete Universität Marburg, wo er später auch Rektor war. Schnepf nahm in Begleitung des Landgrafen sowohl 1529 am Reichstag zu Speyer als auch 1530 am Reichstag zu Augsburg teil. Nach der Restitution des Herzogtums 1534 bat Herzog Ulrich Landgraf Philipp darum, ihm Schnepf zum Aufbau des evangelischen Kirchenwesens zu überlassen. Mit Ambrosius Blarer, der aus Konstanz nach Württemberg gekommen war, einigte er sich in der Stuttgarter Konkordie auf eine vermittelnde Abendmahlsformel. Beide Reformatoren teilten ihren Wirkungskreis auf: Schnepf reformierte das nördliche, Blarer das südliche Herzogtum. 1544 gab Schnepf jedoch sein Amt auf und folgte dem Ruf auf einen theologischen Lehrstuhl an der Universität Tübingen. Ende 1548 wurde Schnepf vom Herzog aufgrund seines Widerstandes gegen das Augsburger Interim entlassen, noch im selben Jahr nahm er eine Professur an der neugegründeten Universität in Jena an. Dort blieb er bis zu seinem Tode, verstrickt in die theologischen Richtungskämpfe, die nach Luthers Tod ausbrachen und in deren Folge er sich sowohl mit Melanchthon und den Wittenberger Theologen, als auch mit seinem ehemaligen württembergischen Kollegen überwarf.

Ambrosius Blarer (1492–1564) studierte seit 1505 in Tübingen die alten Sprachen; aus dieser Zeit resultierte eine enge Freundschaft zu Philipp Melanchthon. 1515 trat er als Mönch in das Kloster Alpirsbach ein. Mit Melanchthon blieb er im Briefwechsel und erhielt Zugang zu den Schriften Luthers, die ihn zu eingehendem Bibelstudium anregten. Blarer verkündigte in seinen Predigten und Vorlesungen die neuerkannte Wahrheit. 1522 floh er aus dem Kloster und ging in seine Geburtsstadt Konstanz, wo er zunächst ganz zurückgezogen seinen Studien lebte. Auf dringendes Bitten des Rats und der Bevölkerung nahm Blarer im März 1525 die Predigttätigkeit auf und wurde im Bund mit seinem Bruder Thomas, dem Konstanzer Bürgermeister, und seinem Vetter Johannes Zwick der Reformator seiner Vaterstadt. Seit 1523 stand er mit Huldrych Zwingli in Zürich im Briefwechsel, dann mit Johannes Oekolampad in Basel. Auf der Berner Disputation im Januar 1528 schloss Blarer Freundschaft mit Martin Bucer. Daraus erklärt sich, dass Konstanz und Straßburg mit den beiden oberdeutschen Städten Memmingen und Lindau auf dem Reichstag zu Augsburg 1530 eine eigene Bekenntnisschrift, die *Confessio Tetrapolitana*, vorlegten. Nachdem er in einigen Reichsstädten als Reformator tätig gewesen war, kam er 1534 in das Herzogtum Württemberg. Da Blarer sich 1537 weigerte, die Schmalkaldischen Artikel zu unterschreiben, wurde er von den Lutheranern immer schärfer bekämpft. Im Juni 1548 vom Herzog ungnädig entlassen, ging er nach Konstanz zurück. Weil Konstanz sich trotz seiner Warnungen aus politischen Gründen zur Annahme des Augsburger Interims entschlossen hatte, verließ er die Stadt und ging über Zwischenstationen nach Winterthur, wo er in der Stadt und im Umkreis bis zu seinem Tod als Prediger wirkte.

Johannes Brenz (1499–1570) studierte seit 1514 in Heidelberg, wo Johannes Oekolampad und Erhard Schnepf seine Lehrer waren. 1518 nahm ihn der Auftritt Luthers auf der Disputation vor dem Generalkapitel der Augustinerkongregation für die reformatorische Lehre ein. Brenz wurde 1522 Prediger in Schwäbisch Hall und schaffte Messe, Heiligendienst und das Klosterwesen ab. Mit seiner Kirchenordnung von Ostern 1526 gab er diesen Neuerungen eine Grundlage. 1527/28 schrieb er den ältesten Katechismus der evangelischen Kirche, der später in die erste württembergische Kirchenordnung von 1536 einging. Beim Marburger Religionsgespräch im Oktober 1529 lernte Brenz den vertriebenen Herzog Ulrich von Württemberg kennen, der ihn nach 1534 als Berater bei der Einführung der Reformation in seinem Land heranzog und ihm 1537/38 die Neuordnung der Universität in Tübingen übertrug. Als Gegner des Augsburger Interims musste Brenz 1548 fliehen. In Basel traf er mit dem späteren Herzog Christoph zusammen, der ihn im Herbst 1550 als Berater in kirchlichen Fragen in seine Nähe rief. Brenz arbeitete 1551 an der *Confessio Virtembergica* mit, die württembergische Gesandte am 24. Januar 1552 auf dem Konzil von Trient vorlegten. 1553 wurde Brenz Propst an der Stiftskirche in Stuttgart und somit Leiter der württembergischen Kirche. Er war maßgeblich an der Ausarbeitung der Großen Kirchenordnung von 1559 beteiligt, die Vorbild für zahlreiche andere evangelische Kirchenordnungen wurde.

Bereits aus diesen Kurzbiographien ist die starke Vernetzung der zur reformatorischen Lehre tendierenden Theologen ersichtlich. Gemeinsame theologische Diskussionen, die gemeinsame Arbeit bei der Durchführung der Reformation in Territorien und Städten und nicht zuletzt auch das gemeinsame Agieren auf den Reichstagen markieren trotz aller Differenzen im Einzelnen den Zusammenhalt dieser ersten reformatorischen Theologengeneration.

Altgläubige Theologen

Der Dominikanermönch Johann Tetzel (1496–1519) hatte in Leipzig Theologie studiert und war in den Jahren 1504–10 Ablassprediger seines Ordens in verschiedenen deutschen Territorien. 1517 war er der Hauptverantwortliche für die Ablasskampagne des Mainzer Kurfürsten,

1518 bestritt er in Frankfurt a. d. O. zusammen mit Konrad Wimpina (d. i. Koch; um 1465–1531) eine Disputation, die den Zweck hatte, das Ablasswesen gegen Luthers Angriffe zu verteidigen. Von 1518 an lebte er bis zu seinem Tod im Paulinerkloster in Leipzig.

Johannes Eck (1486–1543), der wichtigste Kontrahent Luthers, studierte ab 1498 in Heidelberg, Tübingen, Köln und Freiburg i. Br. Theologie. 1510 promovierte er und wurde im selben Jahr Professor der Theologie in Ingolstadt. 1512 wurde er Prokanzler der Universität, die er über 30 Jahre völlig beherrschte und zur Hochburg des alten Glaubens machte. Im Frühjahr 1517 schloss Eck mit Luther brieflich Freundschaft, wurde aber durch dessen 95 Thesen sein erbitterter Gegner. Der Kern der Auseinandersetzung lag in der Frage, wer die Heilige Schrift auszulegen autorisiert sei. Eck vertrat die Auffassung, die Auslegung sei im Traditionsbestand der Kirche von den Kirchenvätern an verankert. Die Kirche sei älter als die Heilige Schrift und die Schrift sei nur im Rahmen der Kirche authentische Schrift. In Streitfragen müsse der Papst das letzte Wort haben, weil sonst willkürlichen Auslegungen Tür und Tor geöffnet werde. Was Luther demgegenüber in Leipzig vorgetragen hat, war in Ecks Augen nicht nur theologisch, sondern auch politisch ungeheuerlich. Daher war es auch maßgeblich seiner Initiative zu verdanken, dass Luther vom Papst mit dem Bann bedroht wurde, um ihn zur Widerrufung seiner Auffassung zu drängen. Eck wurde zum apostolischen Nuntius ernannt und zusammen mit Hieronymus Aleander mit der Veröffentlichung der Bulle beauftragt. Für den Reichstag von Augsburg 1530 stellte Eck aus den Schriften der Reformatoren 404 ketzerische Sätze zusammen, über die zu disputieren er sich bereit erklärte. Die altgläubige Mehrheit des Reichstags beschloss eine schriftliche Widerlegung der Augsburger Konfession, die der päpstliche Legat Lorenzo Campeggio mehr als 20 anwesenden Theologen übertrug.

Eck wurde der Hauptverfasser dieser sogenannten *Confutatio*. 1541 disputierte Eck auf dem Religionsgespräch in Worms mit Philipp Melanchthon über die Erbsünde und näherte sich sehr der protestantischen Auffassung an, während er auf dem Religionsgespräch in Regensburg im selben Jahr durchsetzte, dass der versöhnliche Kardinal Kaspar Contarini abberufen wurde. Eck schloss auch aus dem Streit der Reformatoren untereinander, dass die Schrift dem Verstehen nicht unmittelbar offen stehe und erst recht nicht dem Dilettantismus der Laien. Für ihn war die Norm der Tradition der Konsens der Kirche.

Hieronymus Emser (1478–1527) studierte in Tübingen und Basel, 1504 hielt er an der Universität Erfurt humanistische Vorlesungen, die auch Martin Luther hörte. 1505 promovierte er in Leipzig zum Bakkalaureus der Theologie, später auch zum Lizentiaten der Rechte. Emser wurde 1509 in Dresden Sekretär und Kaplan des Herzogs Georg von Sachsen. Mit seinem Schreiben an den Verweser des Prager Erzbistums nach der Leipziger Disputation Luthers mit Johann Eck (1519) begann der literarische Streit Emsers mit Luther. In leidenschaftlichen und groben Schriften bekämpften sich der »Bock zu Leipzig« (Anspielung auf Emsers Familienwappen) und der »Stier zu Wittenberg«. Er veröffentlichte Gegenschriften zu Luthers Arbeiten, übersetzte Schriften anderer gegen Luther oder gab solche neu heraus, polemisierte gegen Andreas Karlstadt und Huldrych Zwingli. Emsers Nachfolger als Hofkaplan und Rat des Herzogs Georg von Sachsen wurde Johannes Cochläus, einer der schärfsten Gegner Luthers.

Johannes Cochläus (1479–1552) studierte seit 1504 in Köln, wurde 1510 Rektor der Lateinschule an St. Lorenz in Nürnberg und erwarb sich durch angesehene Lehrbücher großes Ansehen. 1515 gab Cochläus das Schulamt auf, um drei Neffen des Willibald Pirckheimer (1470–1530) als Mentor auf einer längeren Studienreise nach Italien zu begleiten. In Bologna widmete er sich neben humanistischen und theologischen auch juristischen Studien und promovierte 1517 in Ferrara zum Doktor der Theologie. Cochläus ließ sich in Rom zum Priester weihen und wurde 1518 Dechant am Liebfrauenstift in Frankfurt a. M. Er entwickelte sich aus einem humanistisch gesinnten Theologen zu einem entschiedenen Gegner der Reformation. Seit Ende 1522 veröffentlichte er eine Anzahl Schmäh- und Streitschriften gegen Luther, von denen dieser aber nur eine beantwortete. 1526 erhielt er ein Kanonikat an St. Viktor in Mainz und zog 1526 mit dem Kardinal Albrecht von Mainz auf den Reichstag zu Speyer. 1528 wurde Cochläus Hofkaplan und Rat des Herzogs Georg von Sachsen und gehörte 1530 auf dem Reichstag zu Augsburg zu den römischen Theologen, die mit der Ausarbeitung einer Widerlegung der Augsburger Konfession beauftragt wurden. Im Herbst 1539 trat er, weil Herzog Georg am 17. April 1539 gestorben war und sein Bruder und Nachfolger die Reformation einführte, ein ihm vom Domkapitel in Breslau angebotenes Kanonikat an. Cochläus nahm 1540/41 an den Religionsgesprächen in Hagenau, Worms und Regensburg teil.

3
Die theologischen Auseinandersetzungen innerhalb des Protestantismus

Der Protestantismus war nicht identisch mit dem Luthertum. Seit den 20er Jahren des 16. Jahrhunderts spaltete sich die protestantische Bewegung. Die zentrale theologische Streitfrage mit dem römischen Katholizismus war die Rechtfertigungslehre, während sich innerhalb des Protestantismus der Streit um das Abendmahlsverständnis drehte. Grob vereinfacht ging es um die Frage, ob Christus im Abendmahl real anwesend oder ob das Abendmahl ein symbolisches Erinnerungsmahl war. Angestoßen wurde der Streit von dem Niederländer Cornelius Hoen, der 1521 Luther vorschlug, die biblischen Einsetzungsworte des Abendmahls im Sinne der zweiten Auffassung zu übersetzen. 1524 wandte er sich mit demselben Vorschlag an Zwingli. Luther lehnte Hoens Vorschlag ab, Zwingli ging auf ihn ein. Damit war die Kontroverse da. Waren die richtigen Einsetzungsworte nun: »Dies ist mein Leib?« oder »Dies bedeutet mein Leib?« Entlang dieser Konfliktlinie spaltete sich der Protestantismus und verzichtete damit zugleich auf ein wichtiges Durchsetzungsmittel, die Geschlossenheit.

Schlüssel zum Verständnis geben Aussagen der Reformatoren selbst. Luther formulierte in einer Predigt von 1527 die Auffassung, Glaube und Vernunft seien unvereinbar, in Glaubensdingen solle der Mensch auf das Wort Gottes achten und dieses nicht durch die Vernunft verstellen, »sonst gehet es gewisslich wie dem, der mit blöden Augen stracks in die Sonne sehen will: je mehr und je länger er darein sieht, desto größeren Schaden tut er sich am Gesicht« (WA 23, S. 699 f.). Luther verstand das Evangelium wörtlich, nicht symbolisch, und so war es für ihn nur konsequent, dass er auch die Einsetzungsworte wörtlich verstand. Zwingli verstand das Evangelium ebenfalls wörtlich und damit zunächst auch die Einsetzungsworte. Da ihm aber klar war, dass dieses Abendmahlsverständnis sehr nah beim katholischen Sakramentalismus lag, revidierte er auf den Vorschlag Cornelius Hoens hin diese Auffassung. Er schrieb: »Ich nehme also hier das ehedem Gesagte zurück in dem Sinne, daß das, was ich jetzt im 42. Lebensjahr darbiete, vor dem, das ich mit 40 Jahren geschrieben habe, den Vorrang haben soll.«

Luther sah genauso wie Zwingli seine Nähe zum katholischen Sakramentsverständnis. 1524 gestand er, dass er sich mit der Auffassung von der Realpräsenz Christi im Abendmahl viele »harte Anfechtungen« eingehandelt habe und gern »eraus gewesen were«, weil er sehe »das ich da-

mit dem bapstume hette den grössisten Puff kund geben«
(WA 15, S. 394). Er hätte sich mit Hoen sehr viel deutlicher vom katholisch sakramentalistischen Verständnis des
Abendmahls mit geweihtem Wein und geweihten Hostien
und dem Essen und Trinken des Blutes Christi mit dem
Munde abgrenzen können. Seine Theologie ließ aber ein
symbolisches Verständnis des Abendmahls nicht zu. Solange Luther lebte, bemühten sich die Protestanten, diese
Differenz klein zu halten, wozu Luther mit einem für seine Verhältnisse erstaunlich diplomatischen Verhalten beitrug.

1529 kam auf politische Initiative hin das Marburger
Religionsgespräch zwischen Luther und Zwingli zustande,
das die Spaltung des Protestantismus verhindern sollte.
Obwohl im entscheidenden Punkt keine Einigung zu erzielen war, wurde ein Ende des öffentlichen Streites vereinbart. Auf dem Augsburger Reichstag von 1530 wurden
zwar drei verschiedene protestantische Bekenntnisse vorgelegt (*Confessio Augustana*, *Confessio Tetrapolitana* und
Zwinglis *Fidei Ratio*), in denen das unterschiedliche
Abendmahlsverständnis zu erkennen war. Dennoch waren
die unterschiedlichen protestantischen Richtungen um
Ausgleich bemüht. Melanchthon strich in der lateinischen
Fassung der *Apologie* der *Confessio Augustana* die Polemik gegen die Zwinglianer ebenso wie die katholisierenden Termini. Diese waren entbehrlich geworden, nachdem
sich der von Melanchthon für möglich gehaltene Ausgleich mit der katholischen Seite zerschlagen hatte.

Der Tod Zwinglis 1531 und die Nachfolge des kompromissbereiten Heinrich Bullinger in Zürich sowie das Engagement des Straßburgers Martin Bucer für einen Ausgleich zwischen der zwinglianisch-oberdeutschen und der
Wittenberger Richtung stellten in den folgenden Jahren
die Weichen auf Annäherung. Bucer gelang es, die oberdeutschen Städte von ihrer theologischen Verbindung mit
der Schweiz zu lösen und damit eine politische Verbin-

Unterschriften der Teilnehmer am Marburger Religionsgespräch
von 1529

dung unwahrscheinlich zu machen. Der Zwinglianismus wurde mehr und mehr zur »Konfession der Schweiz«.

Melanchthon vertrat fortan eine Zwischenposition: Nicht die leibliche Gegenwart Christi in Brot und Wein wie Luther, sondern die »personale« Gegenwart im Vollzug des Abendmahls. Diese taktische Beweglichkeit wird Melanchthon bis heute erstaunlicherweise negativ angekreidet. Melanchthon verfolgte konsequent ein Ziel: Sein Taktieren galt einer möglichst großen Annäherung der zerstrittenen Religionsparteien, die er für politisch geboten hielt. Für dieses Ziel war er bereit, strenge theologische Positionen aufzugeben. Er vertrat Luthers strenge Abendmahlsauffassung künftig nur mit dem Zusatz, dass er als »Nuntius einer anderen Auffassung« spreche. In der Wittenberger Konkordie von 1536 wurden Kompromissformeln in der Abendmahlsfrage zwischen Lutheranern und Oberdeutschen gefunden; es gelang aber nicht, die Konkordie auf die Schweizer auszudehnen. Im gleichen Jahr wurde aber das *Helvetische Bekenntnis* veröffentlicht, das Luthers Zustimmung fand. 1540 überarbeitete Melanchthon im Auftrag des Schmalkaldischen Bundes die *Confessio Augustana*. Es sollte verhindert werden, dass die Protestanten noch einmal wie in Augsburg 1530 mit unterschiedlichen Bekenntnissen auftraten. Auf den folgenden Religionsgesprächen in Worms und Regensburg 1540/41 wurde die *Confessio Augustana Variata* vorgelegt. Darin wurde der Abendmahlsartikel im Sinne der Wittenberger Konkordie – wie in der *Apologie* vorbereitet – verändert.

Verändert wurde aber nur die lateinische Fassung der *Confessio Augustana*. Daneben existierte weiterhin die deutsche Fassung mit ihren auf den Ausgleich mit den Katholiken hin gefundenen Formulierungen. Die *Variata* wurde für die nächsten 20 Jahre das Einheitsbekenntnis der deutschen Protestanten. Die sogenannte *Invariata* wurde nur noch in der deutschen Fassung gedruckt, blieb damit aber ein Bezugspunkt, der in Konfliktsituationen durchaus auch wieder einmal belebt werden konnte.

1544 kam es über den von Melanchthon und Bucer gemeinsam verfassten Abendmahlsartikel der sogenannten Kölner Reformation fast zum Bruch zwischen Luther und Melanchthon. Luther sah sich noch einmal gezwungen, in aller Schärfe die »Irrlehren der Schweizer« zu missbilligen. Weil von den Schweizern darauf nur eine sehr maßvolle Reaktion erfolgte, konnte der Abendmahlsstreit bis zu Luthers Tod unter der Decke gehalten werden.

Nach Luthers Tod entflammte er aber aufs Neue, weil sich die konfessionelle Landschaft veränderte. Calvin war auf den Plan getreten. Er vertrat in der Abendmahlsfrage weder Luthers, noch Zwinglis, noch Melanchthons Position, sondern eine weitere Variante: die Gegenwart Christi im Abendmahl durch den Heiligen Geist. Damit gab es sowohl im Reformiertentum als auch im Luthertum zwei Gruppen: auf der einen Seite die Zwinglianer und Calvinisten, auf der anderen Seite die Anhänger Luthers (Gnesiolutheraner) und Melanchthons (Philippisten).

Nach Melanchthons Tod wandten sich seine Anhänger entweder den Lutheranern oder den Reformierten zu. Mit seiner nachgiebigen Haltung im Interim von 1548, d.h. der Duldung der Wiedereinführung katholischer Lehren und Riten, verspielte er bei einflussreichen protestantischen Theologen wie Nikolaus von Amsdorf und Flacius Illyricus viel Kredit. Es zeigte sich, dass Melanchthon nicht Luthers Nachfolger sein konnte und wollte. Luther bekam nach seinem Tod von seinen Anhängern eine Autorität zugesprochen, die nicht mehr unter der der Heiligen Schrift stand, sondern neben oder sogar über ihr. Ihm wurden messianische Züge beigelegt, was sich an Beinamen wie »Elias der Endzeit«, »Prophet Gottes« oder an Formulierungen wie »heilige Ratschläge Luthers« zeigte. Luthers Auslegung der Heiligen Schrift gewann als Bestandteil der Tradition einen stark normativen Charakter.

1580 wurden die lutherischen Bekenntnisse (*Confessio Augustana, Apologie* von 1531, *Schmalkaldische Artikel* von 1537, Luthers *Kleiner* und *Großer Katechismus* sowie die *Konkordienformel* von 1577) im sogenannten *Konkordienbuch* gesammelt, nachdem zuvor die philippistischen ausgeschieden oder zuvor in der Konkordienformel lutherisch uminterpretiert worden waren. Das war der endgültige Beginn der sogenannten lutherischen Orthodoxie, die von der Prämisse ausging, dass es eine Wahrheit gab, die logisch erschlossen und rational verteidigt werden könne. Der Glaube war demnach nicht mehr die Bejahung der Heilstat Christi, sondern die Bejahung einer Reihe von Wahrheiten. Luthertum und Reformiertentum waren theologisch fortan streng geschieden; bei politisch erforderlichen gemeinsamen Aktionen zog man sich auf das Einigende der Position »gegen Rom« zurück.

Auch im Reformiertentum kam es zu einer Fraktionierung. Bullinger als Nachfolger Zwinglis konkurrierte mit Calvin, der in der Abendmahlslehre näher bei Luther als bei Zwingli stand, um die Führung des europäischen Reformiertentums, eine Konkurrenz, die Calvin für sich entschied. Der Calvinismus breitete sich von Genf nach Frankreich, in die Niederlande und nach England aus.

4
Die Forderung nach einem Konzil

Die Forderung nach einem Konzil durchzieht die Reformationsgeschichte. Luther forderte bereits bei seiner Verteidigung der 95 Thesen gegenüber Tetzel in Heidelberg im Frühsommer 1518 zur Klärung der unterschiedlichen Positionen in der Ablassfrage ein Konzil. Förmlich und offiziell appellierte Luther schließlich am 28. November 1518, nach dem Verhör durch Cajetan, an ein Konzil, dessen Schiedsspruch er dem Papst überordnete. Luther

IOHANNES CALVINVS.

Ist gebohren Año 1509.
Ist gestorben Año 1564.
Ioh. Martin Will excud. Aug. Vind

Bildnis Johannes Calvins.
Kupferstich von Johann Martin Will, 18. Jh.

schien zu diesem Zeitpunkt an die Linie des Konziliarismus des 15. Jahrhunderts anzuknüpfen, die den Papst unter dem Konzil stehen und im Konzil die Repräsentanz der Gläubigen sah. Damit wäre Luthers kirchenpolitische Position fassbar und einzuordnen gewesen. Seine Kritik des Papstes wäre so verbunden gewesen mit einem konstruktiven Gegenmodell: die Unterordnung und damit die Überprüfung und Zähmung der Päpste durch das Konzil. Luther blieb aber nicht bei dieser Position: In der Leipziger Disputation (Juni–Juli 1519) ließ er sich mehr dazu hinreißen, als dass er damit eine wohlüberlegte Überzeugung kundtat, dass auch die Konzilien fehlbar seien. So habe z.B. auch das Konzil von Konstanz geirrt, als es die Lehren des Jan Hus als Ketzerei verurteilte und ihn hingerichtet habe. Die Heilige Schrift und der einzelne Gläubige hätten Vorrang vor Papst und Konzil. Mit dieser Äußerung machte Luther den entscheidenden Schritt. Er stellte die gesamte Kirchenverfassung in Frage, ließ nur noch die Heilige Schrift als Autorität gelten und propagierte ein allgemeines Priestertum aller Gläubigen.

So bleibt festzuhalten, dass seit Sommer 1519 der Ruf nach einem Konzil kein aufrechter, wirklich ernst zu nehmender war. Denn wie sollte dieses Konzil aussehen? Und vor allem: Lohnte es den Aufwand, wenn die Autorität des Konzils schließlich doch nicht anerkannt wurde? Für Luther stellte das Konzil keine Autorität dar, letzte Instanz war die Heilige Schrift, d.h. jede Konzilsentscheidung konnte mit einem Verweis auf entgegengesetzte Passagen der Heiligen Schrift ausgehebelt werden. Daran ließ Luther in seinen Schriften seit 1520 keinen Zweifel.

Das Konzil war auf dieser Grundlage von vornherein kein geeignetes Instrument, um zwischen den Religionsparteien zu vermitteln. Wichtig wurde es als politisches Argument. Die Reichsabschiede enthielten seit 1524 die Konzilsforderung, ohne auf die Frage, was ein Konzil denn sei, überhaupt einzugehen. Die Differenzierung er-

folgte lediglich entlang der Linie Generalkonzil/National-
konzil. Der Abschied des Nürnberger Reichstages von
1524 forderte ein »freies Universalkonzil der Christenheit«, das Kaiser und Papst an einem zum Reich gehörenden Ort ausschreiben sollten, der abgebrochene Reichstag
von 1525 in Augsburg ein »Generalkonzil«. Die Päpste
der Reformationszeit hatten allesamt eine Konzilsphobie,
dennoch sicherte der Papst dem Kaiser immer aufs Neue
zu, ein Konzil einzuberufen, damit dieser die Vereinbarungen der Reichsabschiede einhalten konnte. Seit 1525
betrieb Karl V. das Zustandekommen eines Konzils energisch. 1526 in Speyer wurde erstmals eine Frist gesetzt:
Das General- oder zumindest ein Nationalkonzil sollte
binnen anderthalb Jahren einberufen werden; der Speyrer
Reichsabschied von 1529 setzte eine Frist von spätestens
einem Jahr für die Ausschreibung und von zwei Jahren für
das erste Zusammentreten der Versammlung. 1530 wie
auch 1532 sollte das Konzil jeweils innerhalb sechs Monaten einberufen werden und nach spätestens 18 Monaten
zu tagen beginnen – die erste gesetzte Frist war inzwischen seit über zwei bzw. vier Jahren abgelaufen.

Zunehmend provozierte der Papst die Protestanten in
der Konzilsfrage. Er forderte die Unterwerfung der Protestanten unter die Beschlüsse des Konzils, sprach von der
»Pest der lutherischen Häresie«, die ein Konzil notwendig
mache. Die Protestanten beriefen sich demgegenüber auf
die Heilige Schrift und verlangten, dass das Konzil auf
deutschem Boden stattfinden müsse.

Das Dilemma wurde größer, als Papst Paul III. im Mai
1537 wirklich ein Konzil nach Mantua einberief. Sowohl
die Protestanten als auch Frankreich lehnten dieses Konzil
ab: die Protestanten, weil es nicht ihrer Forderung nach
einem freien Konzil entsprach, der französische König,
weil der Tagungsort im Einflussbereich des Kaisers lag.
Nach zweimaliger Verschiebung scheiterte das Konzils-
vorhaben im Mai 1539 endgültig. 1541 sollte dann bei

Nichtzustandekommen des Generalkonzils binnen 18 Monaten ein Reichstag gehalten werden, der sich der Religionsfrage annahm. Danach führten die anhaltenden kaiserlichen Bemühungen zur Einberufung des Trienter Konzils 1542, das 1545 das erste Mal zusammentrat – ohne protestantische Beteiligung. Während der Kaiser zunächst auf die Religionsgespräche als Alternative zum Konzil setzte, erklärte er dann schließlich 1548 und nochmals 1551, dass das Trienter Konzil der richtige Weg sei, um den Glaubensstreit beizulegen, und forderte alle Stände auf, sich dem Konzil zu unterwerfen. Das Trienter Konzil wurde faktisch aber zum katholischen Reformkonzil und zum Beginn der katholischen Konfessionalisierung.

Dennoch: Auf die bewährte Berufung auf ein irgendwann und irgendwo einmal einzuberufendes Konzil wurde auch in der Folgezeit nicht verzichtet. Die Bestimmungen des Augsburger Religionsfriedens standen unter diesem Vorbehalt, der wiederum die Möglichkeit schuf, Kompromisse einzugehen und unklare Formulierungen aufzunehmen, was ohne den Rekurs auf eine mögliche Veränderung der Bedingungen auf einem Konzil nicht möglich gewesen wäre.

Der Konzilsvorbehalt wurde taktisch eingesetzt und war schon seit den frühen Jahren der Reformation inhaltsleer. Eindrucksvoll belegt das z.B. die Instruktion des sächsischen Kurfürsten an seine Gesandten für den Reichstag von 1541, denen er klar seine Taktik in der Konzilsfrage erläuterte: Es komme darauf an, ein freies unparteiisches Konzil zu fordern, in dem der Papst und die Geistlichen nicht als Partei auftreten dürften. Eine solche Forderung könne von der Gegenseite nur abgelehnt werden, weil dies eben nicht ihre Vorstellung von einem Konzil sei. In der Öffentlichkeit aber entstehe so der ihm willkommene Eindruck, dass die Gegenseite eben nur ein »parteiisches Konzil« haben wolle und deswegen nicht kompromissbereit sei. Hier zeigt sich deutlich, dass die Konzilsfrage ein Instrument des politischen Taktierens war und dass dieses Taktieren nur deswegen erfolgreich sein konnte, weil die Öffentlichkeit dieses politische Kalkül nicht unmittelbar wahrnehmen konnte, sondern von der Ernsthaftigkeit der Konzilsbereitschaft der protestantischen Seite überzeugt worden war und bei dieser Überzeugung gehalten werden sollte.

Auch nach 1555 ging das Taktieren mit dem Konzil weiter. 1557 traten auf dem Reichstag die Katholiken für ein Generalkonzil nach dem Beispiel der Trienter Sessionen von 1545 bis 1547 und 1551/52 ein. Die Protestanten erläuterten demgegenüber ihren abweichenden Konzilsbegriff. Sie lehnten die päpstliche Leitung und den maßgeblichen Einfluss des altkirchlichen Klerus ab, betonten nachdrücklich das Schriftprinzip, forderten freies Rede- und Stimmrecht sowie die Unterwerfung des Papstes unter ein so geartetes Konzil. Gleichzeitig räumten sie ein, dass ein solches Konzil nicht durchzusetzen sei, was die Bedeutung des Religionsfriedens als Fundament der Beziehungen zwischen den Religionsparteien nachhaltig vor Augen führte.

5
Gemeindereformation

Peter Blickle hat in den späten siebziger Jahren den Blick auf die Gemeinden als politische Akteure in der Reformation gelenkt. Er betrachtet dabei die Gemeinde als ein Gebilde mit horizontalen Strukturen der Gleichwertigkeit aller Gemeindemitglieder. Blickle trat damit den zur Zeit des Erscheinens seiner »Gemeindereformation« noch jungen Forschungen des empirischen Kulturwissenschaftlers Utz Jeggle entgegen. Jeggle hatte das Dorf als eine »Not- und Terrorgemeinschaft« bezeichnet, Blickle setzte dem das Bild der Gemeinde als einer politischen Körperschaft entgegen, die zwar nicht frei von Konflikten gewesen sei, es aber verstanden habe, gegenüber der Obrigkeit die Forderungen der Gemeinde zu formulieren und meist auch durchzusetzen. Nicht Konflikt, sondern Solidarität sei das Hauptmerkmal der Gemeinde gewesen. Die Gemeinde habe als politische Organisationsform adelige Herrschaft in Verwaltung, Gesetzgebung und Rechtsprechung ausgegrenzt und damit geschwächt. Gleichzeitig hätten die Gemeinden Repräsentation in den regionalen Repräsentationskörperschaften gefunden. Daraus wiederum habe sich ein bestimmter Freiheitsbegriff gespeist, der zusammen mit der Repräsentation einen Begriff von Mündigkeit der Bauern vermittelt habe. Mit dieser Mündigkeit wiederum habe das reformatorische Prinzip des allgemeinen Priestertums aller Gläubigen korrespondiert. Normen und Werte der einfachen Leute ließen sich damit nach Blickle zu zentralen theologischen Kategorien des Reformatorischen in Verbindung setzen. Der implizite Anspruch der Bauern auf Mündigkeit ließ sie gleichsam naturgesetzlich gegen den altkirchlichen Monopolanspruch auf Heilsvermittlung und Schriftexegese zu Felde ziehen.

Blickle definiert dabei Reformation anders, als ich es getan habe. Die Frage: »Was ist Reformation?« beantwortet er mit: »das reine Evangelium«. Er befindet sich damit in Einklang mit Bob Scribner, der seinen Studenten und Studentinnen in Harvard klar gemacht hatte, dass »the Pure Word of God had been the catchword of the reformation« – »Pure Word of God and common man constitute the reformation«. Nach Blickle stellt sich die Reformation aus der Rückschau des 20. Jahrhunderts dar als ein schier unbegrenztes Streitgespräch um das angemessene Verständnis des reinen Evangeliums. Unstrittig sei, dass die Reformation die Freiheit befördert habe. Dies sei nicht nur im Selbstverständnis der lutherischen Kirchen so, sondern ein allgemein anerkannter Befund, der auch in konfessionell

ungebundenen Wörterbüchern zu finden sei. Dabei glaubt
Blickle zwei Freiheitsbegriffe ausmachen zu können: den
christlichen Freiheitsbegriff der Reformatoren und den
Begriff der persönlichen Freiheit, der z. B. in den bäuerlichen Forderungen nach Abschaffung der Leibeigenschaft
zum Ausdruck kam.

Blickle geht in Übereinstimmung mit der Forschung
zwar auch von einer obrigkeitlichen Wende der Reformation nach den Ereignissen des Bauernkrieges von 1525 aus.
Danach sei der Obrigkeit aus Furcht vor sozialen Umwäl-
zungen die Initiative und Verantwortung für die Reformation übertragen worden. Die Reichsstände hätten nun versucht, »die evangelische Reformation unter Abkoppelung
gesellschaftsverändernder Implikationen als obrigkeitliche
Maßnahme zu begreifen und durchzuführen« (Rainer
Wohlfeil).

Dennoch ist Blickle der Auffassung, dass die Reformation über die klösterlichen Mauern und die universitären
Hörsäle nicht hinausgekommen wäre, hätten ihre Theologie und Ethik nicht eine so hohe ideologische Passfähigkeit zur konkreten Realität des Kommunalismus aufge-
wiesen. Der Erfolg der Reformation hing aber mindestens
ebenso sehr mit ihrer ideologischen Passfähigkeit zu den
Interessen der weltlichen Obrigkeit zusammen.

Dass bäuerliche Forderungen und Reformation auch in
einem eklatanten Widerspruch stehen konnten, zeigte eindrucksvoll Peter Bierbrauer an den Gemeinden des Berner
Oberlandes. Bierbrauer kam zum Ergebnis, dass bis 1513
die Bauern versuchten, den bernischen Staat nach ihren
Vorstellungen zu prägen. Die politische Ordnung, die sie
erstrebten, war von unten, d. h. von den Gemeinden und
Landschaften her konzipiert. Das Verhältnis zur städtischen Obrigkeit war von Gemeinde zu Gemeinde unterschiedlich, definiert durch den jeweils unterschiedlichen
Bestand von Herrschaftsrechten, den Bern gegenüber den
Gemeinden hatte, und den jeweiligen landschaftlichen

Freiheiten andererseits. Das Ziel der Bauern war ein lockerer Verbund von bäuerlichen Gemeinden, der durch dieselbe gemeinsame Obrigkeit zusammengehalten wurde. In dieser Vorstellung blieb für einen gesamtstaatlichen Handlungs- und Entscheidungsspielraum der Obrigkeit kaum mehr als das Kriegswesen und die Außenpolitik, aber selbst dieser Bereich wurde 1513 dem bäuerlichen Mitspracherecht unterworfen (Peter Bierbrauer, *Freiheit und Gemeinde im Berner Oberland 1300–1700*, Bern 1991, S. 244).

Der Berner Chronist Valerius Anshelm (um 1475–1546/47) hat diese bäuerliche Machtfülle und den eingeengten Handlungsspielraum der Stadt immer wieder heftig beklagt. Er sah den Ausweg aus der Misere in der Reformation. Innerhalb weniger Jahre wandte sich in Bern die städtische Bürgerschaft der neuen Lehre zu, 1528 wurde sie zum verbindlichen Bekenntnis gemacht. Die Bauern standen der neuen Lehre indifferent oder feindlich gegenüber. Im Berner Oberland bildete sich eine nahezu geschlossene Abwehrfront der Talgemeinden. Die Glaubensverschiedenheit von Obrigkeit und Untertanen war unvorstellbar, sie bedrohte – vor allem angesichts der konfessionellen Zerrissenheit der Eidgenossenschaft – faktisch den Bestand des Berner Territorialstaates. Folglich musste die Reformation im bernischen Territorium gegen den Widerstand der bäuerlichen Bevölkerung durchgesetzt werden. Gesiegt hatten schließlich nach der Niederschlagung des bäuerlichen Widerstands nicht nur das »reine Evangelium«, sondern auch die obrigkeitliche Gewalt über die landschaftliche Autonomie. Das »reine Evangelium« zeigte im Berner Oberland allem Anschein nach keine hohe Passfähigkeit zu den bäuerlichen Forderungen, sondern bediente vielmehr den Wunsch der Obrigkeit nach staatlicher Intensivierung (Bierbrauer, S. 246).

Auch andere Forschungen haben gezeigt, dass sich die Reformation auf dem Land – anders als die in den Städten –

keineswegs auf eine breite Zustimmung bei den Laien, beim Volk stützen konnte. Zudem hatten die Landgemeinden der Territorialstaaten bzw. der Landgebiete der Reichsstädte gar nicht die rechtlichen Möglichkeiten, Reformen einzuführen. Sie konnten keine reformatorischen Neuerungen durchsetzen, ohne den sofortigen Widerstand der Landesherren zu provozieren. Der Begriff »Gemeinde« muss daher stets sehr genau nach seiner jeweiligen rechtlichen Bedeutung befragt werden. In Reichsstädten war die kirchliche Gemeinde in der Regel deckungsgleich mit der politischen Gemeinde. Das bedeutete: Die Gemeinde war sehr wohl in der Lage, gewollte Neuerungen auf kirchlichem und religiösem Gebiet auch in eine rechtliche Form zu gießen. Es konnte zwar durchaus Differenzen innerhalb der politischen Gemeinde geben, zum Beispiel konnte die Mehrheit des Rats einer Stadt eine andere Haltung zur Reformation einnehmen als die Mehrheit der Einwohner. Dieser Konflikt aber konnte unmittelbar in der Stadt ausgetragen, Predigten, Flugschriften konnten als Agitationsmittel eingesetzt werden; der Rat der Stadt konnte so gleichsam gezwungen werden, das zu tun, was die Bevölkerung verlangte. Diese Möglichkeiten bestanden in den Landgemeinden nur zu einem geringen Teil.

Während im Protestantismus nach 1526 sehr wenig Raum für Gemeindeautonomie blieb, die Kirche vielmehr eine durch und durch obrigkeitliche Gestalt annahm, konnten demgegenüber gerade katholische Gemeinden eine ganz andere Entwicklung durchlaufen. Wichtige Rahmenbedingung dafür war – wie die Untersuchung von Marc R. Forster über das Hochstift Speyer gezeigt hat – die spezifische Form von Staatlichkeit, in der der Katholizismus sich entwickeln konnte. Die Kommunalismusforschung sollte daher dringend katholische Gemeinden ins Zentrum der Forschung rücken.

6
Die Reformation als Gegenstand kollektiver Erinnerung

»Spät, aber überreich hat die Reformation ihrem Vaterland Früchte gebracht. Aus dem Protestantismus, der die Feuerprobe des dreißigjährigen Krieges überstanden hat, sind unserer Nation ihre heutige Kultur und ihr nationaler Staat erwachsen. Ohne Luther hätten wir keinen Kant und Goethe, ohne die protestantische und antikaiserliche Herkunft des preußischen Staates nicht unser neues deutsches Reich. Nicht ohne Trauer, aber doch mit dankbarer Erhebung, dürfen wir heute auf die gewaltigste Umwälzung unserer nationalen Geschichte zurückschauen.« Mit diesen Worten beendete 1890 der protestantische Historiker Friedrich von Bezold sein Werk *Geschichte der deutschen Reformation*. Mit seiner Bewertung der Reformation stand er keineswegs alleine da. Heinrich von Treitschke hatte in seiner berühmten Rede von 1883: *Luther und die deutsche Nation*, im Reformator geradezu »den Grund alles Großen und Edlen in der Welt« gesehen – wie Ernst Troeltsch es später karikierte. In die protestantische Erinnerung an die Reformation mischten sich damals nur wenige Zwischentöne. Die unterschiedlichen Autoren fanden zwar manch bedauerndes Wort über Ungerechtigkeiten, die dem konfessionellen Gegner zur Zeit der Reformation widerfahren waren, entschuldigten diese aber auch zugleich mit den Zeitumständen und der religiösen Sendung Luthers, die eben mitunter auch harte Mittel erforderlich gemacht hätten. Für den jungen deutschen Nationalstaat wurde 1883 eine protestantische Tradition erfunden.

Sich mit der Erinnerung an ein historisches Ereignis zu beschäftigen heißt nicht nur, sich des Gegenstands der Erinnerung anzunehmen, sondern heißt vor allem – was der sprachlich korrekte reflexive Gebrauch des Verbs »erinnern« im Deutschen sehr gut deutlich macht –, sich der erinnernden Subjekte oder Kollektive anzunehmen. Kollektive Erinnerung scheint zunächst einmal gemeinsames historisches Wissen vorauszusetzen. Dies ist aber keine hinreichende Bedingung, vielleicht ist es nicht einmal eine notwendige. »In gewisser Hinsicht ist das kollektive Gedächtnis vielmehr ahistorisch oder antihistorisch. Etwas historisch zu verstehen, bedeutet, sich seiner Komplexität bewusst zu sein, über eine hinreichende Distanz zu verfügen, es aus mehreren Perspektiven zu sehen, die Mehrdeutigkeit (auch die moralische Mehrdeutigkeit) der Motive und Verhaltensweisen der Protagonisten zu akzeptieren. Das kollektive Gedächtnis vereinfacht; es sieht die Ereignisse aus einer einzigen, interessierten Perspektive; duldet keine Mehrdeutigkeit; reduziert die Ereignisse auf mythische Archetypen. Das historische Bewusstsein konzentriert sich [...] auf die Geschichtlichkeit der Ereignisse, [darauf], dass sie damals und nicht heute stattfanden, dass sie aus Bedingungen erwuchsen, die sich von den heutigen unterscheiden. Das Gedächtnis dagegen hat kein Gespür für das Verstreichen der Zeit; es negiert die »Vergangenheit« seiner Gegenstände und beharrt auf ihrer fortdauernden Gegenwart. [...] Sobald sich ein Gedächtnis herausgebildet hat, definiert es [eine] ewige Wahrheit und damit eine ewige Identität für die Mitglieder der Gruppe.« (Peter Novick, *The Holocaust in American Life*, Boston 2000; dt. 2001, S. 14 f.)

Wie die eingangs zitierten Äußerungen gezeigt haben, lassen sich diese Überlegungen Novicks auch auf die Erinnerung an das geschichtliche Ereignis Reformation übertragen. Luther wurde zum nationalen Helden und zum Urvater deutscher Größe stilisiert. Die Erinnerung an die Reformation wurde zur Erinnerung an Luther.

Der Reformation wird demnach in erster Linie gedacht in den Jahren, die auf die Zahlen 83, 17 und 46 bzw. auf das Ergebnis ihrer Addition mit 25 oder 50 enden. D.h.: Gedacht wird Luthers Geburtsjahrs, des Jahrs des Thesenanschlags und Luthers Todesjahrs. Allein daran ist abzulesen, dass die Reformation als Gegenstand der Erinnerung vorrangig als Luthers Sache betrachtet wurde, nicht als ein hochkomplexes, in langer geschichtlicher Entwicklung vorbereitetes, nur multikausal zu erklärendes Ereignis.

Die Erinnerung an Martin Luther beginnt bereits bei dessen Tod 1546. Philipp Melanchthon hielt für die Universität Wittenberg eine Leichenrede, in der er Luther und seine neue Theologie lobte, aber auch kritische Töne anschlug, indem er Luthers Hang zur Heftigkeit ansprach. Im Juni 1546 verfasste Melanchthon als Einleitung zum zweiten Band der Wittenberger Werkausgabe Luthers eine Lebensbeschreibung, in der er wiederum verhaltener Kritik an Luther Raum gab. Melanchthon hatte ein enges persönliches Verhältnis zu Luther und dennoch oder gerade auch deswegen häufig unter ihm gelitten. Gerne wäre er in manchen Dingen strategischer vorgegangen, Luther aber ließ keine Provokation aus. »Wenn Luther doch nur einmal schwiege«, klagte Melanchthon schon 1526 und gab in der Folgezeit seinem Kollegen Beinamen wie »wütender Herkules« oder »Demagoge Kleon«. Zwei Jahre nach Luthers Tod äußerte sich Melanchthon folgendermaßen: »Hab mich vormals doch unter Luthero wie ein Knecht schier allzu schmählich drücken müssen, wenn er oft mehr seinem leidenschaftlichen Eigensinn, der nicht gering in ihm war, nachging, als dass er seine Person oder allgemeine Wohlfahrt bedachte« (Brief in lateinischer Sprache an Christoph von Carlowitz vom 28. April 1548). Auch Melanchthon sah aber in Luther ein Werkzeug Gottes und entschuldigte sein Verhalten: Gott hätte damit die unverschämten Feinde seines Evangeliums schrecken und »dem Gebrechen dieser letzten Zeit« einen harten Arzt geben wollen.

100 Jahre später hatte die lutherische Orthodoxie Luther bereits zum Kirchenvater gemacht, den man fast wie einen Religionsstifter verehrte. Luthers Größe war bereits

etabliert und seine Person und sein Leben traten hinter sein Werk zurück. Die lutherische Orthodoxie behauptete, dass alles, was Luther lehrte, Gottes Wort gleich zu achten und jede andere Meinung als irrig auszurotten sei. Seine Autorität trat allmählich an die Stelle der Autorität der Bibel. Wie Luther sich auf die Heilige Schrift berufen hatte, so beriefen sich die Lutheraner auf den Reformator. Ähnliches gilt cum grano salis auch für das frühe 17. Jahrhundert, das mit dem Jahr 1617 das erste Reformationsjubiläum brachte.

Gleich beim ersten Jubiläum erfolgte eine eindeutige politische Inanspruchnahme. Unter die zahlreichen Ursachen des Dreißigjährigen Kriegs hat die Forschung lange Zeit nicht das Faktum gerechnet, dass der lange schwelende Konflikt genau zum 100. Jubiläum des Thesenanschlags ausbrach. Dieser Termin gab der evangelischen Religionspartei Gelegenheit, erstmals im großen Stil den Beginn der Reformation zu feiern. Das Jubiläum wurde über mehrere Tage begangen, aufwändig vor- und nachbereitet und von einer Flut von Jubiläumsschriften begleitet – ausreichend Gelegenheit also, die Reformation noch einmal durchzuspielen und die konfessionellen Feindbilder aufzufrischen. Hinzu kam, dass ein Jubiläum ursprünglich der Papst verkündet und als Jubeljahr Christi und mit einem Ablass ausgestattet hatte. Ein lutherisches Jubiläum konnte es also gar nicht geben. So schrieb folgerichtig Rom gegen dieses »Pseudojubiläum« 1617 selbst ein Jubiläum »zur Ausrottung der Ketzerei« aus, das gleichzeitig begangen wurde. Es lag dabei gewiss nicht in der Absicht der Beteiligten, Krieg zu schüren. Aber es ließ sich nicht verhindern, dass der Flugblattkrieg sich verselbständigte, dass auch der ganz und gar nicht friedlich gesonnene Kurfürst Friedrich von der Pfalz und seine reformierten Anhänger mitfeierten, deren Initiative das Ereignis nicht zuletzt zu verdanken war. Das Jubiläum von 1617 hat den historischen Konflikt wieder ins Bewusstsein gehoben, konfessionelle Militanz freigesetzt und den Medienkrieg auf den Höhepunkt getrieben, bevor man 1618 zu den Waffen griff (Johannes Burkhardt). Die Jubiläumsgutachten der Prediger und die landesherrlichen Anweisungen für den jeweiligen Ablauf empfahlen und dekretierten die scharfe und polemische Auseinandersetzung mit der römischen Kirche auf der Grundlage eigens dazu verordneter Bibelstellen. Der Schilderung der vorreformatorischen Missstände hatte eine Darstellung der Errungenschaften der Reformation und damit untrennbar verbunden der Leistungen und Verdienste Luthers zu folgen. Luthers Identität mit der Reformation, sein in der Realisierung des göttlichen Heilsplans aufgehobenes Leben und sein göttlich gelenktes Wirken enthoben ihn jeder differenzierten Beurteilung. Seine Persönlichkeit, seine Stärken und Schwächen, die historischen Bedingungen seines Handelns interessierten die Prediger – wie auch ihre katholischen Gegner – nicht. Das Jubiläum hatte den kontroverstheologischen und politischen Tagesinteressen zu dienen. Um historische Erkenntnis ging es nicht.

Nach 1617 war das Gedenken an die Reformation in vielen lokalen, territorialen und überregionalen Reformationsfeiern lebendig geblieben. Anregungen, auch 1717 ein Jubiläum zu feiern, stießen daher auf das Interesse der Öffentlichkeit. Zunächst planten die evangelischen Stände eine gemeinsame Feier mit dem Ziel der reichsweiten Demonstration des evangelischen Bekenntnisses; schließlich führten politische Überlegungen dazu, auf die damit verbundene Provokation des Kaisers und der katholischen Reichsstände zu verzichten. Die Feier wurde in das Belieben eines jeden evangelischen Reichsstandes gestellt. Trotz erkennbarer Orientierung am Ablauf der Feiern von 1617 hatte sich eines jedoch geändert: An vielen Orten wurden die Beleidigung des konfessionellen Gegners in Wort und Schrift untersagt und entsprechende Zensurmaßnahmen erlassen. In der Sache hatte sich aber immer noch wenig geändert. Wechselseitig bestritt man sich die Christlichkeit, Geschichte war weiterhin universale Heilsgeschichte, der Streit der konfessionellen Gegner um den Besitz der absoluten und unteilbaren Wahrheit ging weiter.

Einen Wandel brachten Pietismus und Aufklärung. Während die lutherische Orthodoxie jede Abweichung von ihrer Lehre als antichristlich und vom Satan eingegeben ansah, hielt es der Pietismus für anmaßend, dass eine Konfession ihre Lehre für allein richtig halten konnte: Die individuelle christliche Religion wurde zum Hauptprinzip erhoben. Die innere Konsequenz des Pietismus war die christliche Toleranz und die religiöse Glaubensfreiheit. Für Gottfried Arnold (1666–1714), den Verfasser des Buchs *Unpartheyische Kirchen- und Ketzerhistorie vom Anfang des Neuen Testaments bis aufs Jahr Christi 1688*, das erstmals 1699 erschien und mehrere Auflagen erlebte, war dies die letzte Konsequenz aus Luthers Reformation, denn, so schlussfolgerte er, wenn Luther christliche Freiheit gebracht habe, dann müsse seine Lehre zwingend unverbindlich sein. Arnold sprach damit die grundlegende Problematik des Protestantismus an: Denn die Hochschätzung der Gewissensentscheidung auf der einen und die zum alleinigen Grundsatz erhobene lutherische Glaubenslehre auf der anderen Seite waren zwei widerstreitende Prinzipien. Wenn jemand durch die ureigenste innerste Glaubenserfahrung im Gewissen dazu getrieben wird, sich von der lutherischen Lehre loszusagen, handelt er dann nicht genauso, wie Luther es getan hatte, als er sich von der katholischen Kirche lossagte?

Goethe schätzte Arnold: »Dieser Mann ist nicht ein bloß reflektierender Historiker, sondern zugleich fromm und fühlend. Seine Gesinnungen stimmten sehr zu den meinigen, und was mich an seinem Werk besonders ergetzte, war, dass ich von manchen Ketzern, die man mir bisher als toll und gottlos vorgestellt hatte, einen vorteilhaftern Begriff erhielt. Der Geist des Widerspruchs und die Lust zum Paradoxen steckt in uns allen. Ich studierte fleißig die verschiedenen Meinungen, und da ich oft genug hatte sagen hören, jeder Mensch habe am Ende doch seine Religion, so kam mir nichts natürlicher vor, als dass ich mir auch meine eigene bilden könne, und dieses tat ich mit vieler Behaglichkeit« (*Aus meinem Leben. Dichtung und Wahrheit*, hrsg. von Walter Hettche, Stuttgart 1991, Bd. 1: Text, Tl. 2, 8. Buch, S. 375).

Dies erklärt auch, warum Goethe seine Beteiligung bei der Vorbereitung des Reformationsjubiläums von 1817 nur halbherzig zusagte. Schon 1816 betonte er in einem Brief: »Dieses Fest wäre so zu begehen, dass jeder wohldenkende Katholik mitfeierte«. Er vertiefte diese Skepsis im selben Jahr in einem unveröffentlichten Zeitungsartikel: Er gehe davon aus, dass das bevorstehende Fest »die deutschen Geister […] in lebhafte Bewegung« versetzen werde. »Die Protestanten sehen dieser Epoche mit Freude entgegen, die Katholiken fürchten höhnenden Übermut und befürchten neue Spaltung und Trennung.« Deswegen machte er den Vorschlag, das Reformationsfest nicht am 31., sondern am 18. Oktober, dem Tag der Völkerschlacht von Leipzig zu feiern. So verhindere man, dass zwei so dicht aufeinander folgende Feste einander schadeten »weil die finanziellen Mittel erschöpft und der Enthusiasmus verbraucht« sei, und zudem könne die Feier dann zu einem Fest aller Deutschen werden, denn es »ließe sich in keinem Sinne ein höheres Fest« als der Erinnerungstag an den Sieg über Napoleon denken; dieses Fest sei ein »Nationalfest«, ein Fest der »Humanität«, vor dem die Gegensätze der beiden Konfessionen zurückträten. Seinem Vorschlag folgten – ohne ihn zu kennen – die deutschen Burschenschaften, die am 18. Oktober das Wartburgfest feierten. Viele lokale und regionale Feste wurden jedoch am 31. Oktober 1817 gefeiert: Sie gefielen Goethe allesamt nicht. Schon während der Vorbereitungen schrieb er am

22. August an seinen Freund Karl Ludwig von Knebel:
»Pfaffen und Schulleute quälen unendlich, die Reformation soll durch hunderterlei Schriften verherrlicht werden;
Maler und Kupferstecher gewinnen auch was dabei. Ich
fürchte nur, durch alle diese Bemühungen kommt die Sache so ins Klare, dass die Figuren ihren poetischen, my-
thologischen Anstrich verlieren. Denn, <u>unter uns gesagt,
ist an der ganzen Sache nichts interessant als Luthers Cha-
rakter</u> und es ist auch das einzige, was der Menge eigentlich imponiert. <u>Alles übrige ist ein verworrener Quark,</u>
wie er uns noch täglich zur Last fällt.« (*Gedenkausgabe
der Werke*, Bd. 21: *Briefe und Gespräche*, Zürich ²1965,
S. 241) <u>Gegenüber dem Wartburgfest verblassten die lokalen und regionalen Feiern.</u> Goethe erklärt dies damit, dass
das Anliegen der Reformation nach 300 Jahren nicht mehr
verstanden werde und gegenüber den politischen Zielset-
zungen der Gegenwart als veraltet gelten müsse: »Das
Reformationsjubiläum verschwand vor diesen frischen,
jüngeren Bemühungen. Vor dreihundert Jahren hatten
tüchtige Männer Großes unternommen; nun schienen ihre
Großtaten veraltet und man mochte sich ganz anderes von
den neuesten öffentlich-geheimen Bestrebungen erwarten«. <u>Goethe selbst gedachte des Reformationsereignisses
schließlich mit einem Zeitgedicht voll bitterer Ironie:</u>

Dem 31. Oktober 1817

Dreihundert Jahre hat sich schon
Der Protestant erwiesen,
Dass ihn von Papst- und Türkenthron
Befehle baß verdrießen.

Was auch der Pfaffe sinnt und schleicht,
Der Prediger steht zur Wache,
Und dass der Erbfeind nichts erreicht,
Ist aller Deutschen Sache.

> Auch ich soll gottgegebne Kraft
> Nicht ungenützt verlieren,
> Und will in Kunst und Wissenschaft
> Wie immer protestieren.

> (*Gedenkausgabe der Werke*, Bd. 1:
> *Sämtliche Gedichte I*, Zürich ²1961, S. 553)

Nach 1817 gerieten die Lutherjubiläen in den Sog der entstehenden Nationalbewegung. Das Wartburgfest von 1817 und das Jahr 1848 waren Meilensteine auf dem Weg, der zur Stilisierung Luthers zum deutschen Nationalhelden führte. Dazu trug nicht unwesentlich das Reformationsgeschichtswerk Leopold von Rankes bei, dessen letzter Band 1848 am Vorabend der Revolution erschien. Rankes beeindruckendes Werk markiert einerseits den Beginn der wissenschaftlichen Erforschung der Reformationsgeschichte, trug aber zum anderen durch seine Fragestellung dazu bei, dass die nationale Bewegung in Deutschland auf Luther und die Reformation rekurrieren konnte. Seine leitende Fragestellung lautete: Wie kam es, dass die Suprematie der Kirche vernichtet wurde und dabei gerade die deutsche Nation die Vorreiterrolle übernahm? Gestützt durch den Sieg des protestantischen Preußen über das katholische Österreich als Voraussetzung der Nationalstaatsgründung konnte der deutsche Nationalstaat von 1871 unter Inanspruchnahme Luthers und der Reformation als protestantischer Nationalstaat konstruiert werden. Das Lutherjubiläum von 1883 war mit diesen Prozessen aufs Engste verwoben.

Der Trend der nationalen Vereinnahmung Luthers verstärkte sich bis zum Jubiläum von 1917. Zwar gab es trotz langer emsiger Vorbereitung schließlich, bedingt durch die Kriegszeit, nur wenige Feiern, dafür aber umso mehr Publikationen, die sich mit Luther und der Reformation in wissenschaftlicher wie auch populärer Form befassten. Die Freiheit, die die Reformation nach protestantischer Anschauung befördert haben sollte, wurde 1918 als Wur-

zel »der Größten« betrachtet. Um an die illustre Aufzäh-
lung dieser größten Deutschen – »Lessing und Kant, Goethe und Schiller, Friedrich der Große und Bismarck, Fich-
te und Wilhelm von Humboldt, Sebastian Bach und Richard Wagner« – mit Ludwig van Beethoven wenigstens
einen Katholiken anzuhängen, wurde schlicht konstatiert,
dass »in Wahrheit längst alle Deutschen von Luther erzo-
gen« seien (Gustav Roethe, *D. Martin Luthers Bedeutung
für die deutsche Literatur*, Berlin 1918).

Der Tübinger Kirchenhistoriker Otto Scheel schilderte
im Vorwort des ersten Bandes seines Buches *Martin Luther. Vom Katholizismus zur Reformation*, das 1917 erschien, die Entstehungsgeschichte des Werks: »Die Studi-
en wurden im letzten Friedensjahr begonnen. Sie werden
der Öffentlichkeit während des Weltkrieges übergeben.
[...] Ganz gewiß aber wird das Reformationsjubiläum
1917 noch unter den Wirkungen des Völkerkrieges stehen.
Die Feier wird enger sein als die Zurüstung in Aussicht
nahm. Aber auch im enger gewordenen Kreis wird sie uns
an die übernationalen und überweltlichen Güter erinnern,
die uns durch Martin Luther beschert wurden. Sie zu pfle-
gen wird trotz dem Haß der halben Welt unsere Bestimmung sein. [...] Deutschlands Weltgeltung soll nicht
bestehen ohne die Ehrfurcht vor dem übernationalen
weltgeschichtlichen Inhalt seiner Geschichte im 16. Jahrhundert. Es soll uns erheben auch über die Endlichkeit
von Volk und Staat. Weltkrieg und Reformationsjubiläen,
höchste Steigerung nationaler Energie und demütige Be-
sinnung auf ein Reich des Geistes, das die Gefahr und das
Gesetz des Lebens überwunden hat, sind durch die Geschichte einander nahegerückt. Die ersten Schritte des
neuen Deutschland führen zur Gestalt des Reformators
hin. Das darf uns mehr als Zufall sein. Es sei uns Geschick
und Verheißung. Tübingen am Martinstag 1915.«

Im Vorwort des ebenfalls 1917 erschienenen zweiten
Bandes schlug Scheel noch deutlichere Töne an: »Im To-

ben des Weltkrieges müssen wir das Reformationsjubiläum erleben. Geschützt durch den feldgrauen Wall unseres starken, erprobten Heeres und durch die Kraft unserer kühnen jungen Flotte dürfen die in der Heimat gebliebenen Glieder unseres Volkes es feiern. Es wird eine fast nur deutsche Feier werden. Zur feiernden Erinnerung an die Tat, ohne die auch ein Calvin nicht gewesen wäre, wird die Welt des Protestantismus sich nicht zusammenfinden. Wo das Gedächtnis Calvins am lautesten gefeiert wurde, ächtet man jetzt unter dem Chauvinismus dieses Weltkrieges den deutschen Protestantismus. Die Glassplitter des Chauvinismus, die dem französischen und angelsächsischen Protestantismus ins Auge gedrungen sind, wie der Splitter, von dem Andersens Märchen erzählt, verwehren ihm, Deutschlands Anteil an der Weltgeschichte zu erkennen und zu würdigen. Wir können diese Ächtung ertragen.«

Durch die Zeit des Nationalsozialismus und des Zweiten Weltkrieges erlebte die Politisierung der Lutherfeiern einen entscheidenden Bruch. Nach 1945 wurden platte nationale Inanspruchnahmen selten. Allerdings huldigte die Staatsführung der DDR in den frühen 1980er Jahren – in augenfälliger Abwendung von der negativen Bewertung Luthers durch Friedrich Engels – in 15 Thesen Luther als einer der wichtigen Identifikationsfiguren für den deutschen Separatstaat, wohl, wie von bundesrepublikanischer Seite bemerkt wurde, um »etwas mehr Zement« in dessen Fundamente zu bringen. In der Bundesrepublik schien indes 1983, beim letzten großen Jubiläum, die Politik völlig außen vor zu bleiben. Der damalige Bundespräsident Karl Carstens rief dazu auf, aus Luthers Beispiel zu lernen, »nicht auf uns, sondern auf Gott zu vertrauen«. Konfessionelle Gegensätze brachen nicht wieder auf, zaghafte Versuche dazu – wie eine kleine Schrift Remigius Bäumers – wurden als kuriose Entgleisungen gewertet. Gleichzeitig gab das Jubiläum der reformationsgeschichtlichen wissenschaftlichen Forschung einen starken Impuls. Nach der Politisierung des 19. und der ersten Hälfte des 20. Jahrhunderts machte sich eine Theologisierung der historischen Reformationsforschung breit. Man versuchte, Luther in seinem Theologieverständnis gerecht zu werden und die religiösen Motive der ihn unterstützenden Obrigkeiten ernst zu nehmen. Durch den Beginn der Konfessionalisierungsforschung bekam zudem gleichsam jede Konfession ihr eigenes Forschungsfeld, Gesamterklärungen der Leistungen Luthers wurden damit verzichtbar. Erst 1996 wagte sich der Verein für Reformationsgeschichte mit einer Tagung über die Bewertung der frühen Reformation wieder auf dieses Terrain. In einigen Beiträgen wird Luther dort zum Wegbereiter moderner Freiheitsvorstellungen stilisiert (so z.B. im Beitrag von Peter Blickle); Luthers Äußerungen zu Freiheit und Gehorsam, die dies völlig konterkarieren, spielen in diesen Beiträgen keine Rolle.

Es bleibt zu beobachten, wie es mit der Erinnerung an die Reformation weitergeht. Das nächste große Jubiläum steht aber erst 2017 an, denn bei Luther als Fokus der kollektiven Erinnerung an die Reformation wird es wohl bleiben.

7
Reformationsgeschichte im Spannungsfeld von Glauben und Wissenschaft

In einer Kontroverse zwischen Theologen und Profanhistorikern über die Erforschung der Kirchengeschichte versuchte ein Theologe den Konsens mit der Formulierung, dass vom Profanhistoriker, der Kirchengeschichte betreibe, ein »Minimum an Sympathie für den christlichen Glauben« erwartet werden dürfe (Victor Conzemius). Solche methodologischen Forderungen wurden von Pro-

fanhistorikern verständlicherweise mit äußerster Skepsis
aufgenommen: Nur religiösen Historikern das Vermögen zuzusprechen, religiöse Phänomene und kirchengeschichtliche Sachverhalte zu erfassen, verletzte elementare
wissenschaftliche Regeln. Eine spezifisch »theologische
Methode« zur Deutung historischer Phänomene gebe es
zudem nicht (Michael Borgolte).

Dennoch scheinen Historiker, die sich mit Reformationsgeschichte beschäftigten, zum Schulterschluss mit den Theologen zu tendieren, indem letzte unerklärbare Reste bemüht
werden, die sich dem Verständnis und damit der historischen
Analyse zu entziehen scheinen und deshalb dann der Theologie überantwortet werden. So schreibt Ernst Schulin am
Ende eines Aufsatzes über »Luther und die Reformation.
Historisierungen und Aktualisierungen im Laufe der Jahrhunderte« folgende Passage: »Zum Schluss sei auf ein großartiges Lutherwort über die Bibel hingewiesen: ›Dies ist die
Kraft der Schrift, nicht, dass sie sich in den verwandelt, der
sie studiert, sondern den, der sie verehrt, in sich und ihre
Kraft verwandelt‹. Auf Luther selbst scheint das – wie es sich
ja auch gehört – nicht ganz anwendbar zu sein: er scheint sich
manchmal in den zu verwandeln, der ihn interpretiert. Aber
doch nur auf Zeit. Die tiefere Wirkung ist jedoch noch bis
heute, dass er den, der sich mit ihm beschäftigt, verändert
und ›in seine Kraft verwandelt‹«. Hier scheint ein Historiker
von dem Gegenstand seiner wissenschaftlichen Analyse
gleichsam überwältigt zu werden; ein Eingeständnis, zeitweise die Distanz zum Untersuchungsobjekt zu verlieren,
wäre für andere historische Themenbereiche nicht vorstellbar, ohne damit nicht auch zugleich den Anspruch der Wissenschaftlichkeit aufzugeben.

Heinz Schilling schrieb in Bewertung der Reformation:
»Der Wittenberger Mönch durchlebte wie kein zweiter die
neue reformatorische Botschaft – von den Qualen religiösen
Suchens und Zweifelns bis hin zur großartig-gewaltigen
Verkündigung und Sicherung seiner Erkenntnis. Und es

kann auch kein Zweifel darüber aufkommen, dass der Durchbruch der in persönlicher Betroffenheit herangewachsenen neuen Gnadenerkenntnis zu jenen Ereignissen zählt, die innerhalb der europäisch-atlantischen Geschichte die Epochenschwelle zwischen Mittelalter und Neuzeit ausmachen.« Ein persönliches religiöses Erlebnis als wichtiger Baustein einer Epochenwende? Was ist mit den anderen Reformatoren, die zumindest zum Teil völlig unabhängig von Luther zu einer ganz ähnlichen Theologie gelangten? Ließe sich nicht auch eine völlig andere Sichtweise einnehmen? Hat Luther sich nicht stets mit seiner persönlich gefärbten Theologie selbst im Weg gestanden? Resultierte nicht der permanente Konflikt zwischen Luther und Melanchthon aus diesen Grenzen Luthers? Ist dieses »Hier stehe ich und kann nicht anders« der lutherischen Haltung – dem der Reformpapst des 20. Jahrhunderts Johannes XXIII. ein pointiertes: »Hier stehe ich, ich kann auch anders« entgegensetzte – nicht eine schwere Hypothek für die Moderne?

Bemerkenswert ist, dass diese Fragen in der regen Forschung zur Reformation gar nicht erst gestellt werden, obwohl sie sich für den Historiker aufdrängen. Genauso erstaunlich ist es, dass in der Forschung auch wenig über das große Problem reflektiert wird, das sich mit Luthers neuer Theologie des reinen Evangeliums auftat. Gerade den Historiker aber muss die Frage beschäftigen: Welches war der Text des reinen Evangeliums und wer hatte die Deutungshoheit? Für die katholische Kirche konnte nur die Kirche die Schrift erklären, die ohne diese kirchliche Deutungshoheit wie ein »Gesetz ohne Richter«, »ein Schiff ohne Steuermann« (Johannes Eck) sei. Die Frage, ob denn jede Schriftauslegung durch die Gläubigen auch richtig und damit zu akzeptieren sei, stellte sich für Luther erstaunlicherweise zunächst nicht. Welche Grenzen der Schriftauslegung zu ziehen seien, welche Korrektive bei falschen Auslegungen einzugreifen hatten, diese Fragen blieben zunächst außen vor.

Luther sah seine Mission als einen göttlichen Auftrag an, und er zweifelte keinen Moment daran, dass das, was er tat, richtig war. Deswegen konnten ihm auch keine Zweifel an der Richtigkeit seiner Schriftauslegungen kommen und deswegen hielt er es auch nicht für vermessen, solange er lebte, als Deutungsinstanz für die Heilige Schrift da zu sein. Wenn schließlich falsche politische Konsequenzen aus der Schrift gezogen wurden – wie im Bauernkrieg –, war die weltliche Obrigkeit der Garant für die Stabilität der Ordnung.

Bezeichnend für Luthers Haltung zum Problem der Deutungshoheit ist seine Entgegnung auf die Kritik an seiner Übersetzung der Stelle Röm. 3,28. Luther hatte übersetzt: »Der Mensch wird gerecht allein durch den Glauben«, eine wortgetreue Übersetzung hätte auf das »allein« verzichten müssen. Wegen der großen Bedeutung dieser Stelle für seine Theologie warfen ihm seine Gegner Manipulation vor. Er setzte sich damit sehr intensiv und sprachlich brillant auseinander, führte aber schließlich als nicht mehr hinterfragbare Argumentation an: »Luther will's so haben« (*Sendbrief vom Dolmetschen*, 1530, WA 30,2, S. 627–646). Genau dies war der Punkt, den Johannes Eck in seiner frühen Auseinandersetzung mit Luther in den Mittelpunkt der Kritik stellte. Luther verstehe die Schrift falsch, weil er die einstimmige Auslegung der Väter verwerfe und seinem eigenen Kopf folge. Luther sei deswegen Häretiker, seine Schriftauslegung sei gegen die Auslegung des Heiligen Geistes und nur dem eigenen Gutdünken verfallen. Das Vertrauen auf den eigenen Einfall aber sei die Mutter aller Irrtümer. Nicht nur die Gegner Luthers sahen die Achillesferse des neuen lutherischen Kirchenverständnisses. Erasmus, der anfangs Luthers Anschauungen verteidigt und ihn gegen manche Bedrohung in Schutz genommen hatte, gab 1526 Luther die Schuld am Bauernkrieg. Er sei, ganz anders als Luther selbst, nicht davon überzeugt, dass die göttliche Vorsehung ihn der Welt gegeben habe. »Sehr vieles«, so argumentierte Erasmus, »hielt mich davon ab, aber das Vorzüglichste darunter ist jene Bitterkeit im Schreiben gewesen und die zügellose Schmähsucht, sowie der mehr als skurrile Mutwillen in beißenden Scherzen und Spöttereien, deren du dich gegen alle bedienst, die gegen deine Dogmen den Mund aufzutun wagen. Es hat niemand einen Streit mit dem Wort Gottes, worüber du sooft donnerst, sondern mit deinen Auslegungen. <u>Das ist dein Fehler, dass du uns fort und fort Deine Auslegung als Gottes Wort aufdrängst.</u>« (Erasmus von Rotterdam an Martin Luther, 11. April 1526, Köhler, S. 371–373)

Will man Erasmus nicht als vorurteilsfreie Person zur Benennung des zentralen Problems der neuen Theologie akzeptieren, dann ließe sich <u>Martin Niemöller</u> anführen. In einem 1939 verfassten, erst aus seinem Nachlass veröffentlichten Schriftstück legt Niemöller mit intellektueller Schärfe die Widersprüche dar, <u>wie sie aus seiner Sicht mit dem protestantischen Kirchen- und Traditionsverständnis verbunden sind</u>: »Der reformatorische Glaube ist Dogmenglaube par excellence, indem er sich auf das eine Dogma von dem einen, unveränderlich für alle Zeiten gegebenen Gotteswort der Bibel stützt. Fällt der Glaube an dies Dogma, bleibt nur noch eine hohle Schale ohne Inhalt.« Die übergeordnete Autorität des Wortes Gottes löse durch ihre starke einseitige Bindung alle anderen Bindungen und Autoritäten auf. So konnte es nach Niemöller zu dem Missverständnis kommen, die Reformation fordere die religiös-ethische Autonomie. Da aber der Mensch selbst im Durchschnitt keine religiöse Schöpferphantasie entwickle, sei dies das Einfallstor für neue Autoritäten gewesen. Traditionsbildung habe es gerade im Luthertum sehr stark gegeben, und den evangelischen Christen werde somit eine »dogmatische Bindung an menschliche Entscheidungen in Gestalt der Tradition« zugemutet, die erheblich drückender werden könne als die dogmatische

Bindung an die kirchlichen Entscheidungen in Gestalt der katholischen Tradition.

Die Reformation war in ihren Wirkungen zumindest ambivalent, dies muss deutlich herausgestellt werden. Ein »Minimum an Sympathie« kann daher als Prämisse der Forschung schon identisch mit einem hohen Maß an Befangenheit sein.

Zeittafel

1495 Wormser Reichstag (Ewiger Landfriede)
1502 Gründung der Universität Wittenberg
1512 Luther Professor für Theologie an der Universität Wittenberg
1512–17 5. Laterankonzil
1517 Thesenanschlag Martin Luthers
1518 Heidelberger Disputation
1518 Verhör Luthers durch Cajetan
1519 Wahl Karls V. zum Kaiser
1519 Beginn der Reformation in der Schweiz
1519 Leipziger Disputation
1520 Erscheinen der drei großen Reformschriften Luthers
1521 Luther exkommuniziert
1521 Reichstag zu Worms (Wormser Edikt: Ächtung Luthers)
1521 Eroberung Belgrads durch die Osmanen
1521–25 Erster Krieg zwischen Karl V. und Franz I. von Frankreich
(Schlacht von Pavia 1525, Friede von Madrid 1525: Frankreich verliert die Herzogtümer Mailand und Burgund)
1522 Erscheinen von Luthers Übersetzung des Neuen Testaments (Septembertestament)
1522–24 Reichstag zu Nürnberg, nachsichtige Handhabung des Wormser Edikts
1523 Wittenberger Unruhen
1524–26 Bauernkrieg
1526 Reichstag zu Speyer, nachsichtige Handhabung des Wormser Edikts
1526 Vernichtung des ungarischen Heers durch die Osmanen in der Schlacht von Mohàcs; der ungarische König stirbt, Erzherzog Ferdinand wird sein Nachfolger
1526–29 Zweiter Krieg zwischen Karl V. und Franz I. von Frankreich
1527 Sacco di Roma: kaiserliche Landsknechte plündern Rom
1527 Erste protestantische Universität in Marburg gegründet
1529 Friede von Cambrai: Frankreich erhält das Herzogtum Burgund zurück

1529 Reichstag zu Speyer, rigoroser Vollzug des Wormser Edikts (Protestation)

1529 Belagerung Wiens durch die Osmanen

1529 Marburger Religionsgespräch

1530 Reichstag zu Augsburg (Confessio Augustana)

1531 Wahl Ferdinands zum römischen König

1531 Gründung des Schmalkaldischen Bundes

1532 Nürnberger Anstand

1532 Vorstoß der Osmanen

1533 Waffenstillstand zwischen den Osmanen und Habsburg

1534 Restitution des Herzogtums Württemberg

1534 Anfänge des Jesuitenordens

1534 Johannes Calvins ›Bekehrung‹ zur Reformation

1534 Gründung der anglikanischen Staatskirche unter Heinrich VIII. (Suprematsakte)

1534–35 Täuferreich zu Münster

1535 Eroberung von Tunis durch die Osmanen

1536 Wittenberger Konkordie

1536–38 Dritter Krieg zwischen Karl V. und Franz I. von Frankreich

1537–43 Krieg Karls V. um das Herzogtum Geldern

1538 Friede von Nizza: Bestätigung des Status quo

1539 Frankfurter Anstand

1540 Doppelehe Landgraf Philipps von Hessen

1540–41 Religionsgespräche in Hagenau, Worms und Regensburg

1541 Erneuter Vorstoß der Osmanen: Eroberung der Stadt Buda, Angriff auf Algier

1542–44 Vierter Krieg zwischen Karl V. und Franz I. von Frankreich: Bündnis des französischen Königs mit dem osmanischen Sultan

1542–46 Vergeblicher Reformationsversuch des Kölner Kurfürsten Hermann von Wied

1542 Vertreibung Herzog Heinrichs von Braunschweig-Wolfenbüttel durch den Schmalkaldischen Bund

1544 Friede von Crépy: Bestätigung des Status quo (Herzogtum Mailand habsburgisch, Herzogtum Burgund französisch); der französische König verzichtet auf das Bündnis mit den Osmanen und sagt dem Kaiser Hilfeleistung gegen die protestantischen Reichsfürsten zu

Wer regierte zur Zeit der Reformation?

Päpste:

Alexander VI.   11. August 1492 – 18. August 1503
Pius III.   22. September 1503 – 18. Oktober 1503
Julius II.   1. November 1503 – 21. Februar 1513
Leo X.   11. März 1513 – 1. Dezember 1521
Hadrian VI.   9. Januar 1522 – 14. September 1523
Clemens VII.   19. November 1523 – 25. September 1534
Paul III.   13. Oktober 1534 – 10. November 1549
Julius III.   7. Februar 1550 – 23. März 1555
Marcellus II.   9. April 1555 – 1. Mai 1555
Paul IV.   23. Mai 1555 – 18. August 1559

Kaiser:

Maximilian I.   1486–1519
Karl V.   1519–1556
Ferdinand I.   1556–1564

Kurerzstift Mainz:

Bertold von Henneberg   1484–1504
Jakob von Liebenstein   1504–1508
Uriel von Gemmingen   1508–1514
Albrecht II. von Brandenburg   1514–1545
Sebastian von Heusenstamm   1545–1555
Daniel Brendel von Homburg   1555–1582

Kurerzstift Köln:

Hermann IV. von Hessen   1480–1508
Philipp von Daun-Oberstein   1508–1515
Hermann V. von Wied   1515–1546/47 (gest. 1552)
Adolf III. von Schauenburg   1546/47–1556

Kurerzstift Trier:

Johann II. von Baden   1456–1503
Jakob II. von Baden   1503–1511
Richard von Greiffenklau   1511–1531
Johann III. von Metzenhausen   1531–1540
Johann IV. Ludwig von Hagen   1540–1547
Johann V. von Isenburg   1547–1556

Königreich Böhmen:

Wladislaw   1471–1516
Ludwig (II.)   1516–1526
Ferdinand I.   1527–1564

Kurfürstentum Pfalz:

Philipp der Aufrichtige   1476–1508
Ludwig V. der Friedfertige   1508–1544
Friedrich II. der Weise   1544–1556

Kurfürstentum und Herzogtum Sachsen:

(1485 Teilung der sächsischen Länder unter die Ernestinische und Albertinische Linie; die Kurwürde liegt zunächst bei der Ernestinischen Linie und wechselt 1547 auf die Albertinische Linie)

Kurfürst Friedrich III. der Weise   1486–1525 (Ernestinische Linie)
Kurfürst Johann der Beständige   1525–1532 (Ernestinische Linie)
Kurfürst Johann Friedrich I.   1532–1547 (von 1547–1554 nur noch Herzog; Ernestinische Linie)
Kurfürst Moritz   1547–1553 (Herzog seit 1541; Albertinische Linie)
Kurfürst August   1553–1586 (Albertinische Linie)

Herzöge von Sachsen:

Georg der Bärtige (der Reiche)   1500–1539
Heinrich der Fromme   1539–1541
Moritz   1541–1547 (Kurfürst 1547–1553)
Johann Friedrich   1547–1554 (Kurfürst 1532–1547)

Kurfürstentum Brandenburg:

Joachim I.   1499–1535
Joachim II.   1535–1571

Herzogtum Bayern:

(alle bayerischen Linien vereinigt seit 1503/05)
Albrecht IV. der Weise   1503/05–1508
Wilhelm IV.   1508–1550
Albrecht V. der Großmütige   1550–1579

Herzogtum Württemberg:

Eberhard II. 1496–1504
Ulrich 1498 (1520–1534 vertrieben) – 1550
Christoph 1550–1568

Landgrafschaft Hessen:

(klare Herrschaftsverhältnisse seit 1509 nach Überwindung der
   Landesteilungen)
Wilhelm II.   1493–1509
Philipp der Großmütige   (1509–1518 unter Vormundschaft) 1518–
   1567

Herzogtum Braunschweig-Wolfenbüttel:

(Querelen, Spaltung der Linie in verschiedene Teillinien)
Heinrich I., der Ältere   1495–1514
Heinrich II., der Jüngere   1514–1568

Herzogtum Braunschweig-Lüneburg:

(Querelen, Spaltung der Linie in verschiedene Teillinien)
Heinrich   1471–1520 (gest. 1531)
Ernst der Bekenner   1521–1546
Otto I.   1521, zu Harburg 1527, stirbt 1549
Franz   1536, zu Gifthorn 1539, stirbt 1549
Franz Otto   1546–1559

Frankreich:

Ludwig XII. 1498–1515
Franz I. 1515–1547
Heinrich II. 1547–1559

England:

Heinrich VII. 1485–1509
Heinrich VIII. 1509–1547
Eduard VI. 1547–1553
Maria I. die Katholische 1553–1558

Wichtige Theologen

Nicht-protestantische Theologen

Johannes Cochläus   1479–1552
Johannes Eck   1486–1543
Hieronymus Emser   1478–1527
Johann Tetzel   1496–1519

Protestantische Theologen

Wittenberger Kreis:

Martin Luther   1483–1546
Philipp Melanchthon   1497–1560
Georg Spalatin   1484–1545

Zürich:

Huldrych Zwingli   1484–1531
Heinrich Bullinger   1504–1575

Basel:

Johannes Oekolampad   1482–1531

Straßburg:

Martin Bucer   1491–1551
Wolfgang Fabricius Capito   1478–1541
Jakob Sturm   1489–1553

Genf:

Johann Calvin   1509–1564

Augsburg:

Wolfgang Musculus   1497–1563

Landgrafschaft Hessen:

Adam Krafft   1493–1558
Martin Bucer   1491–1551 (1538–41 in der Landgrafschaft Hessen)

Herzogtum Württemberg:

Erhard Schnepf   1495–1558 (zunächst in der Landgrafschaft Hessen, nach 1534 im Herzogtum)
Ambrosius Blarer   1492–1564 (erst in Konstanz, 1534–38 im Herzogtum, danach wieder in Konstanz und Winterthur)
Johannes Brenz   1499–1570 (erst in Schwäbisch Hall, nach 1534 im Herzogtum)

Literaturhinweise

Quellen

Aland, Kurt: Die 95 Thesen Martin Luthers und die Anfänge der Reformation. Gütersloh 1983.

Allen, Percy S. (Hrsg.): Opus Epistolarum Desiderii Erasmi Roterodami. 15 Bde. Oxford 1906–65.

Die Bekenntnisschriften der evangelisch-lutherischen Kirche. Göttingen 101986.

Corpus Reformatorum. Berlin 1834ff. [Werkausgaben von Melanchthon, Zwingli, Bucer, Calvin u.a.]

Die Depeschen des Nuntius Aleander vom Wormser Reichstag 1521. Hrsg. von Paul Kalkoff. Halle 1886. (Schriften des Vereins für Reformationsgeschichte 17.)

Deutsche Reichstagsakten unter Karl V. Gotha u.a. 1892ff. [Unabgeschlossen, zuletzt erschienen Bd. 19: Der Reichstag zu Augsburg 1550/51. München 2005.]

Fabian, Ekkehart (Hrsg.): Die Schmalkaldischen Bundesabschiede 1530–1536. 2 Bde. Tübingen 1958.

Fabisch, Peter / Iserloh, Erwin (Hrsg.): Dokumente zur Causa Lutheri (1517–1521). München 1988.

Fast, Heinold (Hrsg.): Der linke Flügel der Reformation. Glaubenszeugnisse der Täufer, Spiritualisten, Schwärmer und Antitrinitarier. Bremen 1962.

Franz, Günther (Hrsg.): Quellen zur Geschichte des Bauernkrieges. Darmstadt 1963. (Ausgewählte Quellen zur deutschen Geschichte der Neuzeit, Freiherr-vom-Stein-Gedächtnisausgabe 2.)

– Thomas Müntzer. Schriften und Briefe. Gütersloh 1968.

Junghans, Helmar (Hrsg.): Die Reformation in Augenzeugenberichten. Düsseldorf 1967.

Kastner, Ruth (Hrsg.): Quellen zur Reformation 1517–1555. Darmstadt 1994. (Ausgewählte Quellen zur deutschen Geschichte der Neuzeit, Freiherr-vom-Stein-Gedächtnisausgabe 16.)

Köhler, Hans-Joachim (Hrsg.): Flugschriften des 16. Jahrhunderts. Microfiche-Edition. Tübingen 1991ff.

Köhler, Walther (Hrsg.): Erasmus von Rotterdam. Briefe. Wiesbaden 1947.

Kohler, Alfred (Hrsg.): Quellen zur Geschichte Karls V. Darmstadt 1990. (Ausgewählte Quellen zur deutschen Geschichte der Neuzeit, Freiherr-vom-Stein-Gedächtnisausgabe 15.)

Laube, Adolf (Hrsg.): Flugschriften der frühen Reformationsbewegung (1518–1524). 2 Bde. Berlin (DDR) 1983.

– [u. a.] (Hrsg.): Flugschriften vom Bauernkrieg bis zum Täuferreich (1526–1535). 2 Bde. Berlin 1992.

– (Hrsg.): Flugschriften gegen die Reformation (1518–1524). Berlin 1997.

– (Hrsg.): Flugschriften gegen die Reformation (1525–1530). 2 Bde. Berlin 2000.

Martin Luther Werke. Kritische Gesamtausgabe 101 Bde. in 4 Reihen. Weimar 1883–1970.

Neuser, Wilhelm H. (Hrsg.): Die Vorbereitung der Religionsgespräche von Worms und Regensburg 1540/41. Neukirchen-Vluyn 1974. (Texte zur Geschichte der evangelischen Theologie 4.)

Oberman, Heiko A. (Hrsg.): Die Kirche im Zeitalter der Reformation. Neukirchen-Vluyn ⁴1994. (Kirchen- und Theologiegeschichte in Quellen 3.)

Pfeilschifter, Georg (Hrsg.): Acta Reformationis Catholicae. 6 Bde. Regensburg 1959–74.

Planitz, Hans von der: Berichte aus dem Reichsregiment in Nürnberg 1521–1523. Gesammelt von E. Wülcker und H. Virck. Leipzig 1899. [Nachdr. 1979.]

Quellensammlung zur Geschichte der Deutschen Reichsverfassung in Mittelalter und Neuzeit. Bearb. von Karl Zeumer. Leipzig 1904.

Renaissance. Glaubenskämpfe. Absolutismus. Bearb. von Fritz Dickmann. München ²1976. (Geschichte in Quellen 3.)

Schnabel, Franz: Deutschlands geschichtliche Quellen und Darstellungen in der Neuzeit. Tl. 1: Das Zeitalter der Reformation 1500–1550. Leipzig/Berlin 1931.

Schnabel-Schüle, Helga (Hrsg.): Die Reformation. Ein Quellenbuch. Trier 2006.

Sehling, Emil (Hrsg.): Die evangelischen Kirchenordnungen des 16. Jahrhunderts. Leipzig 1902ff. und Tübingen 1955ff.

Darstellungen

Voraussetzungen und Bezugspunkte

Andreas, Willy: Deutschland vor der Reformation. Stuttgart ⁶1959.

Boockmann, Hartmut (Hrsg.): Kirche und Gesellschaft im Heiligen Römischen Reich des 15. und 16. Jahrhunderts. Göttingen 1994.

Borgolte, Michael: Die mittelalterliche Kirche. München 1992. (Enzyklopädie deutscher Geschichte 17.)

Hashagen, Justus: Staat und Kirche vor der Reformation. Essen 1931.

Kreiser, Klaus: Der Osmanische Staat 1300–1922. München 2001. (Oldenbourg Grundriss der Geschichte 30.)

Kurze, Dietrich: Pfarrerwahlen im Mittelalter. Köln/Graz 1966.

Lambert, Malcolm: Häresie im Mittelalter. Von den Katharern bis zu den Hussiten. Darmstadt 2001. [Engl. Ausg. 1977.]

Moeller, Bernd: Die Reformation und das Mittelalter. Göttingen 1991.

Neuhaus, Helmut: Das Reich in der Frühen Neuzeit. München 1997. (Enzyklopädie deutscher Geschichte 42.)

Oakley, Francis: The Conciliarist Tradition. Constitutionalism in the Catholic Church 1300–1870. New York 2003.

Prodi, Paolo: The papal Prince. One body and two souls: the papal monarchy in early modern Europe. Cambridge 1987. [Ital. Originalausg. 1982.]

Schmidt, Georg: Geschichte des alten Reichs. Staat und Nation in der Frühen Neuzeit 1495–1806. München 1999.

Schubert, Ernst: Fürstliche Herrschaft und Territorium im späten Mittelalter. München 1996. (Enzyklopädie deutscher Geschichte 35.)

Tewes, Götz-Rüdiger: Die römische Kurie und die europäischen Länder am Vorabend der Reformation. Tübingen 2001. (Bibliothek des Historischen Instituts in Rom 95.)

Winterhager, Wilhelm Ernst: Ablaßkritik als Indikator historischen Wandels vor 1517. Ein Beitrag zu Voraussetzungen und Einordnung der Reformation. In: ARG (1999) S.6–71.

Gesamtdarstellungen zum Ereigniszusammenhang Reformation
(chronologisch geordnet)

Ranke, Leopold von: Deutsche Geschichte im Zeitalter der Reformation. 6 Bde. Leipzig 1881f. [Erstausg. 1839–47.]

Janssen, Johannes: Geschichte des Deutschen Volkes seit dem Ausgang des Mittelalters. 8 Bde. Freiburg i.Br. 1878–94.

Bezold, Friedrich von: Geschichte der deutschen Reformation. Berlin 1890.

Lortz, Joseph Adam: Die Reformation in Deutschland. 2 Bde. Freiburg i.Br. 1939–40. ⁴1962.

Joachimsen, Paul: Die Reformation als Epoche der deutschen Geschichte. München 1951 (Erstausgabe 1930).

Hassinger, Erich: Das Werden des neuzeitlichen Europa 1300–1600. Braunschweig ²1964.

Skalweit, Stephan: Reich und Reformation. Berlin 1967.

Stupperich, Robert: Die Reformation in Deutschland. München 1972. Gütersloh ²1980.

Moeller, Bernd: Deutschland im Zeitalter der Reformation. Göttingen 1977. ⁴1999.

Lutz, Heinrich: Reformation und Gegenreformation. München 1979. ⁴1997. (Oldenbourg Grundriss der Geschichte 10.)

Blickle, Peter: Die Reformation im Reich. Stuttgart 1982. ³2000.

Wohlfeil, Rainer: Einführung in die Geschichte der deutschen Reformation. München 1982.

Heckel, Martin: Deutschland im konfessionellen Zeitalter. Göttingen 1983.

Oberman, Heiko A.: Die Reformation – von Wittenberg nach Genf. Göttingen 1986.

Scribner, Robert W.: The German Reformation. Basingstoke 1986.

Schulze, Winfried: Deutsche Geschichte im 16. Jahrhundert. Frankfurt a.M. 1987.

Schilling, Heinz: Aufbruch und Krise. Deutschland 1517–1648. Berlin 1988. (Das Reich und die Deutschen 5.)

Klueting, Harm: Das konfessionelle Zeitalter 1525–1648. Stuttgart 1989.

Cameron, Euan: The European Reformation. Oxford 1991.

Rabe, Horst: Deutsche Geschichte 1500–1600. Das Jahrhundert der Glaubensspaltung. München 1991.

Ozment, Steven: Protestants. The Birth of a Revolution. New York [u.a.] 1992.

Venard, Marc (Hrsg.): Von der Reform zur Reformation (1450–1530). Dt. Ausg. hrsg. und bearb. von Heribert Smolinsky. Freiburg i.Br. [u.a.] 1995. (Die Geschichte des Christentums. Religion. Politik. Kultur 7.)

Venard, Marc (Hrsg.): Die Zeit der Konfessionen (1530–1620/30). Dt. Ausg. hrsg. und bearb. von Heribert Smolinsky. Freiburg i.Br. [u.a.] 1995. (Die Geschichte des Christentums. Religion. Politik. Kultur 8.)

Hillerbrand, Hans J. (Hrsg.): The Oxford Encyclopedia of the Reformation. 4 Bde. New York / Oxford 1996.

Schorn-Schütte, Luise: Die Reformation. Vorgeschichte – Verlauf – Wirkung. München 1996.

Brady, Thomas A.: Communities, Politics, and Reformation in Early Modern Europe. Leiden [u.a.] 1998.

Greyerz, Kaspar von: Religion und Kultur. Europa 1500–1800. Göttingen 2000.

Reinhard, Wolfgang: Probleme deutscher Geschichte 1495–1806. Reichsreform und Reformation 1495–1555. Stuttgart 2001. (Gebhardt Handbuch der deutschen Geschichte. 10., völlig neu bearb. Aufl. Hrsg. von Wolfgang Reinhard.)

Burkhardt, Johannes: Das Reformationsjahrhundert. Deutsche Geschichte zwischen Medienrevolution und Institutionenbildung. Stuttgart 2002.

Mörke, Olaf: Die Reformation. Voraussetzung und Durchsetzung. München 2005. (Enzyklopädie deutscher Geschichte 74.)

Reich und Reformation

Aulinger, Rosemarie: Das Bild des Reichstages im 16. Jahrhundert. Göttingen 1980. (Schriftenreihe der Historischen Kommission bei der Bayerischen Akademie der Wissenschaften 18.)

Becker, Winfried: Der Passauer Vertrag von 1552. Politische Entstehung, reichsrechtliche Bedeutung und konfessionsgeschichtliche Bewertung. Neustadt 2003. (Einzelarbeiten aus der Kirchengeschichte Bayerns 80.)

Carl, Horst: der Schwäbische Bund 1488–1534. Leinfelden-Echterdingen 2000. (Schriften zur südwestdeutschen Landeskunde 24.)

Friedensburg, Walter: Der Reichstag zu Speier 1526. Berlin 1887.

Gotthard, Axel: Der Augsburger Religionsfrieden. Münster 2004. (Reformationsgeschichtliche Studien und Texte 148.)

Haug-Moritz, Gabriele: Der Schmalkaldische Bund 1530–1541/42. Leinfelden-Echterdingen 2002. (Schriften zur südwestdeutschen Landeskunde 44.)

Kaiser Karl V. (1500–1558). Macht und Ohnmacht Europas. Bonn/Wien 2000. (Katalog der gleichnamigen Ausstellung in der Kunst- und Ausstellungshalle der Bundesrepublik Deutschland in Bonn, 25. 2.–21. 5. 2000, sowie im Kunsthistorischen Museum Wien, 16. 6.–10. 9. 2000.)

Kohler, Alfred: Das Reich im Kampf um die Hegemonie in Europa. München 1990. (Enzyklopädie deutscher Geschichte 6.)

Kohnle: Reichstag und Reformation – kaiserliche und ständische Religionspolitik von den Anfängen der Causa Lutheri bis zum Nürnberger Religionsfrieden. Gütersloh 2001.

Luttenberger, Albrecht Pius: Glaubenseinheit und Reichsfriede. Konzeptionen und Wege konfessionsneutraler Reichspolitik 1530–1552 (Kurpfalz, Jülich, Kurbrandenburg). Göttingen 1982. (Schriftenreihe der Historischen Kommission bei der Bayerischen Akademie der Wissenschaften 20.)

– Konfessionelle Parteilichkeit und Reichspolitik: Zur Verhandlungsführung des Kaisers und der Stände in Regensburg 1541. In: H. Angermeier / E. Meuthen (Hrsg.): Fortschritte in der Geschichtswissenschaft durch Reichstagsaktenforschung. Göttingen 1988. S. 65–101. (Schriftenreihe der Historischen Kommission bei der Bayerischen Akademie der Wissenschaften 35.)

Lutz, Heinrich / Kohler, Alfred (Hrsg.): Aus der Arbeit an den Reichstagen unter Karl V. Göttingen 1986. (Schriftenreihe der Historischen Kommission bei der Bayerischen Akademie der Wissenschaften 26.)

Metzger, Edelgard: Leonhard von Eck (1480–1550). Wegbereiter und Begründer des frühabsolutistischen Bayern. München/Wien 1980.

Meuthen, Erich (Hrsg.): Reichstage und Kirche. Göttingen 1991. (Schriftenreihe der Historischen Kommission bei der Bayerischen Akademie der Wissenschaften 42.)

Schindling, Anton / Ziegler, Walter (Hrsg.): Die Territorien des Reichs im Zeitalter der Reformation und der Konfessionalisierung. Land und Konfession 1500–1650. 7 Bde. Münster 1989–97.

Schmidt, Heinrich Richard: Reichsstädte, Reich und Reformation.

Korporative Religionspolitik 1521–1529/30. Stuttgart 1986. (Veröffentlichungen des Instituts für Europäische Geschichte Mainz. Abt. für abendländische Religionsgeschichte 122.)

Schulze, Manfred: Fürsten und Reformation. Geistliche Reformpolitik weltlicher Fürsten vor der Reformation. Tübingen 1991.

Wolgast, Eike: Hochstift und Reformation. Studien zur Geschichte der Reichskirche zwischen 1517 und 1648. Stuttgart 1995.

Ziegler, Walter: Territorium und Reformation. Überlegungen und Fragen. In: Historisches Jahrbuch 110 (1990) S. 52–75.

Kirchengut und Reformation

Bessey, Klaus: Das Kirchengut nach der Lehre der evangelischen Juristen im ersten Jahrhundert nach der Reformation. Stuttgart 1968.

Ernst, Viktor: Die Entstehung des württembergischen Kirchengutes. In: Württembergische Jahrbücher für Statistik und Landeskunde 1911/12. S. 377–424.

Heckel, Johannes: Kirchengut und Staatsgewalt. Ein Beitrag zur Geschichte und Ordnung der heutigen gesamtdeutschen Staatskirchenrechts. In: J. H.: Das blinde undeutliche Wort ›Kirche‹. Gesammelte Aufsätze. Köln/Graz 1964. S. 328–370.

Körber, Kurt: Kirchengüter und Schmalkaldischer Bund. Leipzig 1913. (Schriften des Vereins für Reformationsgeschichte 30.)

Lehnert, Hans: Kirchengut und Reformation. Eine kirchenrechtsgeschichtliche Studie. Erlangen 1935.

Roth, Friedrich: Eine Kirchengüterfrage in der Zeit von 1538–1540. Die Gutachten Martin Bucers und der Augsburger Prädikanten Musculus und Wolfart über die Verwendung der Kirchengüter. In: ARG 1 (1904) S. 299–336.

Schaab, Meinrad: Territorialstaat und Kirchengut bis zum Dreißigjährigen Krieg. In: ZGO 138 (1990) S. 241–258.

Trostel, Eugen: Das Kirchengut im Ulmer Territorium unter besonderer Berücksichtigung der Stadt Geislingen. Ulm 1976. (Forschungen zur Geschichte der Stadt Ulm 15.)

Ländliche Reformation und Bauernkrieg

Blickle, Peter: Die Revolution von 1525. München ³1993.

– Gemeindereformation. Die Menschen des 16. Jahrhunderts auf dem Weg zum Heil. München 1987.

Blickle, Peter: (Hrsg.): Zugänge zur bäuerlichen Reformation. Zürich 1987. (Bauer und Reformation 1.)

Buszello, Horst / Blickle, Peter / Endres, Rudolf (Hrsg.): Der deutsche Bauernkrieg. Paderborn [u.a.] ³1995.

Conrad, Franziska: Reformation und bäuerliche Gesellschaft. Zur Rezeption reformatorischer Theologie im Elsaß. Stuttgart 1984. (Veröffentlichungen des Instituts für Europäische Geschichte Mainz, Abt für abendländische Religionsgeschichte 116.)

Franz, Günther: Der deutsche Bauernkrieg. Darmstadt ¹²1982.

Schulze, Winfried: Bäuerlicher Widerstand und feudale Herrschaft in der frühen Neuzeit. Stuttgart-Bad Cannstatt 1980.

Strauss, Gerald: Law, Resistance, and the State. The opposition to Roman Law in Reformation Germany. Princeton 1986.

Wohlfeil, Rainer (Hrsg.): Der Bauernkrieg 1524–26. Bauernkrieg und Reformation. München 1975.

Städtische Reformation
(Darstellungen zu einzelnen Städten wurden nicht berücksichtigt)

Brady, Thomas A.: Turning Swiss: Cities and Empire, 1450–1550. Cambridge 1981.

Friedrichs, Christopher R.: The Early Modern City 1450–1750. New York 1995.

Greyerz, Kaspar von: Stadt und Reformation. Stand und Aufgaben der Forschung. In: Archiv für Reformationsgeschichte 76 (1985) S. 6–63.

Hamm, Berndt: Bürgertum und Glaube. Konturen der städtischen Reformation. Göttingen 1996.

Merz, J.: Landstädte und Reformation. In: Anton Schindling / Walter Ziegler (Hrsg.): Die Territorien des Reichs im Zeitalter der Reformation und der Konfessionalisierung. Land und Konfession 1500–1650. Bd. 7. Münster 1997. S. 107–135.

Moeller, Bernd: Reichsstadt und Reformation. Gütersloh 1962. [Bearb. Neuausgabe Berlin 1987.]

Mommsen, Wolfgang J. (Hrsg.): Stadtbürgertum und Adel in der Reformation. Studien zur Sozialgeschichte der Reformation in England und Deutschland. Stuttgart 1979. (Veröffentlichungen des Deutschen Historischen Instituts, London. 5.)

Oberman, Heiko A.: Stadtreformation und Fürstenreformation. In: Lewis W. Spitz (Hrsg.): Humanismus und Reformation als kulturelle Kräfte in der deutschen Geschichte. Berlin / New York 1981. S. 80–103.

Ozment, Steve E.: The Reformation in the Cities. The Appeal of Protestantism to Sixteenth-Century Germany and Switzerland. New Haven / London 1975.

Rüth, Bernd: Reformation und Konfessionsbildung im städtischen Bereich. Perspektiven der Forschung. In: Zeitschrift der Savigny-Stiftung für Rechtsgeschichte, Kanonist. Abt. 108 (1991) S. 197–282.

Schilling, Heinz: Die Stadt in der Frühen Neuzeit. München 1993. (Enzyklopädie deutscher Geschichte 24.)

Wettges, Wolfram: Reformation und Propaganda. Studien zur Kommunikation des Aufruhrs in süddeutschen Reichsstädten. Stuttgart 1978.

Reformation und Medien

Edwards, Mark U.: Printing, Propaganda, and Martin Luther. Berkeley [u. a.] 1994.

Eisenhardt, Ulrich: Die kaiserliche Aufsicht über Buchdruck, Buchhandel und Presse im Heiligen Römischen Reich Deutscher Nation (1496–1806). Karlsruhe 1970.

Eisenstein, Elizabeth L.: Die Druckerpresse. Kulturrevolution im frühen modernen Europa. New York 1997.

Faulstich, Werner: Medien zwischen Herrschaft und Revolte. Die Medienkultur der Frühen Neuzeit (1400–1700). Göttingen 1998.

Giesecke, Michael: Der Buchdruck in der Frühen Neuzeit. Eine historische Fallstudie über die Durchsetzung neuer Informations- und Kommunikationstechnologien. Frankfurt a. M. 1991.

– Sinnenwandel – Sprachwandel – Kulturwandel. Studien zur Vorgeschichte der Informationsgesellschaft. Frankfurt a. M. 1992.

Hamm, Berndt: Die Reformation als Medienereignis. In: Jahrbuch für Biblische Theologie 11 (1996) S. 138–166.

Kaufmann, Thomas: Das Ende der Reformation. Magdeburgs »Herrgotts Kanzlei« (1548–1551/52). Tübingen 2003.

Köhler, Hans-Joachim (Hrsg.): Flugschriften als Massenmedium der Reformationszeit. Stuttgart 1981.

Scribner, Robert W.: For the Sake of Simple Folk. Popular propaganda for the German Reformation. Oxford 1994. [Erstausg. 1981.]

Widmann, Hans: Vom Nutzen und Nachteil der Erfindung des Buchdrucks – aus der Sicht der Zeitgenossen des Erfinders. Mainz 1973.

Katholische Reform

Bäumer, Remigius (Hrsg.): Concilium Tridentinum. Darmstadt 1979. (Wege der Forschung 313.)

Hengst, Karl: Jesuiten an Universitäten und Jesuitenuniversitäten. Paderborn [u. a.] 1981. (Quellen und Forschungen auf dem Gebiet der Geschichte Neue Folge Heft 2.)

Jedin, Hubert: Geschichte des Konzils von Trient, 4 Bde. Freiburg i. Br. 1949. ³1978.

Molitor, Hansgeorg: Die untridentinische Reform. Anfänge katholischer Erneuerung in der Reichskirche. In: Walter Brandmüller / Herbert Immenkötter / Erwin Iserloh (Hrsg.): Ecclesia Militans. Studien zur Konzilien- und Reformationsgeschichte. Bd. 1. Paderborn 1988. S. 399–431.

O'Mailley, John W.: Was Ignatius Loyola a Church reformer? How to look at Early Modern Catholicism. In: Catholic Historical Review 77 (1991) S. 177–193.

– The Jesuits. Culture, Sciences and the Arts, 1540–1773. Toronto 2000.

– Trent and All That. Renaming Catholicism in the Early Modern Era. London 2000.

Reinhard, Wolfgang / Schilling Heinz (Hrsg.): Die katholische Konfessionalisierung. Gütersloh 1995. (Schriften des Vereins für Reformationsgeschichte 198.)

Ziegler, Walter: Altgläubige Territorien im Konfessionalisierungsprozeß. In: Anton Schindling / Walter Ziegler (Hrsg.): Die Territorien des Reichs im Zeitalter der Reformation und Konfessionalisierung 1500–1650. Bd. 7. München 1997. S. 67–90.

Darstellungen zu speziellen Aspekten

Brockmann, Thomas: Die Konzilsfrage in den Flugschriften und Streitschriften des deutschen Sprachraums 1518–1563. Göttingen 1998. (Schriftenreihe der Historischen Kommission bei der Bayerischen Akademie der Wissenschaften 57.)

Dickens, Arthur G.: The German Nation and Martin Luther. London 1974.

Ehrenpreis, Stefan / Lotz-Heumann, Ute: Reformation und konfessionelles Zeitalter. Darmstadt 2000.

Die frühe Reformation in Deutschland als Umbruch. In Gemeinschaft mit Stephen E. Buckwalter hrsg. von Bernd Moeller. Heidelberg 1998. (Schriften des Vereins für Reformationsgeschichte 1999.)

Goertz, Hans-Jürgen: Die Täufer. Geschichte und Deutung. München 1980.

– Antiklerikalismus und Reformation. Sozialgeschichtliche Untersuchungen. Göttingen 1995.

Hamm, Berndt / Moeller, Bernd / Wendebourg, Dorothea (Hrsg.): Reformationstheorien. Ein kirchenhistorischer Disput über Einheit und Vielfalt der Reformation. Göttingen 1995.

Haude, Sigrun: In the Shadow of the »Savage Wolves«: Anabaptist Münster and the German Reformation during the 1530s. Boston [u. a.] 2000. (Studies in central European History.)

Klötzer, Ralf: Die Täuferherrschaft von Münster. Stadtreformation und Welterneuerung. Münster 1992.

Kremers, Heinz (Hrsg.): Die Juden und Martin Luther. Martin Luther und die Juden. Geschichte – Wirkungsgeschichte – Herausforderung. Neukirchen-Vluyn 1985.

von der Osten-Sacken, Peter: Martin Luther und die Juden. Stuttgart 2002.

Ozment, Steven E.: When Fathers ruled. Family Life in Reformation Europe. Cambridge (Mass.) 1983.

Die Reformation in Deutschland und Europa: Interpretationen und Debatten. Hrsg. von Hans R. Guggisberg und Gottfried G. Krodel. Gütersloh 1993. (Archiv für Reformationsgeschichte Sonderband.)

Die Religionsgespräche der Reformationszeit. Hrsg. von Gerhard Müller. Gütersloh 1980. (Schriften des Vereins für Reformationsgeschichte 191.)

Schulze, Winfried: Reich und Türkengefahr im späten 16. Jahrhundert. Studien zu den politischen und gesellschaftlichen Auswirkungen einer äußeren Bedrohung. München 1978.

Setz, Wolfram: Lorenzo Vallas Schrift gegen die Konstantinische Schenkung. Tübingen 1975.

Strauss, Gerald: Luther's House of Learning. The Indoctrination of the Young in the German Reformation. Baltimore und London 1978.

Tacke, Andreas: Der katholische Cranach. Mainz 2002. (Berliner Schriften zur Kunst 2.)

Williams, George H.: The Radical Reformation. Philadelphia 1962.

Darstellungen zu einzelnen Theologen

Aland, Kurt: Die Reformatoren. Luther, Melanchthon, Zwingli, Calvin. Gütersloh 1976.

Brecht, Martin: Martin Luther. Sein Weg zur Reformation 1483–1521. 3 Bde. Stuttgart 1981–87.

Bubenheimer, Ulrich: Thomas Müntzer. Herkunft und Bildung. Leiden 1989.

Friedenthal, Richard: Luther. Sein Leben und seine Zeit. München 1967. ⁷1982.

Gäbler, Ulrich: Huldrych Zwingli. Eine Einführung in sein Leben und sein Werk. München 1983.

Goertz, Hans-Jürgen (Hrsg.): Radikale Reformatoren. München 1978.

– Thomas Müntzer. Mystiker, Apokalyptiker, Revolutionär. München 1989.

Greschat, Martin: Martin Bucer. Ein Reformator und seine Zeit 1491–1551. München 1990.

Iserloh, Erwin (Hrsg.): Johann Eck (1486–1543) im Streit der Jahrhunderte. Münster 1988. (Reformationsgeschichtliche Studien und Texte 127.)

Kaufmann, Thomas. Reformatoren. Göttingen 1998.

Martin Luther und die Reformation in Deutschland. Ausstellung zum 500. Geburtstag Martin Luthers. Katalog des Germanischen Nationalmuseums. Hrsg. von Gerhard Bott. Frankfurt a.M. 1983.

Martin Luther. Probleme seiner Zeit. Hrsg. von Volker Press und Dieter Stievermann. Stuttgart 1986. (Spätmittelalter und Frühe Neuzeit 16.)

Mühling, Andreas: Heinrich Bullingers europäische Kirchenpolitik. Bern [u.a.] 2001. (Zürcher Beiträge zur Reformationsgeschichte 19.)

Scheible, Heinz: Melanchthon. Eine Biographie. München 1996.

Vogler, Günther: Thomas Müntzer. Berlin (DDR) 1989.

Wartenberg, Günther [u.a.] (Hrsg.): Philipp Melanchthon als Politiker zwischen Reich, Reichsständen und Konfessionsparteien. Wittenberg 1998.

Nachwirkungen

Brady, Thomas A.: The Protestant Reformation in German History. Washington 1998.

Burkhardt, Johannes: Die kriegstreibende Rolle historischer Jubiläen im Dreißigjährigen Krieg und im Ersten Weltkrieg. In: J. B. (Hrsg.): Krieg und Frieden in der historischen Gedächtniskultur. Studien zur friedenspolitischen Bedeutung historischer Argumente und Jubiläen von der Antike bis in die Gegenwart. München 2000. S. 91–103. (Schriften der Philosophischen Fakultäten der Universität Augsburg 62.)

Flacke, Monika: Deutschland – Die Begründung der Nation aus der Krise. In: M. F. (Hrsg.): Mythen der Nationen. Ein europäisches Panorama. Berlin 1998. S. 101–128.

Lehmann, Hartmut: Anmerkungen zur Entmythologisierung der Luthermythen 1883–1983. In: Archiv für Kulturgeschichte 68 (1986) S. 457–477.

Medick, Hans / Schmidt, Peer (Hrsg.): Luther zwischen den Kulturen. Zeitgenossenschaft – Weltwirkung. Göttingen 2004.

Schulin, Ernst: Luther und die Reformation. Historisierungen und Aktualisierungen im Laufe der Jahrhunderte. In: E. Sch.: Arbeit an der Geschichte. Etappen der Historisierung auf dem Weg zur Moderne. Frankfurt a. M. / New York 1997. S. 13–61.

Troeltsch, Ernst: Die Bedeutung des Protestantismus für die Entstehung der modernen Welt. In: Historische Zeitschrift 97 (1906) S. 1–66.

Weber, Max: Die protestantische Ethik und der Geist des Kapitalismus. In: M. W.: Gesammelte Aufsätze zur Religionssoziologie. Tübingen ⁹1988. S. 17–206.

Zeeden, Ernst Walter: Martin Luther und die Reformation im Urteil des deutschen Luthertums. Bd. 1: Darstellung. Freiburg i. Br. 1950. Bd. 2: Dokumente. Freiburg i. Br. 1952.

– Die Entstehung der Konfessionen. Grundlagen und Formen der Konfessionsbildung im Zeitalter der Glaubenskämpfe. München 1965.

– (Hrsg.): Kirche und Visitation. Beiträge zur Erforschung des frühneuzeitlichen Visitationswesens in Europa. Stuttgart 1984.

– Konfessionsbildung. Studien zur Reformation, Gegenreformation und katholischen Reform. Stuttgart 1984. (Spätmittelalter und Frühe Neuzeit 15.)

Personenregister

Zur Autorin

HELGA SCHNABEL-SCHÜLE, geb. 1954, studierte Geschichte, Germanistik und Politik in Marburg und Tübingen; 1978–84 wissenschaftliche Mitarbeiterin im Tübinger Sonderforschungsbereich »Spätmittelalter und Reformation«. Promotion 1984, Habilitation 1991 über ein rechtsgeschichtliches Thema, seit 1995 Professorin für Neuere Geschichte an der Universität Trier.

Veröffentlichungen in den Forschungsschwerpunkten: Rechtsgeschichte, Konfessionalisierungsforschung, Geschichte des Geschlechterverhältnisses, Geschichte von Armut und Armenfürsorge.

Deutsche Geschichte
in Quellen und Darstellung

Eine neue, elfbändige Reihe mit den wichtigsten Quellentexten der deutschen Geschichte. Jedes Dokument wird einzeln erläutert und in den historischen Kontext eingeordnet. Auf der Basis des authentischen Materials der Zeit entsteht so eine fortlaufend lesbare Einführung in die jeweilige Epoche.

Philipp Reclam jun. Stuttgart

Geschichte

Auswahl

Arnold, John H.: Geschichte. Eine kurze Einführung. Übers.: K. Schuler. 168 S. 20 Abb. UB 17026

Baruch, Marc Olivier: Das Vichy-Regime. Frankreich 1940–1944. Übers.: B. Martens-Schöne. Für die deutsche Ausgabe bearb. von St. Martens. 224 S. 8 Abb. 1 Kt. UB 17021

Brown, Peter: Autorität und Heiligkeit. Aspekte der Christianisierung des Römischen Reiches. 128 S. UB 9709

Brunn, Gerhard: Die Europäische Einigung. Von 1945 bis heute. 429 S. UB 17038

Daten zur antiken Chronologie und Geschichte. Hrsg.: M. Deißmann. 213 S. UB 8628

Finley, Moses I.: Antike und moderne Demokratie. Mit einem Essay von Arnaldo Momigliano. 146 S. UB 9966

Feldkamp, Michael F.: Regentenlisten und Stammtafeln zur Geschichte Europas vom Mittelalter bis zur Gegenwart. 444 S. UB 17034

Die Französische Revolution. Ein Lesebuch mit zeitgenössischen Berichten und Dokumenten. Hrsg.: Ch. E. Paschold u. A. Gier. 395 S. 22 Abb. 3 Kt. UB 8535

Friedrich der Große: Das Politische Testament von 1752. Übers.: F. von Oppeln-Bronikowski, Nachw.: E. Most. 195 S. UB 9723

Geschichte schreiben in der Postmoderne. Beiträge zur aktuellen Diskussion. Hrsg.: Ch. Conrad u. M. Kessel. 372 S. UB 9318

Goertz, Hans-Jürgen: Unsichere Geschichte. Zur Theorie historischer Referentialität. 131 S. UB 17035